日本近现代文学选读

宿久高 编著

北京语言大学出版社
BECUP

图书在版编目（CIP）数据

日本近现代文学选 / 宿久高编著．— 北京：北京语言大学出版社，2010.5（2021.3 重印）
ISBN 978-7-5619-2777-9

Ⅰ．①日…　Ⅱ．①宿…　Ⅲ．①日语－阅读教学－高等学校－教材 ②文学－作品综合集－日本－近代 ③文学－作品综合集－日本－现代　Ⅳ．① H369.4:I

中国版本图书馆 CIP 数据核字（2010）第 096510 号

书　　名：日本近现代文学选读
责任印制：武晓东

出版发行：北京语言大学出版社
社　　址：北京市海淀区学院路 15 号　邮政编码：100083
网　　址：www.blcup.com
电子信箱：service@blcup.com
电　　话：编 辑 部　8610-82301019/3393/3700
　　　　　发 行 部　8610-82303650/3591/3648
　　　　　北语书店　8610-82303653
　　　　　网购咨询　8610-82303908
印　　刷：北京中科印刷有限公司
经　　销：全国新华书店

版　　次：2010 年 6 月第 1 版　2021 年 3 月第 4 次印刷
开　　本：710 毫米 × 1000 毫米　1/16
印　　张：18
字　　数：291 千字
书　　号：978-7-5619-2777-9/H·10151
定　　价：59.00 元

凡有印装质量问题，本社负责调换。电话：82303590

前　言

本书是为高等院校日语语言文学专业本科高年级学生编写的“普通高等教育‘十一五’国家级规划教材”之日本文学教材，硕士、博士研究生的“日本文学”课程，也可根据教学内容选择不同时代、不同题材的作品用之。

本书收录了日本自明治以来不同时期、不同流派、不同作家的代表性作品25篇，以小说为主，包括近、现代两部分。自明治时代起截至于昭和时代末期，时间跨度近百年，基本反映了日本近现代文学发展的历史轨迹和整体面貌。

文学是文化的载体。日本民族，在漫长的历史发展过程中，创造了丰富多彩的文学。日本的古代文学是在中国古代文学的影响下发生和发展起来的。到了近代，特别是1868年的明治维新以后，日本开始把目光投向西方，开始向发达的西方学习。这种倾向一直持续至今。但是，在两千多年历史进程中，融入包括中国文学在内的诸多外来文学元素而形成的日本文学传统，依然是日本文学得以不断发展和丰富的底流。

明治维新以后，各种各样、色彩纷呈的西方文学思潮一起涌入日本，日本的作家、评论家、理论家们在懵懂中咀嚼着、消化着、理解着、思考着、摄取着、模仿着、改造着，……他们辛勤劳作，在移植西方文学思潮和将其本土化的实践中，构筑起了日本民族独特的文学传统。日本人的思维方式、行为方式、表现手法等等，无一不在文学作品中反映出来，成为我们了解日本民族、日本历史、社会生活、文化传统的不可或缺的蓝本。

本书是1994年1月由吉林大学出版社出版的《日本文学选读》的修订本。在修订过程中进行了一定量的删减和补充，并在体例上做了调整。在选材方面，主要着眼于在百余年的日本文学史中沉淀下来的思想深邃、手法细腻、颇具代表性的名篇，并考虑了题材、体裁和表现手法的多样性。就整体而言，或许有的读者会感到选材有些“陈旧”，不见当代日本文坛流行作品的踪迹。但是，编著者认为，恰恰是本书所辑作品，最能反映日本近现代文学的真实面貌和文学精髓，也是本书的价值取向之所在。

为了便于学生学习和理解，每篇作品都依序附有“主要词汇读音”、“注释”、“解题”、“思考题”和“作家介绍”等五部分内容(安部公房的《棒》因无语言难点，注释略)。这样的顺序排列，主要是从知识认知规律考虑的，意图是让读者从阅读具体作品切入（这对于提高读者的日语能力至关重要)，真正读懂原作后再去思考和分析作品的内容、表现手法、语言特点，以及文学性和文学意义。在撰写作品解题时，注重了作品与作家、社会的联系以及作品的主题思想、描写手法、鉴赏角度、文学价值等诸多方面。

本书在编写过程中，得到了已故吉林大学客座教授、原日本旭川大学校长、日本著名文学评论家高野斗志美先生的指导和帮助。在修订版付梓之际，谨向先生表示衷心的感谢，并祈先生冥福。正在吉林大学日文系工作的日籍专家立花亮先生通读了全文，并提出了宝贵的意见，一并表示由衷的谢意。

本次修订本的出版，尤其要感谢北京语言大学出版社戚德祥社长为首的各位编辑，没有他们的一丝不苟和忘我工作，这本尚不完美的书就很难完美地呈现在读者面前。

由于编著者水平所限，错误和缺点在所难免，诚请专家和广大读者批评指正。

宿久高
2009年8月于吉林大学南校樵夫斋

目次

日本近现代文学概观

明治维新以后的日本文学，已经历了一百余年的发展历程。根据历史发展的不同时期，这一百多年的文学又被大略地分为“近代文学”和“现代文学”。一般说来，现代文学往往把从现在起逆推三四十年作为界定的时间长度，指的是流动的、变化的、发展的、至今尚未定型的、作为研究对象尚难以充分把握的文学。照此界定，1868年明治维新到1945年日本在第二次世界大战中战败，宣布无条件投降这近80年的日本文学，可称之为日本近代文学；其后至今的文学，可称之为日本现代文学。和日本历史的自然分期相适应，也为了叙述的方便，近代文学进而可分为明治时期的文学和大正时期的文学两部分；现代文学又可分为昭和前期、中期和后期的文学，以及平成开始的文学。

一、日本的近代及其文学

近代的概念和含义，因不同国家的历史发展进程和国度的不同而异。一般说来，时代的界定往往是以不同社会的历史发展中的重大事件，如政权的更迭，政治形态的变化，以及社会的变革为主要标志的。在资本主义世界，近代具备以下几个特征：政治上实行高度中央集权和法治；经济上采取资本主义模式；精神上强调自我的觉醒和个人主义；社会形态上建立所谓的自由市民社会等。在欧洲，早在文艺复兴时期就孕育了这些特征的萌芽，到了1789年至1799年间的法国革命以后，越发明显地显露出来。由于社会形态和历史发展进程的不同，上述特征在日本的出现，乃是封建制度崩溃后的1868年的明治维新以后的事。日本1868年的明治维新，宣告了自1192年的镰仓幕府时代起持续了近八百年之久的封建制度的终结，走向了资本主义道路，从而迎来了具备某些上述特征的近代社会。

与西方发达的资本主义社会相比，日本的近代化进程有着自己的特点。它既是日本本国社会历史发展的必然过程——是为内因，又是西方资本主义国家施加压力的结果——是为外因。在欧洲诸国，真正意义上的近代，是伴随着文艺复兴后数百年的人的自觉与发展，各种制度的改革与完善以及物质文明的发达实现的。而日本的近代，并没有像欧洲诸国那样经历长期的精神和物质文明双方面的近代文明的孕育过程。从这个意义上说，日本的近代化不过是西方近代文明的翻版和模仿而已。正如夏目漱石在《现代日本的开化》(1912）中指出的那样，是“外发性”的。明治维新以后的20年间，日本推进皇室中心主义和国家主义，形似中央集权，实际上仍是封建统治的继续。无视作为资本主义近代化国家特点的个人主义的形成和近代精神的确立，而是把增强经济实力放在第一位。大力引进欧美诸国先进的物质文明和机械文明，一味强调“文明开化”和“富国强兵”，大兴产业，扩充军备，大踏步地向军国主义道路迈进，发动了日俄战争和中日甲午战争。经过这两次战争，国家第一主义的思想越发得到了强化，个体（个我）的尊严和自由越发被忽视乃至被扼制。因此，日本社会的近代化一开始就存在着精神和物质之间、城市和乡村之间的严重失衡，孕育着国家的、社会的尖锐矛盾。可以说日本的近代社会自它诞生的那一天起就是一个发育不全的畸形儿。

进入大正时期以后，尤其是第一次世界大战爆发以后，日本的资本主义、自由主义和个人主义不同程度地得到了发展。第一次世界大战结束后进入昭和时代，日本出现了空前严重的经济危机，政府采取强硬政策，对当时出现的阶级斗争思想和民主思想进行残酷地镇压，为了转嫁危机，把日本人民拖向了太平洋战争的深渊。日本军国主义对中国以及东南亚诸国的武装侵略给各国人民带来了深重的灾难，犯下了滔天的罪行，也理所当然地遭到了各国人民的英勇抵抗，遂于1945年以无条件投降而结束。

文学是社会生活的反映。以明治维新为起点的日本近代文学反映的即是日本这一不同于西方诸国的独特的近代化进程。纵观日本近代文学，首先，一个显著的特点就是强调个人的尊严和人的个性意识的探求，在文学上以小说这一散文艺术体裁的形式表现出来。在近代文学中，小说占据着重要的位置，以至于“小说”一词成了日本近代文学的代名词。在创作手法上移植了西欧19世纪的写实主义手法。其次，评论这一文学体裁也开始占据一席之地。在迄今为止的日本文学史上，也曾有过文学评论问世，但是作为一种文学体裁的独立地位却是在近代确立的。另外一个特点就是“新体诗”的出现。追求个性、注重写实主义的文学与“评论”和“新体诗”构成了区别于前代文学的近代文学的整体。就日本文学的性质而言，奈良、平安时代的文学是贵族文学；镰仓时代的文学是武士文学；江户时代的文学是町人文学；始于明治时代的文学即是市民文学。日本近代文学始于明治二十年前后，但近代化意义上的近代文学却是以自然主义文学时代的开始为嚆矢的。

(一) 明治时期的文学

日本近代自我的觉醒是一种探索人的自我价值、尊重自我、张扬自我的自觉。

这种自我的觉醒为浪漫主义文学思潮的产生提供了土壤，而浪漫主义的兴起又使这种自我觉醒的意识得以确立和巩固。浪漫主义把人和人的个性放在首位，把描写人作为文学的目标。为了达到这一目标，小说这种散文艺术形式和写实主义的创作手法成为最重要的统一体。坪内逍遥的著名作品《小说神髓》，主张文学的特性，提倡模仿主义，开辟了日本近代文学的先河。二叶亭四迷的小说总论，发展了坪内逍遥的写实论，推出力作《浮云》，成为日本近代写实主义文学的先驱。森鸥外从德国留学归来，提倡浪漫主义文学，方使坪内逍遥和二叶亭四迷倡导的写实论产生了深远的意义。日本近代文学经历了自我的近代觉醒、浪漫主义文学、个人主义文学、写实主义文学的发展阶段。就它们之间密不可分的联系而言，说坪内逍遥、二叶亭四迷、森鸥外是日本文学近代化的三大支柱是毫不过分的。但是，当森鸥外把浪漫主义付诸于文学实践时，1890年，日本颁布了“帝国宪法”，开始了全面帝国主义化的进程。极力推行国家主义、皇室中心主义和“灭私奉公”主义，压制自我和个人的自由，使刚刚燃起的浪漫主义之火转而熄灭了。如前所述，所谓近代即弘扬个人主义和自由主义精神的时代。但日本的近代却没有形成足以成为时代支柱的精神基础，而是一直伴随着精神上的深刻的苦涩，一直在黑暗的精神隧道中进行着痛苦的求索。日本的近代文学充分反映出这一点。以北村透谷、岛崎藤村为中心的同人杂志《文学界》，曾是浪漫主义文学的主要阵地，不久由诗歌杂志《明星》继承下来，但力量已十分薄弱，时间也十分短暂。这期间出现的主要作家有樋口一叶、泉镜花等。泉镜花的《高野圣》是具有强烈的个性浪漫色彩的代表作。

明治二十年代初，以二叶亭四迷、森鸥外的作品为代表的欧洲风格的新时代小说相继问世。但在其后的十几年间，以尾崎红叶为核心的沿袭了旧文学传统的“砚友社”文学占据了日本近代文坛的统治地位。“砚友社”文学追随坪内逍遥的写实论，提倡表面的、肤浅的写实，把封建色彩浓厚的人生观、道德观和恋爱观融入新的时代风俗之中，赢得了大批低层次的读者，比二叶亭四迷、森鸥外的面貌一新的作品更受欢迎。被称之为“前近代文学”的砚友社文学，在旧时代文学到新时代文学的近代化过程中起到了过渡性的桥梁作用。明治二十年代前期流行的文学还有富有哲理、具有东方特色和男性刚劲风格的幸田露伴的作品。在日本近代文学史上把尾崎红叶和幸田露伴合执文坛之牛耳的时期成为“红露时代”。对这一时期的红露文学持批判态度的是北村透谷和国木田独步。北村透谷批判其为“前近代文学”；清新纯真的诗人作家国木田独步则批判尾崎红叶的文学是封建时代的文学。田山花袋也曾是砚友社的外围作家，但他注重自我，具有浓厚的、诚实的自我浪漫色彩，体现出与砚友社同人迥然不同的风格。他与反对砚友社的《文学界》同人们亲密无间，与国木田独步交谊甚笃，逐渐脱离了砚友社的创作倾向，成为直面和凝视现实的作家。

中日甲午战争开始以后，日本国民的自觉意识不断高涨，砚友社作家群中出现了泉镜花、川上眉山等“观念小说”作家和广津和郎等“深刻小说”作家，为砚友社文学增添了现实色彩。同时，砚友社作家群中的小杉天外、永井荷风等人，模仿法国作家佐拉的科学方法，创作了视遗传和环境为人的决定因素的作品。在这种现实风潮的影响下，田山花袋等浪漫主义色彩浓厚的诗人和作家也都渐次地转向了自然主义。就连著名近代诗集《嫩叶集》的作者、浪漫主义诗人岛崎藤村也于1903年（明治三十五年）前后向自然主义迈出了划时代的一步，成为日本近代文学史上自然主义文学的开山者。日本近代文学史上的自然主义文学时代，始于岛崎藤村于1906年发表的《破戒》，1907年继而又有自然主义文学的第二部代表作——田山花袋的《棉被》问世。自然主义文学以暴露现实、向传统旧习挑战为宗旨，深刻挖掘和直接描绘平凡的人的平凡无奇的日常生活和他们毫无修饰的、自然的美与丑。在确立自我意识方面起到了浪漫主义文学未曾起到的作用。西欧的浪漫主义是自然主义的反动，是在自我的崩溃和解体之后用科学的人生观确立起来的。与此相对而言，日本的自然主义却是在日本近代独特的历史条件下的浪漫主义的延长线上结出的果实。换言之，是在浪漫主义的延长线上追求和确立自我的结果。而且，由于受到当时的社会背景的制约，这种对自我的追求不得不停滞在与国家和社会隔绝的孤立的个人追求的界限之内。其结果只能是自我的无力与空虚。自然主义的这种倾向使作家向私小说倾斜，岛崎藤村、田山花袋、德田秋声、岩野泡鸣以及年轻作家中的正宗白鸟等自然主义作家，都经历了这样的过程。如上所述，日本的自然主义文学是以谋求自我的确立为宗旨的。然而，就其结果而言，谋求确立自我的努力反而导致了自我的扼杀。尽管如此，自然主义文学的功绩是不可磨灭的。它确立了具有近代特征的“写实性描写”和“近代评论”的模式，自然主义文学运动是促进日本文学从根本上近代化的最大的文学运动。

1907年（明治三十九年）前后，当自然主义文学运动以不可阻挡之势席卷整个日本近代文坛的时候，森鸥外和夏目漱石仍以冷静的目光固持着自己的批判态度。在自然主义文学的现实主义和人生主义面前，他们一直是理想主义和艺术主义的。森鸥外获得作为军医的最高地位以后复归文坛，明治末期转向历史小说，到了大正时期继而开始了史传的创作；夏目漱石1905年至1906年发表《我是猫》，一举成名，创作了许多艺术主义的作品，但自1907年入“朝日新闻”社，发表《三四郎》以后，也开始探讨“深刻的人的问题”。其后的日本近代文学，森鸥外系列涌现出反自然主义的“耽美派”作家群，代表性作家是永井荷风和谷崎润一郎。这两位耽美派文学的代表性作家以杂志《昂》和《三田文学》为阵地，其文学活动一直持续到昭和时期的战后。夏目漱石系列涌现出意欲再度点燃遭自然主义践踏的自我之火的安倍能成、阿部次郎、和辻哲郎等被称为“大正期教养派”的哲学家、思想家，以及受其影响的武者小路实笃、志贺直哉、有岛武郎等“白桦派”作家，成为大正时期文坛的主要力量。

(二) 大正时期的文学

大正时期文学的主要倾向是以永井荷风、谷崎润一郎等为代表的唯美主义和以白桦派作家武者小路实笃、志贺直哉、有岛武郎等为代表的自我尊重和生命主义。这些倾向实际上是对自然主义的灰暗与自我扼杀的反动，是在明治末期的自然主义的分化、解体过程中孕育而成的。在评论自然主义方面起过积极作用的早稻田派评论家片上天弦及相马御风，早就在他们的评论中提及到自我主义和生命主义，他们既认同耽美派，又认同白桦派。出身于自然主义的作家近松秋江、上司小剑等人的作品中也饱含着强烈的唯美主义色彩。

大正时期，自然主义在评论方面已见衰微，但在创作实践方面，仍有岛崎藤村、田山花袋、正宗白鸟等作家的佳作问世。明治末期出现的唯美倾向，是试图摆脱自然主义的一个突破口，涌现出不少作家。但到了1916年（大正五年），大多都昙花一现般地消失了。只有永井荷风、谷崎润一郎二人成为唯美文学最初的和最终的代表。而由自我主义和生命主义发展为人道主义的白桦派作家们，也就在这个时期牢牢地占据了大正文坛，成为势力最大的文学派别。第一次世界大战期间，日本的资本主义飞速发展。个人主义、自由主义思潮得到了张扬(尽管是表面上的)，为白桦派的自我主义文学提供了发展的条件和土壤。但是，第一次世界大战以后，日本陷入了深刻的经济危机，工人阶级和资产阶级之间的阶级斗争日益尖锐，一味强调理想主义乐观性的白桦派文学已经和如此严峻的社会态势格格不入了。因此白桦派文学开始衰落。白桦派文学从自然主义的灰暗中开辟了尊重自我的光明道路，但当他们乌托邦式的非现实的理想主义开始让人产生一种空虚的感觉的时候，更现实主义的个人主义文学便应运而生了。这即是“新现实主义文学”。代表作家有芥川龙之介、久米正雄、菊池宽、山本有三等。他们以东京帝大系统的同人杂志《新思潮》为阵地，发表了大量充满理智、技巧精湛的作品，令人耳目一新。其中的芥川龙之介被誉为继国木田独步之后最完美的短篇精品的集大成者。在新现实主义文学的作家群中，东京帝大系统以《新思潮》为阵地的作家被称为“理智型技巧派”。早稻田系统以同人杂志《奇迹》为阵地的作家们被称为“人生派”，主要作家有广津和郎、葛西善藏等。他们的文学倾向被称作“大正时期的自然主义”，其中的葛西善藏是私小说作家的典型。

综上所述，大正时期，自然主义分化解体，作为其反动，出现了唯美派、白桦派和新思潮派。但是，到了大正末期，这些流派都分别走向了“私小说”或“心境小说”。无产阶级文学和新感觉派文学登上文坛，拉开了昭和文学的序幕。

二、日本的现代及其文学

昭和时代前期是日本近代史上最动荡的时期。1923年的“关东大地震”把东京变成了一片废墟。在重建过程中，铁路交通得到了完善，城市文化出现了繁荣景象。1929年（昭和四年），日本陷入了世界性的严重的经济危机，国内急剧动荡，社会主义运动的火焰燃遍了全国。与此同时，日本帝国主义为了转嫁国内危机，极力推行侵略扩张政策。1931年（昭和六年）发动了侵略我国东北的“九・一八”事变，1937年（昭和十二年）发动了全面侵略我国的“卢沟桥事变”，1941年（昭和十六年）开始“太平洋战争”。直到1945年（昭和二十年）战败投降的几十年间，日本一直深深地陷在对外侵略扩张的泥潭之中。日本帝国主义的侵略行径，给亚洲各国人民带来了深重的灾难，犯下了滔天的罪行。如上所述，和大正时期相对而言，昭和前期是动荡不安的时期。在这一时期内，日本人民也同样是在苦难中挣扎的。日本投降以后，日本人民也开始猛醒，对大日本帝国的"权威性"不再像以往那样"坚信不移"。他们面临着战后严重的经济困难的挑战，开始反省，开始重建国家。1946年"新宪法"公布，人民获得了较大于战争时期的言论和思想的自由。日本政府利用1950年至1953年间美帝国主义发动的侵朝战争大搞军火生产，获取了巨大的经济利益，促进了国家工业的发展，使国家经济迎来了转机，国民生活开始稳定下来，日本经济开始复苏和高速发展。

进入七十年代以后，由于石油危机的影响，日本经济由高速增长期进入徘徊期，进而进入低迷期。不景气状况持续数年之久。之后虽然开始慢慢复苏，但直到八十年代末期，随着昭和时代的结束，景气泡沫时代才宣告终结。社会的发展往往是不以人的意志为转移的。当人们期待经济好转的时候，由经济"泡沫破灭"造成的"平成大萧条"并没有随着昭和时代的终结而结束，而是持续了十几年。这种经济的景气与萧条的相互交替，和20世纪后半叶急剧变化的国际形势一起，对日本人的心灵产生了很大的影响。但尽管如此，就整体而言，由于直到1972年（昭和四十七年）的石油危机，日本一直致力于财富的积累和经济实力的增强，生活稳定，物质丰富，成为世界上最发达资本主义国家之一。

但是，日本人在满足于"中流意识"，享受丰富的物质生活的同时，也不断面临着诸如"日本沉没"、"洛克希德事件"、"艾滋病"、"奥姆真理教"之类的严重的社会问题，使现代日本人在相对稳定的社会生活中感到了深深的苦恼与不安。

作为反映历史时代和社会生活的日本现代文学，就是在这一时代背景下产生和发展起来的。自1925年至1989年，昭和时期长达64年。根据这64年历史的不同发展阶段和与之相适应的日本文学的不同特点，也为了阐述上的方便，在此把昭和这一历史时期进而分为前期（1925—1945）、中期（1945—1960）和后期（1960—1989）。

（一）昭和前期的文学

昭和前期文学的主要特征之一是无产阶级文学的出现。早在明治时期，作为无产阶级文学先声的社会主义文学就已初露端倪，主要作家有木下尚江等。到了大正时期，又有大杉荣等为代表的劳动文学的出现。但真正意义上的无产阶级文学的兴起，是以1921年（大正十年）《播种人》的创刊为标志的。代表作家有平林初之辅、金子洋文等。1923年关东大地震以后，《播种人》遭禁，作家们勇敢战斗，第二年又创刊了《文艺战线》，并在一年之后成立了无产阶级文学联盟。无产阶级文学遂以不可阻挡之势席卷了日本文坛。叶山嘉树、黑岛传治等作家笔耕不辍，评论家青野季吉起了先导作用。无产阶级文学运动的兴起，使日本帝国主义惊恐万分，开始疯狂镇压。但作家们没有因此放下战斗的笔，文学联盟分裂后，继而成立了全国无产者艺术联盟（纳普），并创刊了杂志《红旗》。以评论家藏原惟人、中野重治、宫本显治为先导，涌现出小林多喜二、德永直、宫本百合子等一批无产阶级文学作家。“九·一八”事变以后，日本帝国主义开始了疯狂的对外侵略和扩张，在意识形态领域，不同声音遭到扼杀，无产阶级文学运动被残酷地镇压了下去，文学运动的组织也被解散。无产阶级文学运动风起云涌的五六年间，文学家们以他们坚定的信念和不屈不挠的战斗精神，为日本近现代文学留下了许多宝贵的遗产，至今仍闪烁着耀眼的光辉。

这一时期与无产阶级文学并存的是现代主义文学，即“新感觉派”文学。主要作家有横光利一、川端康成、中河与一、片冈铁兵等。他们以1924年创刊的《文艺时代》为阵地，排斥原有的自然主义文体和写实手法，试图用比喻、拟人法、拟声词等崭新的文体，以理智的、感觉的方法去描绘现实，反映现实，开辟新的方向，创造新的感觉。但是，他们追求的仅仅是创作技巧的革新，是一种“文体的革命”。就其结果而言，他们的主张仅仅停滞在技巧的尝试上，追求的只不过是形式上的新感觉。在新感觉派的基础上进而产生了反对无产阶级文学的“新兴艺术派”。但是，作为一个文学派别，并没有明确的方向性和指导性理论，1931年即宣告解体。

新感觉派曾出现过明显的心理主义倾向。这一倾向，通过伊藤整、堀辰雄等作家的努力，1932年前后发展为“新心理主义文学”。在诸种文艺思潮共存的时期，作家们都最大限度地进行了新的尝试，其中，嘉村矶多、井伏鳟二、梶井基次郎、林芙美子等人私小说风格的、富有个性的文学活动引人注目。“九·一八”事变以后，大部分曾活跃在无产阶级文学阵地的作家们在白色恐怖和残酷镇压下背离了无产阶级文学运动，放弃了共产主义信仰，开始“转向”，从而出现了日本近现代文学史上的“转向文学”。中野重治、德永直、岛木健作、高见顺、太宰治等人均属此类。村山知义的《白夜》被视为转向文学的“宣言书”。这时，阿部知二、石川达三、石川淳等作家独辟天地，开创了“在时代危机感和颓废、虚无之中追求人的本性”的文学道路。另外，早已声名显赫的德田秋声、志贺直哉、永井荷风、谷崎润一郎等老作家的文学活动也异常活跃。在从无产阶级文学解体到1937年日本帝国主义发动侵华战争的卢沟桥事变这短短的四年期间，日本文坛色彩纷呈，争奇斗艳，大量作品问世。虽然时间较短，却是日本现代文学史上的收获期。

在日本帝国主义发动侵华战争及第二次世界大战期间，许多作家被迫从军。这时的日本文学，几乎完全成了为日本帝国主义的侵略行径唱赞歌的御用工具。但在此期间，仍有些作家（如中岛敦、堀辰雄等）固守着自己的艺术良知。1935年文艺春秋社为激励新人，繁荣文学创作，设立了“芥川奖”和“直木奖”，延续至今。

（二）昭和中期的文学

1945年8月15日，日本宣布无条件投降，第二次世界大战宣告结束。由于长期的侵略战争，战后日本人的物质和精神生活都处于极度的“饥饿”状态。1946年日本颁布新宪法，日本人民获得了较大程度上的思想和言论自由并由此带动了新闻出版事业的发展，促进了文学的繁荣。但是，在“大众化”的社会环境中，文学很快被商品化、通俗化，形成昭和中期及后期文学的一大特点。

战后的日本人，在一片废墟和精神空虚中呼唤着精神食粮。一批老作家承前启后，发挥了积极的作用。代表性作家有永井荷风、正宗白鸟、志贺直哉等。曾作为无产阶级文学作家活跃于文坛的宫本百合子、中野重治等人成立了“新日本文学会”，创刊了《新日本文学》，发起了民主主义文学运动。平野谦、本多秋五等人创办了以“张扬人的优越性”为宗旨的《近代文学》，成为战后文学的重要阵地。追求新观念、新技巧的作家不断涌现，出现了“第一战后派”（1946—1947,主要作家有野间宏、椎名麟三、梅崎春生等）和“第二战后派”（1947—1948，主要作家有武田泰淳、大冈升平、堀田善卫、安部公房等）。1953年至1955年间，又出现了被称为“第三新人”的“第三战后派”，主要作家有安冈章太郎、小岛信夫、庄野润三、远藤周作等。战后派作家们的文学创作是丰富多彩的。他们的共同特点是都直接经历了战争，对战争有着亲身的体验。他们的作品多是或直视人生，探索人生，凝视处于极限状态下的人，或以自虐的态度去描绘战后的颓废与空虚。此外，还出现了上林晓、尾崎一雄等一批私小说作家和丹羽文雄、石阪洋次郎等一批风俗作家。井上靖以充满诗情的《猎枪》获佐藤春夫奖，以《天平之甍》等一系列历史小说开辟了新的文学领域，成为文坛巨匠。1955年（昭和三十年）石原慎太郎发表了《太阳的季节》。这部反映战后日本的颓废与空虚的作品曾轰动日本，成为一时的畅销书，同时也成为预示昭和文学结束的先声。其后的文学便是新人辈出的、日本经济高速发展时期的昭和后期文学了。

（三）昭和后期的文学

昭和后期的五十年代（昭和二十五年始），拥有强烈的现代意识的“战后的一代”登上文坛。深泽七郎的《楢山节考》，以锐利的笔触描写了土著庶民的生与死，引起了巨大的反响。大江健三郎勤于思考被束缚的年轻人的自由问题（《饲育》），开高健却致力于战后民众的旺盛活力的描绘（《日本三文歌剧》）。六十年代前期开始“大学纷争”，人们开始重新审视大学和知识分子在社会生活中的功能。七十年代的第一个年头著名作家三岛由纪夫自杀，第二年诺贝尔文学奖得主、72岁的川端康成又自杀身亡。自六十年代后期始，国际环境和经济状况都出现了不利于日本的“阴影”。小松左京的《日本沉没》即是这种阴影的象征。战后文学最大的主题是作家们用大量的笔墨去描绘和探求国家与政治、时代与社会、以及生活在其社会环境中的不同命运的人。这种在大的背景下进行人生诸种命运探索的战后文学的方法，在昭和后期，由小田实、高桥和巳、辻邦生、九谷才一、北杜夫等作家继承了下来。昭和后期还涌现出一批苦于日常生活的不稳定和人际关系的复杂多变，着力描绘难以把握的、变化着的内心世界的作家。他们和意识形态色彩较浓的战后文学的继承者不同，具有私小说的部分特色，对现代人的精神生存怀着深深的忧虑，被称为“超越思想”的“内向的一代”。主要作家有古井由吉、后藤明生、小川国夫、阿部昭等。

进入七十年代，以轻松明快的文体见长的新人辈出。他们注重“用语言构造映像”，富有清新的现代风格。庄司熏、村上龙、田中康夫、村上春树等可谓这批新人的代表。就年代而言，这批作家登上日本文坛的时间恰恰是昭和五十年代初期，在日本文学史上被称之为“昭和五十年代作家”。他们的文学活动从昭和后期开始，跨到平成时期，今天仍然活跃在日本文坛。他们的文学，在表现印象、作品的韵律感、主题的时效性、价值观的多元性等诸多方面，都和迄今为止的文学有着显著的差别，并对近年登上文坛的新人产生了巨大的影响。

另外，原子弹文学也是昭和后期文学的一大题材。八十年代活跃在文坛的新人有青野聪、吉本芭娜娜，以及诗人大冈信的长子大冈玲等。昭和后期日本文坛的显著特点是“文学分散”，作家们开始由都市迁往乡间居住，画刊、漫画、电影、音乐等“影像”文化在青年人中普及，形成了“脱离活字”的风潮。这一时期文学创作的特点是，由于生活在同一个时代，作家们的文学创作虽然有着诸多的共同点和相似之处，存在着一定的联系；但是，他们很少或不再为了一个共同的思想或文学立场而聚集在一起，而是开始了生活态度、价值取向、创作手法个性化、孤立化、分散的、“各行其事”的创作道路。现代文学就是这样从昭和后期开始如此这般地、多歧多样地继续扩散着。

春を待ちつつ

島崎藤村

大寒も近づいた。深い雪でも来るかと待ち受けさせるような空模様の日が続きに続いた。年の初めの屠蘇を祝え雑煮を祝えと言ったのはつい昨日のことのように思われているのに、もはや松の内も過ぎて、部屋の壁に掛けた裏白や譲り葉も既に取り捨てた。来そうで来ない雪のかわりに、今日はまた寒い正月らしい風が町を吹き回している。

窓に近く行って、半生の旅のことを思い出してみる。自分らが出発した当時のこと、平素は忘れていてめったに思い出しもしないような若い日のことまでが、なんとなく自分の胸に浮かんで来る。

心の宿の宮城野よ
みだれて熱きわが身には
日影も薄く草枯れて
荒れたる野こそうれしけれ
独り寂しきわが耳は
吹く北風を琴と聴き
悲しみ深きわが眼には

色なき石も花と見き

このふるい旅の歌を書いたのは今から二十九年の前にあたる。青年時代の私にはこれを書く前に、既に長い冬の背景があった。ある人は私のふるい詩を評して、私の詩の心は否定の悩みでなくて、肯定の苦に巣立ったものだと言ってくれた。あの言葉は自分でもよくうなずける。ここに記した数行の詩の句の中にも青年時代の私の心持ちは出ているかと思う。

不思議にも自分の半生の旅はこの早い出発点で決してしまった。私はまだ年も若く心も感じやすかった時代にいったん自分の選んだ方針がこんなにも長く自分を支配するかと思って、心ひそかに驚くこともある。前途は暗く胸のふさがる時、幾度となく私は迷ったりつまずいたりした。私の歩いた道がどんなに寂しい時でも、しかしその究極において、いつでも私は自分の出発した時と同じように、生を肯定しようとする心に帰って行った。世にはさまざまの人があり、さまざまの性格があり、さまざまの生涯がある。長い旅の途中には私は「経験」そのものと言いたいような裳の白い翁にも逢った。物によどまず、滞らず、世とともに推し移ることを私にささやいてみせるのもその髪の白い翁だった。ある友達はまた私のそばへ来て、あまりに人生を重く見るな、あまりに真剣になるものではないと、私にささやいてくれることもある。「愚かなる者は思ふこと多し。」とか。実にあくせくとした自分なぞは、青年時代に踏み出した時と少しも変わりのないような、それほど長い夢を今日まで見続けている。そして眼前の暗さも、幻滅の悲しみも、冬の寒さも、何ひとつ無駄になるもののなかったと思うような春の来ることを信ぜずにはいられないでいる。

俳諧に遊んだ昔の人は「風狂」ということをこの私に教える。この世のさびしさの中にも浮かれることを知っていた古の人の心を思うと尊い。その涙も尊い。そう言えば、あの早春の先駆のような深い雪が来て町を埋めるのも、もはやそんなに遠いことでもないだろう……。

注意する読み方

屠蘇　とそ
雑煮　ぞうに
松の内　まつのうち
裏白　うらじろ
譲り葉　ゆずりば
宮城野　みやぎの
眼　め
翁　おきな
眼前　めのまえ
俳諧　はいかい
古　いにしえ

注　釈

大寒　小寒と立春の間の時期を指す。
屠蘇　屠蘇散を入れた酒。ここでは正月に飲む酒のこと。
雑煮　新年のお祝いに食べる雑煮餅のこと。
松の内　正月の松飾りのある、元日から七日までの間を指す。
裏白　ウラジロ科の常緑シダ。
譲り葉　トウタイグサ科の常緑高木。
心の宿の宮城野よ……　島崎藤村の抒情詩集「若菜集」(1897年刊) 中の詩「草枕」の一節。
宮城野　仙台市の東部にある平野。
愚かなる者は……　松尾芭蕉（1644～1694）の俳文「閉関之説」（1693年作）の中の一節。
俳諧　滑稽味を帯びた、和歌、連歌の一つの形式。連句。

解　題

島崎藤村はめざめた自我の高揚を歌う抒情詩人として出発した。だが、そのロマンティシズムは短期間で終わる。いわゆる「近代的自我」なるものの深奥に、伝統としての日本の家系として濃密な家、宿命的な父と子の関係が自覚され、それが自我の分裂という危機を呼びおこしたからである。加えて、エゴイズムの深化がその危機に拍車をかける。小説家としての藤村は、「破戒」以後、自分の内部の危機を実験の素材としつつ、近代日本の知識人の内面を襲った生の矛盾に肉迫し、問題の本質を凝視した。そのことによってかれの視線は個の外にむかう内発力を獲得した。自己の血をたどり宿命の根源としての＜父＞を発見するにいたった「夜明け前」が、日本の近代史の原点を浮き彫りにし、日本と近代の関係をみごとにとらえたと評されるゆえんである。「春を待ちつつ」はそういう波瀾にみちた藤村の前半生を回顧しつつ書かれている。1925（大正14）年、朝日新聞に発表された。

研　究

一、「私の詩の心は否定の悩みでなくて、肯定の苦に巣立ったものだ」とはどのようなことか、引用された詩に即して説明してみよ。

二、筆者は自分の半生の旅を振り返って、過去と現在の自らの心情の関係をどう考えているのか、まとめてみよ。

三、「風狂」という言葉の意味をしらべ、その言葉によって筆者が望んでいるのはどういう心境であるのかを説明してみよ。

作家紹介

島崎藤村（しまざきとうそん）

1872（明治5）～1943（昭和18）。詩人、小説家。長野県生まれ。明治学院普通学部本科卒業。明治学院在学中にヨーロッパ的な自由な空気を味わい、自我の高揚を体験する。同時に、長野の名家に生まれたことからくる古い自我との葛藤もまた始まる。抒情詩集「若菜集」（明治30）によって詩人の地位を確立するが、これは日本近代詩の出発を告げる記念碑となった。やがて散文に移行し、「破戒」（明治39）によって、自然主義を代表する小説家と目されるに至った。以後、長い作家生活をとおし、「春」、「家」、「新生」等の長編小説を発表し、父と子の問題、エゴに執する人間の宿命を追究した。最後の長篇「夜明け前」（昭和10）は近代歴史文学の傑作であり、家系という日本的宿命に肉迫しつつ、日本にとって近代とはなにかを深く問いかけている。

武蔵野

国木田独歩

昔の武蔵野は萱原の果てなき光景をもって絶類の美を鳴らしていたように言い伝えてあるが、今の武蔵野は林である。林は実に今の武蔵野の特色といってもよい。すなわち木は主に楢のたぐいで冬はことごとく落葉し、春は滴るばかりの新緑萌え出ずるその変化が秩父嶺以東十数里の野いっせいに行われて、春夏秋冬を通じ霞に雨に月に風に霧に時雨に雪に、緑陰に紅葉に、さまざまの光景を呈するその妙はちょっと西国地方また東北の者には解しかねるのである。元来日本人はこれまで楢のたぐいの落葉林の美をあまり知らなかったようである。林といえば主に松林のみが日本の文学美術のうえに認められていて、歌にも楢林の奥で時雨を聞くというようなことは見当たらない。自分も西国に人となって少年の時学生として初めて東京に上ってから十年になるが、かかる落葉林の美を解するに至ったのは近来のことで、それも左の文章が大いに自分を教えたのである。

秋九月中旬というころ、一日自分がさる樺の林の中に座していたことがあった。今朝から小雨が降り注ぎ、その晴れ間にはおりおり生暖かな日かげも射して、まことに気まぐれな空合い。あわあわしい白雲が空一面にたなびくかと思うと、ふとまたあちこち瞬く間雲切れがして、無理に押し分けたような雲間から澄みてさかしげに見える人の目のごとくに朗らかに晴れた蒼空がのぞかれた。自分は座して、四顧して、そして耳を傾けていた。木の葉が頭上でかすかにそよいだが、その音を聞いたばかりでも季節は知られた。それは春先する、おもしろそうな、笑うようなさざめきでもなく、夏のゆるやかなそよぎでもなく永たらしい話し声でもなく、また末の秋のおどおどした、うそさぶそうなおしゃべりでもなかったが、ただようやく聞き取れるか聞き取れぬほどのしめやかなささやきの声であった。そよ吹く風は忍ぶように梢を伝った。照ると曇るとで、雨にじめつく林の中の様子が間断なく移り変わった。あるいはそこにありとあるものすべて一時に微笑したように、くまなくあかみわたって、さのみ茂くもない樺のほそぼそとした幹は思いがけずも白絹めく、やさしい光沢を帯び、地上に散り敷いた、細かな、落ち葉はにわかに日に映じてまばゆきまでに金色を放ち、頭をかきむしったようなパアポロトニクのみごとな茎、しかも熟えすぎた葡萄めく色を帯びたのが、際限もなくもつれつからみつして、目前に透かして見られた。

あるいはまた四辺一面にわかに薄暗くなりだして、瞬く間に物のあいろも見えなくなり、樺の木立も、降り積もったままでまだ日のめにあわぬ雪のように、白くおぼろにかすむ——と小雨が忍びやかに、怪しげに、私語するようにパラパラと降って通った。樺の木の葉は著しく光沢はさめていてもさすがになお青かった、がただそちこちに立つ稚木のみはすべて赤くも黄色くも色づいて、おりおり日の光が今雨にぬれたばかりの細枝の茂みを漏れて滑りながらに脱けてくるのを浴びては、キラキラときらめいていた。

すなわちこれは、ツルゲーネフの書きたるものを二葉亭が訳して「あひびき」と題した短編の冒頭にある一節であって、自分がかかる落葉林の趣を解するに至ったのはこの微妙な叙景の筆の力が多い。これはロシアの景でしかも林は樺の木で、武蔵野の林は楢の木、植物帯からいうと甚だ異なっているが落葉林の趣は同じことである。自分はしばしば思うた、もし武蔵野の林が楢のたぐいでなく、松か何かであったらきわめて平凡な変化に乏しい色彩一様なものとなってさまで珍重するに足らないだろうと。

楢のたぐいだから黄葉する。黄葉するから落葉する。時雨がささやく。凩が叫ぶ。一陣の風小高い丘を襲えば、幾千万の木の葉高く大空に舞うて、小鳥の群れかのごとく遠く飛びまる。木の葉落ち尽くせば、数十里の方域にわたる林が一時に裸になって、蒼ずんだ冬の空が高くこの上に垂れ、武蔵野一面が一種の沈静に入る。空気がいちだん澄みわたる。遠い物音が鮮やかに聞こえる。自分は十月二十六日の記に、林の奥に座して四顧し、傾聴し、睇視し、黙想すと書いた。「あひびき」にも、自分は座して、四顧して、そして耳を傾けたとある。この耳を傾けて聞くということがどんなに秋の末から冬へかけての、今の武蔵野の心にかなっているだろう。秋ならば林のうちより起こる音、冬ならば林のかなた遠く響く音。

鳥の羽音、さえずる声。風のそよぐ、鳴る、うそぶく、叫ぶ声。叢の陰、林の奥にすだく虫の音。空車荷車の林を巡り、坂を下り、野路を横ぎる響き。ひづめで落ち葉を蹴散らす音、これは騎兵演習の斥候か、さなくば夫婦連れで遠乗りに出かけた外国人である。何事をか声高に話しながら行く村の者のだみ声、それもいつしか、遠ざかりゆく。独り寂しそうに道を急ぐ女の足音。遠く響く砲声。隣の林でだしぬけに起こる銃音。自分が一度犬を連れ、近所の林を訪い、切り株に腰を掛けて書を読んでいると、突然林の奥で物の落ちたような音がした。足もとに臥ていた犬が耳を立ててきっとそなたを見つめた。それぎりであった。たぶん栗が落ちたのであろう、武蔵野には栗の木もずいぶん多いから。

もしそれ時雨の音に至ってはこれほど幽寂のものはない。山家の時雨は我が国でも和歌の題にまでなっているが、広い、広い、野末から野末へと林を越え、杜を越え、田を横ぎり、また、林を越えて、忍びやかに通りゆく時雨の音のいかにも静かで、また鷹揚な趣があって、優しくゆかしいのは、実に、武蔵野の時雨の特色であろう。自分がかつて北海道の深林で時雨にあったことがある、これはまた人跡絶無の大森林であるからその趣は更に深いが、そのかわり、武蔵野の時雨の更に人なつかしく、ささやくがごとき趣はない。

注意する読み方

武蔵野　むさしの
萱原　かやはら
楢　なら
萌え出ずる　もえいずる
秩父嶺　ちちぶれい
頭上　ずじょう
時雨　しぐれ
樺　かば
射す　さす
蒼空　あおぞら
梢　こずえ
光沢　つや
金色　こんじき
頭　かしら
熟えすぎる　つえすぎる
四辺一面　あたりいちめん
稚木　わかぎ
二葉亭　ふたばてい
凩　こがらし
睇視　ていし
叢　くさむら
空車　からぐるま
野路　のじ
斥候　せっこう
銃音　つつおと
訪う　とう
書　ほん
臥ていた犬　ねていたいぬ
幽寂　ゆうじゃく
山家　やまが
野末　のすえ
杜　もり
鷹揚　おうよう

注　釈

植村正久（うえむらまさひさ）1858～1925。牧師。1887（明治20）年東京麹町に富士見町教会を起こし、旧約聖書を翻訳した。著書に『信仰の生活』などがある。

徳富蘇峰(とくとみそほう)　1863〜1957。評論家。1887(明治20)年民友社を設立、「国民之友」、「国民新聞」を発行。初め自由主義的正論を発表したが、中日甲午戦争以後、国権主義の鼓吹者となる。

民友社　1887(明治20)年徳富蘇峰が創立した出版社。雑誌「国民之友」を発行、1890（明治23）年「国民新聞」を創刊。

武蔵野　関東平野の一部。埼玉県川越以南、東京都府中までの間に広がる地域。

萱　イネ科のチガヤ・ススキなどの総称。

楢　ブナ科の落葉高木。

秩父嶺　ここでは秩父山地を指す。

〜里　地上の距離を計る単位、約3.93キロメートルに相当する。

西国地方　関西以西の諸国、特に九州地方を指すが、中国·四国地方をも含む。

パアポロトニク（paporotnik）　シダ類ワラビ科の植物。

あいろ　文色（あやいろ）の約。様子、ものの区別。

ツルゲーネフ（Ivan Sergeevich Turgenev 1818〜1883）ロシアの小説家。主な小説に「猟人日記」、「父と子」、「処女地」などがある。

二葉亭　二葉亭四迷（1864〜1909）。本名は長谷川辰之助。小説家。主な小説に「浮雲」、「平凡」などがある。

「あひびき」　二葉亭四迷が訳したツルゲーネフの小説。1888年発表。

睇視　横目に見ること。

斥候　部隊から差し向けられて敵の動きや敵陣の様子などを探り監視する将兵。

解　題

明治31年、『国民之友』に二回に分けて発表された。当初は随想の形をとっていたが、作品の性格からして、長篇の散文詩とみなしてもいいし、また短篇小説として読んでもいいものになっている。東京渋谷に住んだ独歩が武蔵野の往時の面影をまだ濃く残している近郊の風物を、いわば内面との対話という方法で、二葉亭四迷が訳したツルゲーネフの「あひびき」の中のロシアの景を眼前に浮かべながら、従来にない新鮮な感覚で描いた作品である。「忘れえぬ人々」（明治31）とともに、独歩の自然観と人生観を典型的に示す代表作として現在もひろく読まれているものである。

研　究

一、文中の引用文章について独歩は、「すなわちこれはツルゲーネフの書きたるものを二葉亭が訳して『あひびき』と題した短篇の冒頭にある一節であって」と記しているが、二葉亭四迷の明治期文学における役割を調べ、まとめてみよ。

二、作家筆下の武蔵野の楢林の趣について話し合ってみよ。

三、人間と自然の関係について、各自の考えるところを述べよ。

作家紹介

国木田独歩（くにきだどっぽ）

1871（明治4）～1908（明治41）。小説家、詩人。千葉県銚子に生まれる。東京専門学校（現在の早稲田大学）中退。在学中に植村正久の教会に通い、洗礼を受けた。政治的関心も強く徳富蘇峰の民友社にも接近した。思想の曲折を経て独歩はしだいに自然と人間の内密な新しい関係を観念化し、それを従来にない新鮮な感覚で捉えることに成功した。明治25年から書き始められた手記「欺かざるの記」は、没後公刊されたが、多大の感銘と影響を与え、近代文学史の不朽の名作と称されている。佐佐木信子との恋愛・結婚・離婚の過程があったが、その挫折の体験もまた独歩を成熟に導いた。小説「牛肉と馬鈴薯」に明らかなように、独歩の人生は、いかに生きるという切実な願望の追究に終始し、そのテーマを大自然と人生の関係において展開することに費やされた。詩「山林に自由存す」が示しているように、独歩に現われた自然観と人生観は、自然主義文学と一線を画し、自我の限界を超えて、人生の姿を望見しようとする開かれた近代的個性の在りかたを告げている。

高瀬舟

森鴎外

高瀬舟は京都の高瀬川を上下する小舟である。徳川時代に京都の罪人が遠島を申し渡されると、本人の親類が牢屋敷へ呼び出されて、そこで暇乞をすることを許された。それから罪人は高瀬舟に載せられて、大阪へまわされることであった。それを護送するのは、京都町奉行の配下にいる同心で、この同心は罪人の親類のうちで、おもだった一人を大阪まで同船させることを許す慣例であった。これは上へ通ったことではないが、いわゆるおおめに見るのであった。黙許であった。

当時遠島を申し渡された罪人は、もちろん重い科を犯したものと認められた人ではあるが、決して盗みをするために、人を殺し火を放ったというような、獰悪な人物が多数をしめていたわけではない。高瀬舟に乗る罪人の過半は、いわゆる心得違いのために、思わぬ科を犯した人であった。ありふれた例を挙げてみれば、当時相対死といった情死をはかって、相手の女を殺して、自分だけ活き残った男というようなたぐいである。

そういう罪人を載せて、入相の鐘の鳴るころに漕ぎだされた高瀬舟は、黒ずんだ京都の町の家々を両岸に見つつ、東へ走って、加茂川を横ぎって下るのであった。この舟のなかで、罪人とその親類のものとは夜どおし身の上を語り合う。いつもいつも悔んでもかえらぬ繰り言である。護送の役をする同心は、そばでそれを聞いて、罪人を出した親戚眷族の悲惨な境遇をこまかに知ることができた。所詮町奉行の白洲で、表向きの口供を聞いたり、役所の机の上で、口書を読んだりする役人の夢にもうかがうことのできぬ境遇である。

同心をつとめる人にも、いろいろの性質があるから、この時ただうるさいと思って、耳をおおいたく思う冷淡な同心があるかと思えば、またしみじみと人のあわれを身に引き受けて、役柄ゆえ気色には見せぬながら、無言のうちにひそかに胸を痛める同心もあった。場合によって非常に悲惨な境遇に陥った罪人とその親類とを、特に心弱い、涙もろい同心が宰領して行くことになると、その同心は不覚の涙を禁じえぬのであった。

そこで高瀬舟の護送は、町奉行所の同心仲間で、不快な職務として嫌われていた。

いつのころであったか。たぶん江戸で白河楽翁侯が政柄を執っていた寛政の頃ででもあっただろう。智恩院も桜が入相の鐘に散る春の夕べに、これまでたぐいのない、珍しい罪人が高瀬舟にのせられた。

それは名を喜助といって、三十歳ばかりになる、住所不定の男である。もとより牢屋敷に呼び出されるような親類はないので、舟にもただひとりで乗った。

護送を命ぜられて、いっしょに舟に乗り込んだ同心羽田庄兵衛は、ただ喜助が弟殺しの罪人だということだけを聞いていた。さて牢屋敷から桟橋まで連れてくるあいだ、この痩肉の、色の蒼白い喜助のようすを見るに、いかにも神妙にいかにもおとなしく、自分をば公儀の役人として敬って、なにごとにつけてもさからわぬようにしている。しかもそれが、罪人のあいだに往々見受けるような、温順を装って権勢にこびる態度ではない。

庄兵衛は不思議に思った。そして舟に乗ってからも、たんに役目の表で見張っているばかりでなく、たえず喜助の挙動に、こまかい注意をしていた。

その日は暮れがたから風がやんで、空一面をおおった薄い雲が、月の輪廓をかすませ、ようよう近寄ってくる夏のあたたかさが、両岸の土からも、川床の土からも、靄になって立ちのぼるかと思われる夜であった。下京の町を離れて、加茂川を横ぎったころからは、あたりがひっそりとして、ただ舳にさかれる水のささやきを聞くのみである。

夜舟で寝ることは、罪人にも許されているのに、喜助は横になろうともせず、雲の濃淡にしたがって、光の増したり減じたりする月を仰いで、だまっている。その額は晴れやかで目にはかすかなかがやきがある。

庄兵衛はまともには見ていぬが、終始喜助の顔から目を離さずにいる。そして不思議だ、不思議だと、心のうちで繰り返している。それは喜助の顔が縦から見ても、横から見てもいかにも楽しそうで、もし役人にたいする気兼ねがなかったなら、口笛を吹きはじめるとか、鼻歌を歌いだすとかしそうに思われたからである。

庄兵衛は心のうちに思った。これまでこの高瀬舟の宰領をしたことはいくたびだかしれない。しかし載せていく罪人は、いつもほとんどおなじように、目も当てられぬ気の毒なようすをしていた。それにこの男はどうしたのだろう。遊山船にでも乗ったような顔をしている。罪は弟を殺したのだそうだが、よしやその弟が悪い奴で、それをどんないきがかりになって殺したにせよ、人の情としていい心持ちはせぬはずである。この色の蒼い痩男が、その人の情というものがまったく欠けているほどの、世にもまれな悪人であろうか。どうもそうは思われない。ひょっと気でも狂っているのではあるまいか。

いやいや。それにしてはなにひとつつじつまの合わぬことばや挙動がない。この男はどうしたのだろう。庄兵衛がためには喜助の態度が考えれば考えるほどわからなくなるのである。

しばらくして、庄兵衛はこらえ切れなくなって呼びかけた。「喜助。おまえなにを思っているのか。」

「はい。」といってあたりを見まわした喜助は、なにごとをかお役人に見とがめられたのではないかと気づかうらしく、いずまいを直して庄兵衛のけしきをうかがった。

庄兵衛は自分がとつぜん問を発した動機を明かして、役目を離れた応対を求めるいいわけをしなくてはならぬように感じた。そこでこういった。

「いや。別にわけがあって聞いたのではない。じつはな、おれはさっきからお前の島へゆく心持が聞いてみたかったのだ。おれはこれまでこの舟でおおぜいの人を島へ送った。それはずいぶんいろいろな身の上の人だったが、どれもどれも島へゆくのを悲しがって、見送りに来て、いっしょに舟に乗る親類のものと、夜どおし泣くにきまっていた。それにおまえのようすを見れば、どうも島へゆくのを苦にしてはいないようだ。いったいおまえはどう思っているのだい。」

喜助はにっこり笑った。

「ご親切におっしゃってくだすって、ありがとうございます。なるほど島へゆくということは、外の人には悲しいことでございましょう。その心持ちはわたくしにも思い遣ってみることができます。しかしそれは世間で楽をしていた人だからでございます。京都は結構な土地ではございますが、その結構な土地で、これまでわたくしのいたしてまいったような苦しみは、どこへまいってもなかろうと存じます。お上のお慈悲で、命を助けて島へやってくださいます。島はよしやつらいところでも、鬼のすむところではございますまい。わたくしはこれまで、どこといって自分のいていいところというものがございませんでした。こんどお上で島にいろとおっしゃってくださいます。そのいろとおっしゃるところに落ちついていることができますのが、まずなによりもありがたいことでございます。それにわたくしはこんなにかよわいからだではございますが、ついぞ病気をいたしたことはございませんから、島へいってから、どんなつらいしごとをしたって、からだを痛めるようなことはあるまいと存じます。それからこんど島へおやりくださるにつきまして、二百文の鳥目をいただきました。それをここに持っております。」

こう言いかけて、喜助は胸に手を当てた。遠島を仰せつけられるものには、鳥目二百銅をつかわすというのは、当時のおきてであった。

喜助はことばをついだ。

「お恥ずかしいことを申し上げなくてはなりませぬが、わたくしは今日まで二百文というおあしを、こうしてふところに入れて持っていたことはございませぬ。どこかでしごとに取りつきたいと思って、しごとを尋ねて歩きまして、それが見つかりしだい、骨を惜しまずに働きました。そしてもらった銭は、いつも右から左へ人手に渡さなくてはなりませなんだ。それも現金で物が買って食べられるときは、わたくしの工面のいいときで、たいていは借りたものを返して、またあとを借りたのでございます。それがお牢にはいってからは、しごとをせずに食べさせていただきます。わたくしはそればかりでも、お上に対してすまないことをいたしているようでなりませぬ。それにお牢を出るときに、この二百文をいただきましたのでございます。こうしてあいかわらずお上の物を食べていてみますれば、この二百文はわたくしが使わずに持っていることができます。おあしを自分の物にして持っているということは、わたくしにとっては、これがはじめでございます。島へいってみますまでは、どんなしごとができるかわかりませんが、わたくしはこの二百文を島でするしごとの本手にしようと楽しんでおります。」

こういって、喜助は口をつぐんだ。庄兵衛は「うん、そうかい。」とはいったが、聞くことごとにあまり意表に出たので、これもしばらくなにもいうことができずに、考え込んでだまっていた。

庄兵衛はかれこれ初老に手の届く年になっていて、もう女房に子供を四人生ませている。それに老母が生きているので、家は七人暮らしである。平生人には吝嗇といわれるほどの、倹約な生活をしていて、衣類は自分が役目のために着るもののほか、寝巻しかこしらえぬくらいにしている。しかし不幸なことには、妻をいい身代の商人の家から迎えた。そこで女房は夫のもらう扶持米で暮しを立てていこうとする善意はあるが、ゆたかな家にかわいがられて育ったくせがあるので、夫が満足するほど手元をひきしめて暮していくことができない。ややもすれば月末になって勘定がたりなくなる。すると女房が内証で里から金を持って来て帳尻を合わせる。それは夫が借財というものを毛虫のようにきらうからである。そういうことはしょせん夫に知れずにはいない。庄兵衛は五節句だといっては、里方から物をもらい、子供の七五三の祝いだといっては、里方から子供の衣類をもらうのでさえ、心苦しく思っているのだから、暮しの穴をうめてもらったのに気がついては、いい顔はしない。格別平和を破るようなことのない羽田の家に、おりおり波風の起るのは、これが原因である。

庄兵衛はいま喜助の話を聞いて、喜助の身の上をわが身の上にひきくらべてみた。喜助はしごとをして給料をとっても、右から左へ人手に渡してなくしてしまうといった。いかにも哀れな、気の毒な境界である。しかし一転してわが身の上をかえりみれば、かれとわれとの間に、はたしてどれほどの差があるか。自分も上からもらう扶持米を、右から左へ人手に渡して暮しているにすぎぬではないか。かれとわれとの相違は、いわばそろばんの桁が違っているだけで、喜助のありがたがる二百文に相当する貯蓄だに、こっちはないのである。

さて桁を違えて考えてみれば、鳥目二百文をでも、喜助がそれを貯蓄と見て喜んでいるのに無理はない。その心持ちはこっちから察してやることができる。しかしいかに桁を違えて考えてみても、不思議なのは喜助の欲のないこと、足ることを知っていることである。

喜助は世間でしごとを見つけるのに苦しんだ。それを見つけさえすれば、骨を惜しまずに働いて、ようよう口を糊することのできるだけで満足した。そこで牢に入ってからは、いままで得がたかった食が、ほとんど天から授けられるように、働かずに得られるのにおどろいて、生れてから知らぬ満足を覚えたのである。

庄兵衛はいかに桁を違えて考えてみても、ここにかれとわれとの間に、おおいなる懸隔のあることを知った。自分の扶持米で立てていく暮しは、おりおり足らぬことがあるにしても、たいてい出納が合っている。手いっぱいの生活である。しかるにそこに満足を覚えたことはほとんどない。つねは幸とも不幸とも感ぜずに過している。しかし心の奥には、こうして暮していて、ふいとお役が御免になったらどうしよう、大病にでもなったらどうしようという疑懼が潜んでいて、おりおり妻が里方から金を取り出してきて穴うめをしたことなどがわかると、この疑懼が意識のしきいの上に頭をもたげてくるのである。

いったいこの懸隔はどうして生じてくるだろう。ただうわべだけを見て、それは喜助には身に係累がないのに、こっちにはあるからだといってしまえばそれまでである。しかしそれはうそである。よしや自分がひとり者であったとしても、どうも喜助のような心持ちにはなられそうにない。この根底はもっと深いところにあるようだと、庄兵衛は思った。

庄兵衛はただ漠然と、人の一生というようなことを思ってみた。人は身に病があると、この病がなかったらと思う。その日その日の食がないと、食って行かれたらと思う。万一のときにそなえるたくわえがないと、すこしでもたくわえがあったらと思う。たくわえがあっても、またそのたくわえがもっと多かったらと思う。かくのごとくに先から先へと考えてみれば、人はどこまでいって踏み止まることができるものやらわからない。それを今目の前で踏み止まって見せてくれるのがこの喜助だと、庄兵衛は気がついた。

庄兵衛はいまさらのように驚異の目をみはって喜助を見た。このとき庄兵衛は空を仰いでいる喜助の頭から毫光がさすように思った。

庄兵衛は喜助の顔をまもりつつまた、「喜助さん。」と呼びかけた。こんどは「さん」といったが、これはじゅうぶんの意識をもって称呼を改めたわけではない。その声がわが口から出てわが耳に入るやいなや、庄兵衛はこの称呼の不穏当なのに気がついたが、いまさらすでに出たことばを取り返すこともできなかった。

「はい。」と答えた喜助も、「さん」と呼ばれたのを不審に思うらしく、おそるおそる庄兵衛のけしきをうかがった。

庄兵衛はすこし間の悪いのをこらえていった。

「いろいろのことを聞くようだが、おまえがこんど島へやられるのは、人をあやめたからだということだ。おれについでにそのわけを話して聞かせてくれぬか。」

喜助はひどくおそれいったようすで、

「かしこまりました。」といって、小声で話しだした。

「どうもとんだ心得違いで、おそろしいことをいたしまして、なんとも申し上げようがございませぬ。あとで思ってみますと、どうしてあんなことができたかと、自分ながら不思議でなりませぬ。まったく夢中でいたしましたのでございます。わたくしは小さいときに二親が時疫でなくなりまして、弟とふたりあとに残りました。初めちょうど軒下に生れた犬の子にふびんをかけるように町内の人たちがお恵みくださいますので、近所じゅうの走り使いなどをいたして、飢え凍えもせずに、育ちました。しだいに大きくなりまして職を捜しますにも、なるたけふたりが離れないようにいたして、いっしょにいて、助け合って働きました。去年の秋のことでございます。わたくしは弟といっしょに西陣の織り場にはいりまして、空引ということをいたすことになりました。

そのうち弟が病気で働けなくなったのでございます。そのころわたくしどもは北山の掘っ立て小屋どうようの所に寝起きをいたして、紙屋川の橋を渡って織り場へ通っておりましたが、わたくしが暮れてから、食べ物などを買って帰ると、弟は待ち受けていて、わたくしをひとりでかせがせてはすまないすまないと申しておりました。ある日、いつものように何心なく帰ってみますと、弟はふとんの上につっ伏していまして、まわりは血だらけなのでございます。わたくしはびっくりいたしして、手に持っていた竹の皮包つや何かを、そこへおっぽり出して、そばへいって『どうしたどうした。』と申しました。すると弟はまっさおな顔の、両方のほおからあごへかけて血に染まったのをあげて、わたくしを見ましたが、ものをいうことができませぬ。息をいたすたびに、傷口がひゅうひゅうという音がいたすだけでございます。

わたくしにはどうもようすがわかりませんので、『どうしたのだい、血を吐いたのかい。』といって、そばへ寄ろうといたすと、弟は右の手を床について、すこしからだを起しました。左の手はしっかりあごの下のところを押えていますが、その指のあいだから黒血のかたまりがはみ出しています。弟は目でわたくしのそばへ寄るのをとめるようにして口をききました。ようようものがいえるようになったのでございます。『すまない。どうぞかんにんしてくれ。どうせなおりそうにもない病気だから、早く死んですこしでも兄きに楽がさせたいと思ったのだ。笛を切ったら、すぐ死ねるだろうと思ったが息がそこから漏れるだけで死ねない。深く深くと思って力いっぱい押しこむと、横へすべってしまった。刃はこぼれはしなかったようだ。これをうまく抜いてくれたらおれは死ねるだろうと思っている。ものをいうのがせつなくっていけない。どうぞ手を貸して抜いてくれ。』というのでございます。弟が左の手をゆるめるとそこからまた息が漏ります。わたくしはなんといおうにも、声が出ませんので、だまって弟ののどの傷をのぞいてみますと、なんでも右の手にかみそりを持って、横に笛を切ったが、それでは死にきれなかったので、そのままかみそりを、えぐるように深くつっこんだものとみえます。柄がやっと二寸ばかり傷口から出ています。

わたくしはそれだけのことを見て、どうしようという思案もつかずに、弟の顔を見ました。弟はじっとわたくしを見つめています。わたくしはやっとのことで、『待っていてくれ、お医者を呼んでくるから。』と申しました。弟はうらめしそうな目つきをいたしましたが、また左の手でのどをしっかり押えて、『医者がなんになる、ああ苦しい、早く抜いてくれ、頼む。』というのでございます。わたくしは途方にくれたような心持ちになって、ただ弟の顔ばかり見ております。こんなときは、不思議なもので、目がものをいいます。弟の目は『早くしろ、早くしろ。』といって、さもうらめしそうにわたくしを見ています。わたくしの頭のなかでは、なんだかこう車の輪のような物がぐるぐる回っているようでございましたが、弟の目は恐ろしい催促をやめません。それにその目のうらめしそうなのがだんだんけわしくなってきて、とうとうかたきの顔をでもにらむような、憎々しい目になってしまいます。それを見ていて、わたくしはとうとう、これは弟のいったとおりにしてやらなくてはならないと思いました。わたくしは『しかたがない、抜いてやるぞ。』と申しました。

するとと弟の目の色がからりと変って晴れやかに、さもうれしそうになりました。わたくしはなんでもひとおもいにしなくてはと思ってひざをつくようにしてからだを前へ乗りだしました。弟はついていた右の手を放して、いままでのどを押えていた手のひじを床について、横になりました。わたくしはかみそりの柄をしっかり握って、ずっとひきました。このときわたくしの内から締めておいた表口の戸をあけて、近所のばあさんが入ってきました。留守のあいだ、弟に薬を飲ませたりなにかしてくれるように、わたくしの頼んでおいたおばあさんなのでございます。もうだいぶうちのなかが暗くなっていましたから、わたくしにはばあさんがどれだけのことを見たのだかわかりませんでしたが、ばあさんはあっといったきり、表口をあけ放しにしておいて駆けだしてしまいました。

わたくしはかみそりを抜くとき、手早く抜こう、まっすぐに抜こうというだけの用心はいたしましたが、どうも抜いたときの手ごたえは、いままで切れていなかったところを切ったように思われました。刃が外の方へ向いていましたから、外の方が切れたのでございましょう。わたくしはかみそりを握ったまま、ばあさんの入ってきてまた駆けだしていったのを、ぼんやりして見ておりました。ばあさんが行ってしまってから、気がついて弟を見ますと、弟はもう息が切れておりました。傷口からはたいそうな血が出ておりました。それから年寄衆がおいでになって、役場へ連れていかれますまで、わたくしはかみそりをそばに置いて、目を半分あいたまま死んでいる弟の顔を見つめていたのでございます。」

すこしうつむきかげんになって庄兵衛の顔を下から見上げて話していた喜助は、こういってしまって視線をひざの上に落した。

喜助の話はよく条理がたっている。ほとんど条理がたちすぎているといってもいいくらいである。これは半年ほどのあいだ、当時のことをいくたびも思い浮べてみたのと、役場で問われ、町奉行所で調べられるそのたびごとに、注意に注意を加えてさらってみさせられたのとのためである。

庄兵衛はその場のようすをまのあたりに見るような思いをして聞いていたが、これがはたして弟殺しというものだろうか、人殺しというものだろうかという疑いが、話を半分聞いたときから起ってきて、聞いてしまっても、その疑いを解くことができなかった。弟はかみそりを抜いてくれたら死なれるだろうから、抜いてくれといった。それを抜いてやって死なせたのだ、殺したのだとはいわれる。しかしそのままにしておいても、どうせ死ななくてはならぬ弟であったらしい。それが早く死にたいといったのは、苦しさに耐えなかったからである。喜助はその苦を見ているに忍びなかった。苦から救ってやろうと思って命を絶った。それが罪であろうか。殺したのは罪に相違ない。しかしそれが苦から救うためであったと思うと、そこに疑いが生じて、どうしても解けぬのである。

庄兵衛の心のうちには、いろいろに考えて見たすえに、自分より上のものの判断に任すほかないという念、オートリテーにしたがうほかないという念が生じた。庄兵衛はお奉行さまの判断を、そのまま自分の判断にしようと思ったのである。そうは思っても、庄兵衛はまだどこやらに腑に落ちぬものが残っているので、なんだかお奉行さまに聞いて見たくてならなかった。

しだいにふけて行くおぼろ夜に、沈黙の人ふたりを載せた高瀬舟は、黒い水の面をすべって行った。

高瀬舟縁起

京都の高瀬川は、五条から南は天正十五年に、二条から五条までは慶長十七年に、角倉了以が掘ったものだそうである。そこをかよう舟は曳船である。原来たかせは舟の名で、その舟の通う川を高瀬川というのだから、同名の川は諸国にある。しかし舟は曳舟には限らぬので、和名鈔には釈名の「艇小而深者曰舟共」とある舟共の字をたかせに当ててある。竹柏園文庫の和漢船用集を借覧するに、「おもて高く、とも、よことも にて、低く平らなるものなり」といってある。そして図には篙でやる舟がかいてある。

徳川時代には京都の罪人が遠島を言い渡されると、高瀬舟で大阪へまわされたそうである。それを護送して行く京都町奉行付の同心が悲しい話ばかり聞かせられる。あるときこの舟に載せられた兄弟殺しの科を犯した男が、すこしも悲しがっていなかった。その仔細を尋ねると、これまで食を得ることに困っていたのに、遠島を言い渡されたとき、銅銭二百文をもらったが、銭を使わずに持っているのは始だと答えた。また人殺しの科はどうして犯したかと問えば、兄弟は西陣に傭われて、空引ということをしていたが、給料がすくなくて暮しが立ちかねた。その内同胞が自殺をはかったが、死に切れなかった、そこで同胞が所詮助からぬから殺してくれと頼むので、殺してやったといった。

この話は翁草に出ている。池辺義象さんの校訂した活字本で一ページ余に書いてある。わたくしはこれを読んで、そのなかに二つの大きな問題が含まれていると思った。一つは財産というものの観念である。銭を持ったことのない人の銭を持った喜びは、銭の多少には関せない。人の欲には限りがないから、銭を持って見ると、いくらあればよいという限界は見いだされないのである。二百文を財産として喜んだのがおもしろい。いま一つは死にかかっていて死なれずに苦しんでいる人を死なせてやるということである。人を死なせてやれば、すなわち殺すということになる。どんな場合にも人を殺してはならない。翁草にも、教えのない民だから、悪意がないのに人殺しになったというような、批評のことばがあったように記憶する。しかしこれはそう容易に杓子定木で決してしまわれる問題ではない。ここに病人があって死に瀕して苦しんでいる。それを救う手段はまったくない。そばからその苦しむのを見ている人はどう思うであろうか。たとい教えのある人でも、どうせ死ななくてはならぬものなら、あの苦しみを長くさせて置かずに、早く死なせてやりたいという情はかならず起る。ここに麻酔薬を与えてよいか悪いかといううたがいが生ずるのである。その薬は致死量でないにしても、薬を与えれば、多少死期を早くするかも知れない。それゆえやらずに置いて苦しませていなくてはならない。従来の道徳は苦しませて置けと命じている。しかし医学社会には、これを非とする論がある。すなわち死に瀕して苦しむものがあったら、楽に死なせて、その苦を救ってやるがいいというのである。これはユウタナジイ（安楽死）という。楽に死なせるという意味である。高瀬舟の罪人は、ちょうどそれとおなじ場合にいたように思われる。わたくしにはそれがひどくおもしろい。

こう思ってわたくしは「高瀬舟」という話を書いた。中央公論で公にしたのがそれである。

注意する読み方

高瀬舟　たかせぶね
高瀬川　たかせがわ
徳川　とくがわ
牢屋敷　ろうやしき
暇乞　いとまごい
町奉行　まちぶぎょう
配下　はいか
同心　どうしん
科　とが
獰悪　どうあく
相対死　あいたいし
情死　じょうし
入相　いりあい
加茂川　かもがわ
親戚眷族　しんせきけんぞく
白洲　しらす
口供　こうきょう
口書　くちがき
白川楽翁侯　しらかわらくおうこう
政柄　せいへい
寛政　かんせい
智恩院　ちおんいん
喜助　きすけ
西陣　にしじん
空引　そらびき
掘っ立て小屋　ほったてごや
年寄衆　としよりしゅう
不定　ふじょう
羽田庄兵衛　はねだしょうべえ
桟橋　さんばし
痩肉　やせじし
神妙　しんびょう
輪廓　りんかく
靄　もや
下京　しもぎょう
舳　へさき
遊山船　ゆさんぶね
お上　おかみ
鳥目　ちょうもく
本手　もとで
吝嗇　りんしょく
扶持米　ふちまい
境界　きょうがい
桁　けた
口を糊する　くちをのりする
懸隔　けんかく
出納　すいとう
毫光　ごうこう
時疫　じえき
腑に落ちぬ　ふにおちぬ
疑懼　ぎく
おぼろ夜　おぼろよ

高瀬舟縁起

縁起　えんぎ
角倉了以　すみのくらりょうい
曳船　ひきふね
和名鈔　わみょうしょう
「艇小而深者曰艬」ていしょうにしてふかきものをきょうという
竹柏園文庫　ちくはくえんぶんこ
借覧する　しゃくらんする

傭われて　やとわれて
翁草　おきなぐさ
池辺義象　いけべよしかた
杓子定木　しゃくしじょうぎ
公　おおやけ

注　釈

高瀬舟　河川で用いられた喫水の浅い底が平らな船。この「高瀬川」は鴨川から取水して鴨川と平行して京都市内を流れる運河。
遠島　江戸時代の刑罰の一つ。罪人を島に送り、社会から隔離させる島流しの刑。
同心　与力の下で、雑務や警察のことに当たる江戸時代の下級役人。
相対死　心中。
上へ通ったこと　公認されたこと。
入相の鐘　寺で日暮れにつく鐘。
眷族　親戚よりやや遠い親類。
白洲　江戸時代の法廷。
口書き　口供を書きとめた書類。
宰領　罪人を送る責任を持つこと。
白川楽翁侯　松平定信（1758~1829）、寛政（1789~1801）の改革に当たった江戸後期の幕府老中。
知恩院　京都にある浄土宗総本山。
公儀　ここでは江戸幕府のこと。
下京　京都市の南部、下京区。
遊山船　遊楽のための船。
鳥目　銭の異称。貨幣、お金。
初老　四十歳の異称。
扶持米　給料として受ける米。
五節句　人日（正月七日）、上己（三月三日）、端午（五月五日）、七夕（七月七日）、重陽（九月九日）。これらの日には仕事を休んだ。
疑懼　あやぶみおそれること。
意識のしきい　「しきい（識閾）」　Bewusstseinsschwelle（独）、意識作用と無意識の境界。無意識から意識に、あるいは意識から無意識に移る境界を決定する真理基準。「意識のしきいの上に頭を擡げて来る」は、無意識に感じ、あるいは潜在意識としてあったものがはっきり意識される、知覚されるの意。
係累　両親、妻子、兄弟などわずらいになる家族たち。
豪光　仏の額の珠玉から出る光。
西陣　京都市上京区にある絹織物の名産地。

空引　紋を織り出すための織機、または紋を織り出すのに必要な通糸を取り付けるために、上部に鳥居型の構造のものを付けた空引機で、紋に応じて必要な経糸を引き上げる操作。また、空引機(高機ともいう)を用いて、錦、綾などかものある布地を織ること。

北山　今の京都市北区内。

紙屋川　京都市北西部を流れる天神川の上流部の通称。

オートリテー　autorité　フランス語、権威、権威者。

高瀬舟縁起

縁起　物事の由来、起源。

曳船　綱をつけて引いていく舟。

和名鈔　「倭名類聚鈔」のこと。937年、源順（みなもとのしたがう）の編による日本の百科事典的国語辞典。

竹柏園文庫　佐々木信綱の蔵書。

翁草　1774年神沢貞幹が諸書の抜き書きなどを集めた随筆集。

ユウタナジイ　euthanasia　フランス語、麻酔薬を使う苦痛のない死、安楽死。

解　題

森鴎外の文学活動の範囲は実に広いものである。多くの翻訳によって西欧文芸を日本に紹介、中でも翻訳戯曲は日本近代劇運動に大きく貢献した。創作でも、ロマン主義時代以来長く文壇から遠ざかっていたが、雑誌『明星』の廃刊（明治41年）後、それを受けた耽美派の雑誌『スバル』が創刊（明治42年）されるのを機に、再び自然主義とは違った理知的で理想主義的な文学活動を旺盛に始めた。その簡潔澄明な文体は感銘深い。夏目漱石とならんで大正後半の理知主義文学の源といわれている。

小説は「青年」、「雁」などの現代小説につづいて「安部一族」、「山椒大夫」、「高瀬舟」などの歴史小説を残した。「高瀬舟」は「翁草」の一話によったもので、弟殺しの喜助という罪人が高瀬舟の中で護送の役人羽田庄兵衛に語った身の上話である。罪の行為、富に対する観念、ユウタナジイの問題を扱い、考えさせる名作である。「翁草」では1ページあまりの「流人の話」がもとになっているが、その事情は鴎外自身「高瀬舟縁起」のなかで語っている。あわせて読むといっそう味わい深い。

研　究

一、次の問いに答えよ。

1. 喜助の「額は晴れやかで目にはかすかなかがやきがあ」ったのはなぜか。

2. 「庄兵衛がためには喜助の態度が考えれば考えるほどわからなくなるのである。」とあるが、それはなぜか。

3. 庄兵衛が「喜助の頭から毫光がさすように思った。」のはどうしてか。

4. 「弟の目は恐ろしい催促をやめません。それにその目のうらめしそうなのがだんだんけわしくなってきて、とうとうかたきの顔をでもにらむような、憎々しい目になってしまいます。」とあるが、それはなぜか。

5. 喜助の行動についてどう思うか。

二、喜助の話を聞きおえて、庄兵衛はこの事件をどう考えたか。それは作者が提出したユウタナジイの問題ともかかわるが、それぞれ考えるところを話し合ってみよ。

三、庄兵衛と喜助の生活を比較してどう思うか。話し合ってみよ。

四、場面の展開にしたがって、弟の死の際の喜助の行動またその心情の推移について考察せよ。

五、喜助の満足感について考察せよ。

作家紹介

森鴎外（もりおうがい）

1862（文久2）～1922（大正2）。小説家、軍医、本名森林太郎。鴎外はそのいくつかの雅号の一つで、これがもっとも著名。島根県に生まれ、19歳で東京大学医学部を卒業し、東大医学部の最年少の卒業生として医学士になった。卒業後ただちに軍医として陸軍に入り、ドイツに留学し、後に軍医総監になった。1922年に東京で病死。従二位勲一等に叙された。彼の活動は大変広かった。四年間のドイツ留学を終えて日本に戻った1888年より、軍医の仕事の傍ら、評論、小説、翻訳などの上で精力的な活動を始め、文学の啓蒙に乗り出した。多くの翻訳によって、西欧文芸を紹介し、なかでも翻訳戯曲は日本の近代劇運動に大きく貢献したものであり、約十年間かけて訳したアンデルセンの『即興詩人』は名訳の評が高い。小説の面では、1890（明治23）年には『舞姫』、『うたかたの記』、1892（明治25）には『文づかひ』を書き、その簡潔澄明な雅文体は紅葉·露伴とはちがった清新さがあって感銘深い。『舞姫』は二葉亭四迷の『浮雲』とともに特殊な日本の近代を反映した近代精神を鼓吹する作品として高評を博し、夏目漱石と並んで大正後半の理知主義文学の源といわれている。大正期に入り歴史小説に手を付け始め、『阿部一族』を経て『高瀬舟』などの歴史小説を書き、晩年には『渋江抽斎』という史伝小説を残し、理知的で気品高い歴史小説のひとつの典型を示した。

羅生門

芥川龍之介

ある日の暮れ方のことである。一人の下人が、羅生門の下で雨やみを待っていた。

広い門の下には、この男の外にたれもいない。ただ、所々に丹塗りの剥げた、大きな円柱に、きりぎりすが一匹とまっている。羅生門が、朱雀大路にある以上は、この男の外にも、雨やみをする市女笠や揉烏帽子が、もう二、三人はありそうなものである。それが、この男の外にはたれもいない。

なぜかというと、この二、三年、京都には、地震とか辻風とか火事とか飢饉とかいう災いが続いて起こった。そこで洛中の寂れ方はひととおりではない。旧記①によると、仏像や仏具を打ち砕いて、その丹が付いたり、金銀の箔が付いたりした木を、道端に積み重ねて、薪の料に売っていたということである。洛中がその始末であるから、羅生門の修理などは、もとよりたれも捨てて顧みる者がなかった。するとその荒れ果てたのをよいことにして、狐狸が棲む。盗人が棲む。とうとうしまいには、引き取り手のない死人を、この門へ持って来て、棄てて行くという習慣さえできた。そこで、日の目が見えなくなると、たれでも気味を悪がって、この門の近所へは足踏みをしないことになってしまったのである。

そのかわりまた鴉がどこからか、たくさん集まって来た。昼間見ると、その鴉が、何羽となく輪を描いて、高い鴟尾の周りを鳴きながら、飛び回っている。殊に門の上の空が、夕焼けで赤くなるときには、それがごまをまいたように、はっきり見えた。鴉はもちろん、門の上にある死人の肉を、ついばみに来るのである。——もっとも今日は、刻限が遅いせいか、一羽も見えない。ただ、所々、崩れかかった、そうしてその崩れ目に長い草の生えた石段の上に、鴉のくそが、点々と白くこびりついているのが見える。下人は七段ある石段のいちばん上の段に、洗いざらした紺の襖のしりを据えて、右の頬にできた、大きなにきびを気にしながら、ぼんやり、雨の降るのを眺めていた。

作者はさっき、「下人が雨やみを待っていた。」と書いた。しかし、下人は雨がやんでも、格別どうしようというあてはない。普段なら、もちろん、主人の家へ帰るべきはずである。ところがその主人からは、四、五日前に暇を出された。前にも書いたように、当時京都の町はひとおりならず衰微していた。今この下人が、永年、使われていた主人から、暇を出されたのも、実はこの衰微の小さな余波にほかならない。だから「下人が雨やみを待っていた。」というよりも「雨に降り込められた下人が、行き所がなくて、途方に暮れていた。」というほうが、適当である。そのうえ、今日の空模様も少なからず、この平安朝の下人のSentimentalismeに影響した。申の刻下がりから降りだした雨は、いまだにあがるけしきがない。そこで、下人は、何をおいてもさしあたり明日の暮らしをどうにかしようとして——いわばどうにもならないことを、どうにかしようとして、とりとめもない考えをたどりながら、さっきから朱雀大路に降る雨の音を、聞くともなく聞いていたのである。

雨は、羅生門を包んで、遠くから、ざあっという音を集めてくる。夕闇はしだいに空を低くして、見上げると、門の屋根が、斜めに突き出した甍の先に、重たく薄暗い雲を支えている。

どうにもならないことを、どうにかするためには、手段を選んでいるいとまはない。選んでいれば、築土の下か、道端の土の上で、飢え死にをするばかりである。そうして、この門の上へ持って来て、犬のように棄てられてしまうばかりである。選ばないとすれば――下人の考えは、何度も同じ道を低徊したあげくに、やっとこの局所へ逢着した。しかしこの「すれば」は、いつまでたっても、結局「すれば」であった。下人は、手段を選ばないということを肯定しながらも、この「すれば」のかたをつけるために、当然、その後にきたるべき「盗人になるよりほかにしかたがない」ということを、積極的に肯定するだけの、勇気が出ずにいたのである。

下人は、大きなくさめをして、それから、大儀そうに立ち上がった。夕冷えのする京都は、もう火桶が欲しいぼどの寒さである。風は門の柱と柱との間を、夕闇とともに遠慮なく、吹き抜ける。丹塗りの柱にとまっていたきりぎりすも、もうどこかへ行ってしまった。

下人は、首を縮めながら、山吹の汗衫に重ねた、紺の襖の肩を高くして、門の周りを見回した。雨風の患えのない、人目にかかる惧れのない、ひと晩楽に寝られそうな所があれば、そこでともかくも、夜を明かそうと思ったからである。すると、さいわい門の上の楼へ上る、幅の広い、これも丹を塗ったはしごが目についた。上なら、人がいたにしても、どうせ死人ばかりである。下人はそこで、腰に下げた聖柄の太刀が触らないように気をつけながら、わら草履を履いた足を、そのはしごのいちばん下の段へ踏み掛けた。

それから、何分かの後である。羅生門の楼の上へ出る、幅の広いはしごの中段に、一人の男が、猫のように身を縮めて、息を殺しながら、上の様子をうかがっていた。楼の上からさす火の光が、かすかに、その男の右の頬をぬらしている。短い鬚の中に、赤く膿を持ったにきびのある頬である。下人は、初めから、この上にいる者は、死人ばかりだとたかをくくっていた。それが、はしごを二、三段上ってみると、上ではたれか火をとぼして、しかもその火をそこここと、動かしているらしい。これは、その濁った、黄色い光が、隅々に蜘蛛の巣をかけた天井裏に、揺れながら映ったので、すぐにそれと知れたのである。この雨の夜に、この羅生門の上で、火をともしているからは、どうせただの者ではない。

下人は、やもりのように足音を盗んで、やっと急なはしごを、いちばん上の段まではうようにして上りつめた。そうして体をできるだけ、平らにしながら、首をできるだけ、前へ出して、おそるおそる、楼の内を覗いてみた。

見ると、楼の内には、うわさに聞いたとおり、幾つかの死骸が、無造作に棄ててあるが、火の光の及ぶ範囲が、思ったより狭いので、数は幾つともわからない。ただ、おぼろげながら、知れるのは、その中に裸の死骸と、着物を着た死骸とがあるということである。もちろん、中には女も男も混じっているらしい。そうして、その死骸はみな、それが、かつて、生きていた人間だという事実さえ疑われるほど、土をこねて造った人形のように、口を開いたり手を延ばしたりして、ごろごろ床の上に転がっていた。しかも、肩とか胸とかの高くなっている部分に、ぼんやりした火の光を受けて、低くなっている部分の影をいっそう暗くしながら、永久におしのごとく黙っていた。

下人は、それらの死骸の腐爛した臭気に思わず、鼻を覆った。しかし、その手は、次の瞬間には、もう鼻を覆うことを忘れていた。ある強い感情が、ほとんどことごとくこの男の嗅覚を奪ってしまったからである。

下人の目は、その時、初めて、その死骸の中にうずくまっている人間を見た。絵皮色の着物を着た、背の低い、やせた、白髪頭の、猿のような老婆である。その老婆は、右の手に火をともした松の木片を持って、その死骸の一つの顔をのぞき込むように眺めていた。髪の毛の長いところをみると、たぶん女の死骸であろう。

下人は、六分の恐怖と四分の好奇心とに動かされて、暫時は息をするのさえ忘れていた。旧記②の記者の語を借りれば、「頭身の毛も太る」ように感じたのである。すると、老婆は、松の木片を、床板の間に挿して、それから、今まで眺めていた死骸の首に両手を掛けると、ちょうど、猿の親が猿の子のしらみを取るように、その長い髪の毛を一本ずつ抜き始めた。髪は手に従って抜けるらしい。

その髪の毛が、一本ずつ抜けるのにしたがって、下人の心からは、恐怖が少しずつ消えていった。そうして、それと同時に、この老婆に対する激しい憎悪が、少しずつ動いてきた。——いや、この老婆に対するといっては、語弊があるかもしれない。むしろ、あらゆる悪に対する反感が、一分ごとに強さを増してきたのである。この時、たれかがこの下人に、さっき門の下でこの男が考えていた、飢え死にをするか盗人になるかという問題を、あらためて持ち出したら、おそらく下人は、なんの未練もなく、飢え死にを選んだことであろう。それほど、この男の悪を憎む心は、老婆の床に挿した松の木片のように、勢いよく燃え上がりだしていたのである。

下人には、もちろん、なぜ老婆が死人の髪の毛を抜くかわからなかった。したがって、合理的には、それを善悪のいずれに片付けてよいか知らなかった。しかし下人にとっては、この雨の夜に、この羅生門の上で、死人の髪の毛を抜くということが、それだけで既に許すべからざる悪であった。もちろん、下人は、さっきまで、自分が、盗人になる気でいたことなぞは、とうに忘れているのである。

そこで下人は、両足に力を入れて、いきなり、はしごから上へ飛び上がった。そうして聖柄の太刀に手を掛けながら、大股に老婆の前へ歩み寄った。老婆が驚いたのはいうまでもない。

老婆は、ひと目下人を見ると、まるで弩にでもはじかれたように、飛び上がった。

「おのれ、どこへ行く。」

下人は、老婆が死骸につまずきながら、慌てふためいて逃げようとする行く手をふさいで、こうののしった。老婆は、それでも下人を突きのけて行こうとする。下人はまた、それを行かすまいとして、押し戻す。二人は死骸の中で、しばらく、無言のまま、つかみ合った。しかし勝敗は、初めから、わかっている。下人はとうとう、老婆の腕をつかんで、むりにそこへねじ倒した。ちょうど、鶏の脚のような、骨と皮ばかりの腕である。

「何をしていた。言え。言わぬと、これだぞよ。」

下人は、老婆を突き放すと、いきなり、太刀の鞘を払って、白い鋼の色を、その目の前へ突きつけた。けれども、老婆は黙っている。両手をわなわな震わせて、肩で息をきりながら、目を、眼球がまぶたの外へ出そうになるほど、見開いておしのように執拗く黙っている。これを見ると、下人は初めて明白に、この老婆の生死が、全然、自分の意志に支配されているということを意識した。そうしてこの意識は、今まで険しく燃えていた憎悪の心を、いつの間にか冷ましてしまった。後に残ったのは、ただ、ある仕事をして、それが円満に成就したときの、安らかな得意と満足とがあるばかりである。そこで、下人は、老婆を、見下ろしながら、少し声を柔らげてこう言った。

「おれは検非違使の庁の役人などではない。いましがたこの門の下を通りかかった旅の者だ。だからおまえに縄を掛けて、どうしようというようなことはない。ただ、今時分、この門の上で、何をしていたのだか、それをおれに話しさえすればいいのだ。」

すると、老婆は、見開いていた目を、いっそう大きくして、じっとその下人の顔を見守った。まぶたの赤くなった、肉食鳥のような、鋭い目で見たのである。それから、しわで、ほとんど、鼻と一つになった唇を、なにか物でもかんでいるように、動かした。細い喉で、とがった喉ぼとけの動いているのが見える。その時、その喉から、鴉の鳴くような声が、あえぎあえぎ、下人の耳へ伝わってきた。

「この髪を抜いてな、この髪を抜いてな、かつらにしょうと思うたのじゃ。」

下人は、老婆の答えが存外、平凡なのに失望した。そうして失望すると同時に、また前の憎悪が、冷ややかな侮蔑といっしょに、心の中へ入ってきた。すると、そのけしきが、先方へも通じたのであろう。老婆は、片手に、まだ死骸の頭から奪った長い抜け毛を持ったなり、蟇のつぶやくような声で、口ごもりながら、こんなことを言った。

「なるほどな、死人の髪の毛を抜くということは、なんぼう悪いことかもしれぬ。じゃが、ここにいる死人どもは、みな、そのくらいなことを、されてもいい人間ばかりだぞよ。現に、わしが今、髪を抜いた女などはな、蛇を四寸ばかりずつに切って干したのを、干し魚だと言うて、太刀帯の陣へ売りにいんだわ。疫病にかかって死ななんだら、今でも売りにいんでいたことであろ。それもよ、この女の売る干し魚は、味がよいというて、太刀帯どもが、欠かさず菜料に買っていたそうな。わしは、この女のしたことが悪いとは思うていぬ。せねば、飢え死にをするのじゃて、しかたがなくしたことであろ。されば、今また、わしのしていたことも悪いこととは思わぬぞよ。これとてもやはりせねば、飢え死にをするじゃて、しかたがなくすることじゃわいの。じゃて、そのしかたがないことを、よく知っていたこの女は、おおかたわしのすることも大目に見てくれるであろ。」

老婆は、だいたいこんな意味のことを言った。

下人は、太刀を鞘に収めて、その太刀の柄を左の手で押さえながら、冷然として、この話を聞いていた。もちろん、右の手では、赤く頰に膿を持った大きなにきびを気にしながら、聞いているのである。しかし、これを聞いているうちに、下人の心には、ある勇気が生まれてきた。それは、さっき門の下で、この男には欠けていた勇気である。そうして、またさっきこの門の上へ上がって、この老婆を捕らえた時の勇気とは、全然、反対な方向に動こうとする勇気である。下人は、飢え死にをするか盗人になるかに、迷わなかったばかりではない。その時の、この男の心持ちからいえば、飢え死になどということは、ほとんど、考えることさえできないほど、意識の外に追い出されていた。

「きっと、そうか。」

老婆の話が終わると、下人はあざけるような声で念を押した。そうして、ひと足前へ出ると、不意に右の手をにきびから離して、老婆の襟上をつかみながら、かみつくようにこう言った。

「では、おれが引剝ぎをしようと恨むまいな。おれもそうしなければ、飢え死にをする体なのだ。」

下人は、すばやく、老婆の着物を剝ぎ取った。それから、足にしがみつこうとする老婆を、手荒く死骸の上へ蹴倒した。はしごの口までは、わずかに五歩を数えるばかりである。下人は、剥ぎ取った桧皮色の着物をわきに抱えて、瞬く間に急なはしごを夜の底へ駆け下りた。

しばらく、死んだように倒れていた老婆が、死骸の中から、その裸の体を起こしたのは、それから間もなくのことである。老婆は、つぶやくような、うめくような声をたてながら、まだ燃えている火の光を頼りに、はしごの口まで、はって行った。そうして、そこから、短い白髪を逆さまにして、門の下をのぞき込んだ。外には、ただ、黒洞々たる夜があるばかりである。

下人の行方は、たれも知らない。

注意する読み方

下人　げにん
丹塗り　にぬり
円柱　まるばしら
朱雀大路　すざくおおじ
市女笠　いちめかさ
揉烏帽子　もみえぼし
辻風　つじかぜ
飢饉　ききん
洛中　らくちゅう
料　しろ
狐狸　こり
鴟尾　しび
紺の襖　こんのあお
甍　いらか
築土　ついじ
逢着　ほうちゃく
火桶　ひおけ
山吹　やまぶき
汗疹　かざみ
患え　うれえ
聖柄　ひじりづか
草履　ぞうり
鞘走る　さやばしる
鬚　ひげ
絵皮色　ひわだいろ
木片　きぎれ
六分　ろくぶ
四分　よんぶ
暫時　しばらく
憎悪　ぞうお
大股　おおまた
弩　いしゆみ
無言　むごん
鶏　とり
眼球　がんきゅう
執拗く　しゅうねく
成就　じょうじゅ
検非違使　けびいし
侮蔑　ぶべつ
蟇　ひき

死人　しびと
太刀帯　たてわき
疫病　えやみ
菜料　さいりょう
引剥ぎ　ひはぎ
黒洞々　こくとうとう

注 釈

羅生門　朱雀大路の南端にあった平安京最大の楼門。
朱雀大路　大内裏正面の朱雀門を北端とし、羅生門を南端として平安京の中央を南北に貫通する街路。
市女笠　菅または竹皮で編んだ笠で、中央部の巾子（こじ）を高く造ったもの。
揉烏帽子　揉んで柔かく作った烏帽子。鎌倉の頃から多く軍陣に用いられた。
旧記①　ここでは日本中世隠者文学の代表作とされる鴨長明が書いた『方丈記』のこと。
辻風　つむじ風。
鴟尾　宮殿などの棟の両端に取り付ける魚尾形の飾り。
襖　上に着るあわせの着物。
Sentimentalisme（センチメンタリズム）　感傷主義。
申（さる）の刻下がり　午後四時過ぎ。
築土　屋根をふいた土塀。
逢着　であうこと。でくわすこと。
山吹　山吹色のこと。黄色。
汗衫　汗とりのひとえ。
聖柄　皮などを付けない木地のままの刀の柄。
鞘走る　刀身が鞘から自然に脱け出ること。
絵皮色　ひのきの皮のような赤黒い色。
旧記②　ここでは『今昔物語集』のこと。
弩　石をはじき飛ばす武器。
検非違使の庁　平安時代、都の警察、裁判をつかさどった官庁。
太刀帯の陣　皇太子の身辺を警護する役人の詰め所。
菜料　飯の菜の材料、おかず。
引剥ぎ　追いはぎ。
黒洞々　暗闇が深いさま。

解　題

1915（大正4）年「帝国文学」に発表された。平安京時代の最大の門楼である京都の羅生門の屋上を舞台に、下人の男と貧弱の老婆が死人の髪の毛をめぐって争う状況を下人の心理の屈曲を軸にして描いた作品である。『今昔物語集』など日本王朝の説話集にヒントを得て書かれたものである。荒れはてた京の雰囲気を背景に、そこに登場する一人の男の心のなりゆきに近代的な心理解釈をほどこしている。本文は1977（昭和52）年刊の『芥川龍之介全集　第一巻』による。

研　究

一、次の問いに答えよ。

1.「一人の男が、」とあるが、なぜこのような表現をしたのか。

2.「この老婆を捕らえた時の勇気とは、……動こうとする勇気である。」とあるが、二つの「勇気」の違いを具体的に述べよ。

二、老婆の描写の中で、比喩の用い方にはどのような特徴があるか。

三、場面の展開にしたがって下人の行動と心理の推移を整理せよ。

四、この小説において、「きりぎりす」、「にきび」、「聖柄の太刀」のあげている効果について考えてみよ。

五、結びの一文についてその文学的効果を考えてみよ。

作家紹介

芥川龍之介（あくたがわりゅうのすけ）

1892（明治25）～1927（昭和2）。小説家。東京京橋区生まれ。東京帝国大学英文学科卒業。大正4年、第四次「思潮」に発表した「鼻」が夏目漱石の激賞を受け、文壇に登場した。龍之介の資質は短篇小説に発揮されたが、ヨーロッパ世紀末文学の影響があり、唯美的傾向、繊細華麗、形式志向等の特徴が窺われる。その美的感覚は鋭い虚構性の志向を帯び、作品の形式的整備に向かう主知的な芸術至上主義の傾向があった。だが、「薮の中」（大正11）に見られるように、現実に対する深い懐疑もまた濃密である。ちなみにこの作品は、第二次世界大戦後、黒沢明によって映画化されたが（「羅生門」）、客観的真理への懐疑と人間の心理の不条理の描出によって20世紀後半の欧米の知識人に衝撃を与えた。文明批評家としての龍之介の才質を示すものである、王朝に取材たし「羅生門」の系列、「奉教人の死」などの切支丹もの、「手巾」をはじめとする現代もの、江戸もの、明治もの、「河童」などの諷刺もの、「蜘蛛の糸」などの童話等々多彩な作品世界を展開した。だが、プロレタリア文学と新感覚派文学の台頭のなかで＜ぼんやりした不安＞を覚え、それに追われるように自殺した。遺稿に「歯車」、「或阿呆の一生」、「西方の人」などが残された。「文芸的な、余りに文芸的な」などの評論も多い。

城の崎にて

志賀直哉

山の手線の電車に跳ね飛ばされてけがをした、その後養生に、一人で但馬の城崎温泉へ出かけた。背中の傷が脊椎カリエスになれば致命傷になりかねないが、そんなことはあるまいと医者に言われた。二、三年で出なければ後は心配はいらない、とにかく要心は肝心だからといわれて、それで来た。三週間以上——我慢できたら五週間ぐらいいたいものだと考えて来た。

頭はまだなんだかはっきりしない。もの忘れが激しくなった。しかし気分は近年になく静まって、落ち着いたいい気持ちがしていた。稲の取り入れの始まる頃で、気候もよかったのだ。

一人きりでだれも話し相手はない。読むか書くか、ぼんやりと部屋の前の椅子に腰掛けて山だの往来だのを見ているか、それでなければ散歩で暮らしていた。散歩する所は町から小さい流れについて少しずつ登りになった道にいい所があった。山のすそを回っている辺りの小さな潭になった所にやまめがたくさん集まっている。そしてなおよく見ると、足に毛の生えた大きな川がにが石のようにじっとしているのを見つけることがある。夕方の食事前にはよくこの道を歩いて来た。冷え冷えとした夕方、寂しい秋の山峡を小さい清い流れについて行く時考えることはやはり沈んだことが多かった。寂しい考えだった。しかしそれには静かないい気持ちがある。自分はよくけがのことを考えた。ひとつ間違えば、今ごろは青山の土の下にあおむけになって寝ているところだったなと思う。青い冷たい堅い顔をして、顔の傷も背中の傷もそのままで。祖父や母の死骸がわきにある。それももうお互いになんの交渉もなく、——こんなことが思い浮かぶ。それは寂しいが、それほどに自分を恐怖させない考えだった。いつかはそうなる。それがいつか？——今まではそんなことを思って、その「いつか」を知らず知らず遠い先のことにしていた。しかし今は、それが本当にいつか知れないような気がしてきた。自分は死ぬはずだったのを助かった、何かが自分を殺さなかった、自分にはしなければならぬ仕事があるのだ——中学で習ったロード＝クライブという本に、クライブがそう思うことによって激励されることが書いてあった。実は自分もそういうふうに危うかった出来事を感じたかった。そんな気もした。しかし妙に自分の心は静まってしまった。自分の心には、なにかしら死に対する親しみが起こっていた。

自分の部屋は二階で、隣のない、わりに静かな座敷だった。読み書きに疲れるとよく縁の椅子に出た。わきが玄関の屋根で、それが家へ接続する所が羽目になっている。その羽目の中にはちの巣があるらしい。虎斑の大きな太ったはちが天気さえよければ、朝から暮れ近くまで毎日忙しそうに働いていた。はちは羽目のあわいからすり抜けて出ると、ひとまず玄関の屋根に下りた。そこで羽や触角を前足や後ろ足で丁寧に調えると、少し歩き回るやつもあるが、すぐ細長い羽を両方へしっかりと張ってぶーんと飛び立つ。飛び立つと急に速くなって飛んで行く。植え込みのやつでの花がちょうど咲きかけではちはそれに群がっていた。自分は退屈すると、よく欄干からはちの出入りを眺めていた。

ある朝のこと、自分は一匹のはちが玄関の屋根で死んでいるのを見つけた。足を腹の下にぴったりとつけ、触角はだらしなく顔へ垂れ下がっていた。ほかのはちはいっこうに冷淡だった。巣の出入りに忙しくそのわきをはい回るが全く拘泥する様子はなかった。忙しく立ち働いているはちはいかにも生きているものという感じを与えた。そのわきに一匹、朝も昼も夕も、見る度にひとつ所に全く動かずにうつむきに転がっているのを見ると、①それがまたいかにも死んだものという感じを与えるのだ。②それは三日ほどそのままになっていた。③それは見ていて、いかにも静かな感じを与えた。寂しかった。ほかのはちがみんな巣へ入ってしまった日暮れ、冷たいかわらの上に一つ残った死骸を見ることは寂しかった。しかし、それはいかにも静かだった。

夜の間にひどい雨が降った。朝は晴れ、木の葉も地面の屋根もきれいに洗われていた。はちの死骸はもうそこになかった。今も巣のはちどもは元気に働いているが、死んだはちは雨どいを伝って地面へ流し出されたことであろう。足は縮めたまま、触角は顔へこびりついたまま、たぶん泥にまみれてどこかでじっとしていることだろう。外界にそれを動かす次の変化が起こるまでは死骸はじっとそこにしているだろう。それともありに引かれて行くか。それにしろ、それはいかにも静かであった。せわしくせわしく働いてばかりいたはちが全く動くことがなくなったのだから静かである。自分はその静かさに親しみを感じた。

はちの死骸が流され、自分の眼界から消えて間もない時だった。ある午前、自分は円山川、それからそれの流れ出る日本海などの見える東山公園へ行くつもりで宿を出た。「一の湯」の前から小川は往来の真ん中を緩やかに流れ、円山川へ入る。ある所まで来ると橋だの岸だのに人が立って何か川の中の物を見ながら騒いでいた。それは大きなねずみを川へ投げ込んだのを見ているのだ。ねずみは一生懸命に泳いで逃げようとする。ねずみには首の所に七寸ばかりの魚ぐしが刺し通してあった。頭の上に三寸ほど、のどの下に三寸ほどそれが出ている。ねずみは石垣へはい上がろうとする。子供が二、三人、四十ぐらいの車夫が一人、それへ石を投げる。なかなか当たらない。カチッカチッと石垣に当たって跳ね返った。見物人は大声で笑った。ねずみは石垣の間にようやく前足を掛けた。しかし這入ろうとすると魚ぐしがすぐにつかえた。そしてまた水へ落ちる。ねずみはどうかして助かろうとしている。顔の表情は人間にわからなかったが動作の表情に、それが一生懸命であることがよくわかった。ねずみはどこかへ逃げ込むことができれば助かると思っているように、長いくしを刺されたまま、また川の真ん中のほうへ泳ぎ出た。子供や車夫はますますおもしろがって石を投げた。わきの洗い場の前で餌をあさっていた二、三羽のあひるが石が飛んでくるのでびっくりし、首を延ばしてきょろきょろとした。スポッ、スポッと石が水へ投げ込まれた。あひるはとんきょうな顔をして首を延ばしたまま、鳴きながら、せわしく足を動かして上流のほうへ泳いで行った。自分はねずみの最期を見る気がしなかった。ねずみが殺されまいと、死ぬにきまった運命を担いながら、全力を尽くして逃げ回っている様子が妙に頭についた。自分は寂しい嫌な気持ちになった。あれが本当なのだと思った。自分が願っている静かさの前に、ああいう苦しみのあることは恐ろしいことだ。死後の静寂に親しみを持つにしろ、死に到達するまでのああいう動騒は恐ろしいと思った。自殺を知らない動物はいよいよ死にきるまではあの努力を続けなければならない。今、自分にあのねずみのようなことが起こったら自分はどうするだろう。自分はやはりねずみと同じような努力をしはしまいか。自分は自分のけがの場合、それに近い自分になったことを思わないではいられなかった。自分はできるだけのことをしようとした。自分は自身で病院を決めた。それへ行く方法を指定した。もし医者が留守で、行ってすぐに手術の用意ができないと困ると思って電話を先にかけてもらうことなどを頼んだ。半分意識を失った状態で、いちばん大切なことだけによく頭の働いたことは自分でも後から不思議に思ったくらいである。しかもこの傷が致命的なものかどうかは自分の問題だった。しかし、致命的なものかどうかを問題としながら、ほとんど死の恐怖に襲われなかったのも自分では不思議であった。「フェータルなものか、どうか？医者はなんと言っていた？」こうそばにいた友にきいた。「フェータルな傷じゃないそうだ。」こう言われた。こう言われると自分はしかし急に元気づいた。興奮から自分は非常に快活になった。

フェータルなものだともし聞いたら自分はどうだったろう。その自分はちょっと想像できない。自分は弱ったろう。しかしふだん考えているほど、死の恐怖に自分は襲われなかったろうという気がする。そしてそう言われてもなお、自分は助かろうと思い、なにかしら努力をしたろうという気がする。それはねずみの場合と、そう変わらないものだったに相違ない。で、またそれが今来たらどうかと思ってみて、なおかつ、あまり変わらない自分であろうと思うと「あるがまま」で、気分で願うところが、そう実際にすぐは影響はしないものに相違ない、しかも両方が本当で、影響した場合は、それでよく、しない場合でも、それでいいのだと思った。それはしかたのないことだ。

そんなことがあって、またしばらくして、ある夕方、町から小川に沿うて一人だんだん上へ歩いて行った。山陰線のトンネルの前で線路を越すと道幅が狭くなって道も急になる、流れも同様に急になって、人家も全く見えなくなった。もう帰ろうと思いながら、あの見える所までというふうに角を一つ一つ先へ先へと歩いて行った。物がすべて青白く、空気の肌触りも冷え冷えとして、もの静かさがかえってなんとなく自分をそわそわとさせた。大きな桑の木が道端にある。向こうの、道へ差し出した桑の枝で、ある一つの葉だけがヒラヒラヒラヒラ、同じリズムで動いている。風もなく流れのほかはすべて静寂の中にその葉だけがいつまでもヒラヒラヒラヒラとせわしく動くのが見えた。自分は不思議に思った。多少怖い気もした。しかし好奇心もあった。自分は下へ行ってそれをしばらく見上げていた。すると風が吹いてきた。そうしたらその動く葉は動かなくなった。原因は知れた。何かでこういう場合を自分はもっと知っていたと思った。

だんだんと薄暗くなってきた。いつまで行っても、先の角はあった。もうここらで引き返そうと思った。自分はなにげなくわきの流れを見た。向こう側の斜めに水から出ている半畳敷きほどの石に黒い小さいものがいた。いもりだ。まだぬれていて、それはいい色をしていた。頭を下に傾斜から流れへ臨んで、じっとしていた。体から滴れた水が黒く乾いた石へ一寸ほど流れている。自分はそれをなにげなく、しゃがんで見ていた。自分はせんほどいもりは嫌いでなくなった。とかげは多少好きだ。やもりは虫の中でも最も嫌いだ。いもりは好きでも嫌いでもない。十年ほど前によく芦の湖でいもりが宿屋の流し水の出る所に集まっているのを見て、自分がいもりだったらたまらないという気をよく起こした。いもりにもし生まれ変わったら自分はどうするだろう、そんなことを考えた。そのころいもりを見ると④それが思い浮かぶので、いもりを見ることを嫌った。しかしもうそんなことを考えなくなっていた。自分はいもりを驚かして水へ入れようと思った。不器用に体を振りながら歩く形が思われた。自分はしゃがんだまま、わきの小まりほどの石を取り上げ、それを投げてやった。自分は別にいもりをねらわなかった。ねらってもとても当たらないほど、ねらって投げることの下手な自分はそれが当たることなどは全く考えなかった。石はコツといってから流れに落ちた。石の音と同時にいもりは四寸ほど横へ跳んだように見えた。いもりはしっぽを反らし、高く上げた。自分はどうしたのかしら、と思って見ていた。最初石が当たったとは思わなかった。いもりの反らした尾が自然に静かに下りてきた。するとひじを張ったようにして傾斜に堪えて、前へついていた両の前足の指が内へまくれ込むと、いもりは力なく前へのめってしまった。尾は全く石についた。もう動かない。いもりは死んでしまった。自分はとんだことをしたと思った。虫を殺すことをよくする自分であるが、その気が全くないのに殺してしまったのは自分に妙な嫌な気をさした。もとより自分のしたことではあったがいかにも偶然だった。いもりにとっては全く不意な死であった。自分はしばらくそこにしゃがんでいた。いもりと自分だけになったような心持ちがしていもりの身に自分がなってその心持ちを感じた。かわいそうに思うと同時に、生き物の寂しさを一緒に感じた。自分は偶然に死ななかった。いもりは偶然に死んだ。自分は寂しい気持ちになって、ようやく足元の見える道を温泉宿のほうに帰って来た。遠く町外れの灯が見えだした。死んだはちはどうなったか。その後の雨でもう土の下に入ってしまったろう。あのねずみはどうしたろう。海へ流されて、今ごろはその水ぶくれのした体をごみと一緒に海岸へでも打ち上げられていることだろう。そして死ななかった自分は今こうして歩いている。そう思った。自分はそれに対し、感謝しなければ済まぬような気もした。しかし実際喜びの感じはわき上がっては来なかった。生きていることと死んでしまっていることと、それは両極ではなかった。それほどに差はないような気がした。もうかなり暗かった。視覚は遠い灯を感ずるだけだった。足の踏む感覚も視覚を離れて、いかにも不確かだった。ただ頭だけが勝手に働く。それがいっそうそういう気分に自分を誘っていった。

三週間いて、自分はここを去った。それから、もう三年以上になる。自分は脊椎カリエスになるだけは助かった。

注意する読み方

城の崎　きのさき
後養生　あとようじょう
但馬　たじま
脊椎　せきつい
潭　ふち
山峡　さんきょう
羽目　はめ
虎斑　とらふ
植え込み　うえこみ
拘泥　こうでい
円山川　まるやまがわ
見物人　けんぶつにん
這入る　はいる
最期　さいご
山陰線　さんいんせん
桑の木　くわのき

注　釈

白樺派（しらかばは）　文芸同人雑誌『白樺』を中心にした文学者グループ。武者小路実篤、志賀直哉、有島武郎などが代表。自然主義文学が人間の本能をてき出し、暗く悲哀に満ちた人生を描いたのに対して、人生の肯定面を積極的に推進した。

私小説（ししょうせつ・わたくししょうせつ）　作者自身の生活報告とみなされる作品の内容がその作者らしい心境や感慨を吐露したような小説を指す。「心境小説」とほぼ同義に用いられる。

山の手線　現在の東京都区部を走る電車線で、1925年に環状線となった。
但馬　現在の兵庫県の一部。
城崎温泉　兵庫県城崎郡城崎町にある温泉。
脊椎カリエス　脊椎が結核菌に冒される病気。
やまめ　サケ科の淡水魚。
青山　ここでは東京都港区にある青山墓地をさす。
中学　ここでは旧制中学校のこと。
ロード＝クライブ　イギリスの政治家・歴史家マコーレーが書いたクライブ卿の伝記。1843年刊。クライブ（Robert Clive　1725～1774）はイギリスの軍人・政治家。
虎斑　虎の背中のように、葉色の地に太くて黒いしまのある模様。
やつで　ウコギ科の常緑低木。
円山川　兵庫県を南から北へ流れ、日本海に注ぐ川。
東山公園　城崎温泉の北東にある公園。
動騒　暴れ騒ぐこと。
フェータル（fatal）　致命的な。決定的な。
山陰線　山陰本線のこと。山陰地方を縦貫するJR線。京都・福知山・鳥取・松江を経て関市の幡生（はたぶ）に至る。
いもり　イモリ科の両棲類。
やもり　ヤモリ科の爬虫類。
芦の湖（あしのこ）　神奈川県箱根山上にある火口原湖。観光地として有名。

解　題

大正6年、雑誌『白樺』に発表された短篇小説で、志賀直哉の代表作品の一つであり、いまも広く読まれている。大正2年、尾首から帰京していた志賀は山手線電車にはねられて重傷を負った。治癒退院のあと兵庫県の城崎温泉に養生に出かけた。そのおりの身辺の体験を素材にしている。三年間の文学的沈黙を一挙に破るようにして世に現われた。蜂の死、鼠の死、自分のしたことで偶然だった蠑螈の不意な死という三つの死に対する内面からの一体感と、風もないのに動く一枚の木の葉に象徴される生の無意識のいとなみへの共鳴が語られている。無数の自我＝個体を共存させる根源の無＝超越者との対話が行われているとも言える。

研　究

一、次の問いに答えよ。

1.「寂しい秋の山峡を小さい清い流れについて行く時考えることはやはり沈んだことが多かった。」とあるが、なぜ「やはり」なのか。

2.①②③④の「それ」はそれぞれなにを指すか。

3.「顔の表情は人間にわからなかったが動作の表情に、それが一生懸命であることがよくわかった。」とあるが、その「動作の表情」の意味はなにか。

4.「……まではあの努力を続けなければならない。」とあるが、「あの努力」の内容を述べてみよ。

5.「しかも両方が本当で、……」とあるが、その「両方」の内容を述べてみよ。

6.「自分の心には、なにかしら死に対する親しみが起こっていた。」とあるが、それはなぜか。

7.「生きていることと死んでしまっていることと、それは両極ではなかった。」とあるが、ここから「自分」のどのような心情がうかがえるか。

二、この小説を、場面の展開に即して幾つかの部分に分け、全体の構成を明らかにせよ。

三、生死の問題について、自らの事故の体験と三つの小動物の死とから、「自分」はどのような考えに到達していったか、まとめよ。

作家紹介

志賀直哉（しがなおや）

1883（明治16）～1971（昭和46）。小説家。宮城県生まれ。東京帝国大学国文学科中退。「網走まで」（明治43）、「範の犯罪」（大正2）などによって作家的地位を確立した。いわゆる白樺派に拠っての出発であった。直哉はヒューマニズムに支えられた倫理的潔癖感と強い自我の主張によって人格の完成を追究したが、その理念は同時に小説による芸術的完成を通じてなされた。人格の倫理的完成と小説の芸術的完成の同一化と統一が志賀直哉文学の本質である。かれの文学が上昇型私小説とか心境小説とかの典型と評されたりする理由もそこにある。倫理と芸術の統一という理想の実現によって独自な開花をみた日本的近代の自我の典型がそこにみられよう。直哉の創作活動は次の四期に分けられるとするのが現在ほぼ定説となっている。第一は「戦う人」の時期（明治43～大正3）で、自我中心主義の時期とされ、「大津順吉」などの作品がある。第二は「和解する人」の時期（大正6～昭和3）で、神なき自我の拡大がやみ、他我との調和、アジア的・汎神論的自然への回帰の時期で、「城の崎にて」、「和解」、「小僧の神様」、「暗夜行路」など直哉の代表的作品が集中している。第三は「眺める人」の時期（昭和8～20）で、人生上、文学上の戦いを終えた観照者のそれであるとされる。第四は「回想する人」の時期（昭和20年以降）である。直哉の作品の文体は、その倫理的格闘と対応するかのように比類のない純粋結晶の言語空間をめざす排除と集中の産物である。しかし、自我の根底に横たわる日本の伝統と自然を確認し、他者との和解と調和にたどりついた時、小説の神様といわれる日本近代文学史上の巨峰の活動はすでに終わっていたと言えよう。直哉文学を超えるあらたな道が求められたゆえんである。

愛撫

梶井基次郎

猫の耳というものはまことにおかしなものである。薄べったくて、冷たくて、竹の子の皮のように、表には絨毛がはえていて、裏はピカピカしている。堅いような柔らかいような、なんともいえない一種特別の物質である。私はこどもの時から、猫の耳というと、一度切符切りでパチンとやってみたくてたまらなかった。これは残酷な空想だろうか?

否。まったく猫の耳の持っている一種不可思議な示唆力によるのである。私は、家へ来たある謹厳な客がひざへ上がって来た子猫の耳を、話をしながら、しきりにつねっていた光景を忘れることができない。

このような疑惑は思いのほかに執念深いものである。「切符切り」でパチンとやるというような、児戯に類した空想も、思い切って行為に移さないかぎり、われわれのアンニュイの中に、外観上の年齢をはるかに長く生き延びる。とっくに分別のできたおとなが、今もなお熱心に——厚紙でサンドウィッチのようにはさんだ上からひと思いに切ってみたら?——こんなことを考えているのである!ところが、最近、ふとしたことから、この空想の致命的な誤算が暴露してしまった。

元来、猫はうさぎのように耳でつり下げられても、そう痛がらない。

ひっぱるということに対しては、猫の耳は奇妙な構造を持っている。というのは、一度ひっぱられて破れたような痕跡が、どの猫の耳にもあるのである。その破れた箇所には、また巧妙なつぎが当たっていて、まったくそれは、創造説を信じる人にとっても進化論を信じる人にとっても不可思議な、こっけいな耳たるを失わない。そしてその補片が、耳をひっぱられる時のゆるめになるにちがいないのである。そんなわけで、耳をひっぱられることに関しては、猫はいたって平気だ。それでは、圧迫に対してはどうかというと、これも指でつまむぐらいでは、いくら強くても痛がらない。先ほどの客のようにつねってみたところで、ごくまれにしか悲鳴を発しないのである。こんなところから、猫の耳は不死身のような疑いを受け、ひいては「切符切り」の危険にもさらされるのであるが、ある日、私は猫と遊んでいるさいちゅうに、とうとうその耳をかんでしまったのである。これが私の発見だったのである。かまれるやいなや、そのくだらないやつは、直ちに悲鳴をあげた。私の古い空想はその場でこわれてしまった。猫は耳をかまれるのがいちばん痛いのである。悲鳴は最もかすかなところから始まる。だんだん強くするほど、だんだん強く鳴く。Crescendoのうまく出る——なんだか木管楽器のような気がする。

私の長らくの空想は、かくのごとくにして消えてしまった。しかし言うことにはきりがないとみえる。このごろ、私はまた別なことを空想しはじめている。

それは、猫のつめをみんな切ってしまうのである。猫はどうなるだろう？おそらく彼は死んでしまうのではなかろうか？

いつものように、彼は木登りをしようとする。——できない。人のすそをめがけて飛びかかる。——違う。つめをとごうとする。——なんにもない。おそらく彼はこんなことを何度もやってみるにちがいない。そのたびにだんだん今の自分が昔の自分と違うことに気がついてゆく。彼はだんだん自信を失ってゆく。もはや自分がある「高さ」にいるということにさえブルブル震えずにはいられない。「落下」から常に自分を守ってくれていたつめがもはやないからである。彼はよたよたと歩く動物になってしまう。ついにそれさえしなくなる。絶望！そして絶え間のない恐怖の夢を見ながら、物を食べる元気さえ失せて、ついには——死んでしまう。

つめのない猫！こんな、たよりない、哀れな心持のものがあろうか！空想を失ってしまった詩人、早発性痴呆に陥った天才にも似ている！

この空想はいつも私を悲しくする。そのまったき悲しみのために、この結果の妥当であるかどうかということさえ、私にとっては問題ではなくなってしまう。しかし、はたして、つめを抜かれた猫はどうなるのだろう。目を抜かれても、ひげを抜かれても猫は生きているにちがいない。しかし、柔らかい足の其の、さやの中に隠された、かぎのように曲がった、あいくちのように鋭いつめ！これがこの動物の活力であり、知恵であり、精霊であり、いっさいであることを私は信じて疑わないのである。

ある日私は奇妙な夢を見た。

X——という女の人の私室である。この女の人は平常かわいい猫を飼っていて、私が行くと、抱いていた胸から、いつもそやつを放してよこすのであるが、いつも私はそれに辟易するのである。抱き上げてみると、その子猫にはいつもかすかな香料のにおいがしている。

夢の中の彼女は、鏡の前で化粧していた。私は新聞か何かを見ながら、ちらちらその方をながめていたのであるが、アッと驚きの小さな声をあげた。彼女は、なんと！猫の手で顔へおしろいを塗っているのである。私はゾッとした。なおよく見ていると、それは一種の化粧道具で、ただそれを猫と同じように使っているんだということがわかった。しかしあまりそれが不思議なので、私は後ろから尋ねずにはいられなかった。

「それなんです？顔をコスっているもの？」

「これ？」

夫人は微笑とともにふり向いた。そしてそれを私の方へほうってよこした。取り上げてみると、やはり猫の手なのである。

「いったい、これ、とうしたの？」

聞きながら私は、きょうはいつもの子猫がいないことや、その前足がどうやらその猫のものらしいことを閃光のように了解した。

「わかっているじゃないの。これはミュルの前足よ。」

彼女の顔は平然としていた。そして、このごろ外国でこんなのがはやるというので、ミュルで作ってみたのだというのである。あなたが作ったのかと、内心私は彼女の残酷さに舌を巻きながら尋ねてみると、それは大学の医科の小使が作ってくれたというのである。私は医科の小使というものが、解剖のあとの死体の首を土に埋めておいてどくろを作り、学生と秘密の取引をするということを聞いていたので、非常にいやな気になった。何もそんなやつに頼まなくたっていいじゃないか。そして女というものの、そんなことにかけての、無神経さや残酷さを、今さらのように憎みだした。しかしそれが外国ではやっているということについては、自分も何かそんなことを、婦人雑誌か新聞かで読んでいたような気がした。——

猫の手の化粧道具！私は猫の前足をひっぱってきて、いつもひとり笑いをしながら、その毛並みを撫でてやる。彼が顔を洗う前足の横側には、毛足の短い絨氈のような毛が密生していて、なるほど人間の化粧道具にもなりそうなのである。しかし私にはそれがなんの役に立とう？私はゴロッと仰向きに寝ころんで、猫を顔の上へ上げてくる。二本の前足をつかんできて、柔らかいその足の裏を、一つずつ私のまぶたに当てがう。快い猫の重量。暖かいその足の裏。私の疲れた眼球には、しみじみとした、この世のものでない休息が伝わって来る。

子猫よ！後生だから、しばらく踏みはずさないでいろよ。お前はすぐつめを立てるのだから。

注意する読み方

絨毛　じゅうもう
切符切り　きっぷきり
謹厳　きんげん
執念深い　しゅうねんぶかい
児戯　じぎ
誤算　ごさん
補片　ほへん
早発性痴呆　そうはつせいちほう
精霊　せいれい
辟易　へきえき
閃光　せんこう
絨氈　じゅうたん
後生　ごしょう
毛足　けあし

注　釈

謹厳　謹しみ深くて厳格なこと。

アンニュイ（ennui）　退屈。倦怠感。梶井初期の作品には、このアンニュイや不安感が底辺にいつも秘められていた。

創造説　神が宇宙や人間、動物の先祖を創り出したという説。

進化論　生物はすべて下等な種類の生物から進化してきたという説。

Crescendo（クレッセンド）　しだいに強く、という音楽用語。

痴呆　いったん個人が獲得した精神的能力が完全に失われてもとに戻らぬ状態。

辟易　勢いにおされてしりごみすること。立ち退く事。

後生だから　（後生を願う意味から転じて）どうか頼むから、の意。

解　題

1930（昭和5）年、雑誌『詩・現実』に発表された短篇小説である。猫の耳についての観察と感想から始まる文章は、奇抜なイメージを交錯させながらやがて＜奇妙な夢＞にいたってふいに不気味なユーモアを喚起する。イメージ構成のみごとな手腕がみとめられると同時に、夢のもつ文学的機能の面白さが注目される。その点で安部公房などの手法を想起させるほどである。日本現代文学の先駆として高い評価を受けるこの作家の面目を感じさせる作品であろう。

研　究

一、猫の耳、猫のつめについての各自のイメージを提出してみよ。

二、幼年時代の子供っぽい空想はなぜ誤算だったのか。
三、この作品の根底にはどういう発想がひそんでいるのだろう。考察してみよ。
四、夢の面白さはどこにあるのだろう。作品に即し、その文学的効果について説明せよ。
五、この作品の文体について、その特徴を考察してみよ。

作家紹介

梶井基次郎（かじいもとじろう）

1901（明治34）〜1932（昭和7）。小説家。大阪市西区生まれ。東京帝国大学英文科中退。第三高等学校（旧制）時代に肋膜炎にかかる。この病気がかれの生涯と文学を支配したと言われる。生と死の葛藤という問題であった。大正14年に「檸檬」を発表する。静養中の湯ケ島（静岡県田方郡天城湯ヶ島町にある温泉地）時代に文学的基礎を築き、名作「桜の樹の下には」（昭和3）などにみられる独自な詩的散文の世界を結実させた。生命の輝きと死の絶望、生の絶頂としての生殖とその対極の死という問題を、かれは象徴的イメージを駆使する自在な構成力をもって作品化した。「ある心の風景」、「冬の日」、「冬の蠅」、「ある崖上の感情」、「間の絵巻」、「交尾」などがある。日常と反日常の関係を自在なイメージの分布によって構成していく象徴的方法は、一種のシュールレアリズム（フランスの詩人アンドレ･ブルトンの「シュールレアリズム宣言」によって定義づけられた芸術思想。形式主義に陥っていた伝統的な芸術の様式を否定し、心理的オートマチズムにより想像力の開放を求めた）のそれといってもよく、その芸術的前衛性は日本現代文学の先駆を示すものとして、戦後高い評価を得ている。

名人伝

中島敦

趙の邯鄲の都に住む紀昌という男が、天下第一の弓の名人になろうと志を立てた。おのれの師と頼むべき人物を物色するに、当今弓矢を取っては、名手、飛衛に及ぶ者があろうとは思われぬ。百歩を隔てて柳葉を射るに百発百中するという達人だそうである。紀昌ははるばる飛衛を尋ねてその門にはいった。

飛衛は新入りの門人に、まずまばたきせざることを学べと教えた。紀昌は家に帰り、妻の機織台の下にもぐり込んで、そこに仰向けにひっくり返った。目とすれすれにまねきが忙しく上下往来するのをじっとまたたかずに見つめていようというくふうである。理由を知らない妻は大いに驚いた。第一、妙な姿勢を妙な角度から夫にのぞかれては困ると言う。いやがる妻を紀昌はしかりつけて、無理に機を織り続けさせた。来る日も来る日も彼はこのおかしな格好で、まばたきせざる修練を重ねる。二年の後には、あわただしく往復するまねきがまつ毛をかすめても、絶えてまばたくことがなくなった。彼はようやく機の下からはい出す。もはや、鋭利なきりの矢をもってまぶたを突かれても、まばたきをせぬまでになっていた。不意に火の粉が日に飛び入ろうとも目の前に突然灰かぐらが立とうとも、彼は決して目をパチつかせない。彼のまぶたはもはやそれを閉じるべき筋肉の使用法を忘れはて、夜熟睡している時でも、紀昌の目はクワッと大きく見開かれたままである。ついに、彼の目のまつ毛とまつ毛との間に小さな一匹のくもが巣をかけるに及んで、彼はようやく自信を得て、師の飛衛にこれを告げた。

それを聞いて飛衛が言う。まばたかざるのみではまだ射を授けるに足りぬ。次には、見ることを学べ。見ることに熟して、さて、小を見ること大のごとく、微を見ること著のごとくなったならば、来たって我に告げるがよいと。

紀昌は再び家にもどり、膚着の縫目からしらみを一匹捜し出して、これをおのれが髪の毛をもってつないだ、そうして、それを南向きの窓に掛け、終日にらみ暮らすことにした。毎日毎日彼は窓にぶら下がったしらみを見つめる。初め、もちろんそれは一匹のしらみにすぎない。二、三日たっても、いぜんとしてしらみである。ところが、十日あまり過ぎると、気のせいか、どうやらそれがほんの少しながら大きく見えてきたように思われる。三月目の終わりには、明らかに蚕ほどの大きさに見えてきた。しらみをつるした窓の外の風物は、しだいに移り変わる。黙々として照っていた春の陽はいつか激しい夏の光に変わり、澄んだ秋空を高く雁が渡って行ったかと思うと、はや、寒々とした灰色の空からみぞれが落ちかかる。紀昌は根気よく、毛髪の先にぶら下がった有吻類、催痒性の小節足動物を見続けた。そのしらみも何十匹となく取り換えられてゆくうちに、早くも三年の月日が流れた。ある日ふと気がつくと、窓のしらみが馬のような大きさに見えていた。しめたと、紀昌はひざを打ち、表へ出る。彼はわが目を疑った。人は高塔であった。ぶたは丘のごとく雞は城楼と見える。こおどりして家にとって返した紀昌は、再び窓ぎわのしらみに立ち向かい、燕角の弓に朔蓬のやがらをつがえてこれ射れば、矢はみごとにしらみの心の臓を貫いて、しかもしらみをつないだ毛さえ切れぬ。

紀昌はさっそく師のもとにおもむいてこれを報ずる。飛衛は高踏して胸を打ち、初めて「出かしたぞ」とほめた。そうして、直ちに射術の奥儀秘伝を余すところなく紀昌に授けはじめた。

目の基礎訓練に五年もかけたかいがあって紀昌の腕前の上達は、驚くほど速い。

奥儀伝授が始まってから十日の後、試みに紀昌が百歩を隔てて柳葉を射るに、すでに百発百中である。二十日の後、いっぱいに水をたたえた杯を右ひじの上に載せて剛弓を引くに、ねらいに狂いのないのはもとより、杯中の水も微動だにしない。一月の後、百本の矢をもって速射を試みたところ、第一矢が的に当たれば、続いて飛び来たった第二矢は誤たず第一矢のやはずに当たって突き刺さり、ざらに間髪を入れず第三矢のやじりが第二矢のやはずにガッシと食い込む。矢々相属し、発々相及んで、後矢のやじりは必ず前矢のやはずに食い入るがゆえに、絶えて地に落ちることがない。またたくうちに、百本の矢は一本のごとくに相連なり、的から一直線に続いたその最後のやはずはなお弦を含むがごとくに見える。そばで見ていた師の飛衛も思わず「よし！」と言った。

二月の後、たまたま家に帰って妻といさかいをした紀昌がこれをおどそうとて烏号の弓に纂衛の矢をつがえきりりと引き絞って妻の目を射た。矢は妻のまつ毛三本を射切ってかなたへ飛び去ったが、射られた本人はいっこうに気づかず、まばたきもしないで亭主をののしり続けた。けだし、彼の至芸による矢の速度とねらいの精妙さとは、実にこの域にまで達していたのである。

もはや師から学び取るべきものもなくなった紀昌は、ある日、ふとよからぬ考えを起こした。

彼がその時ひとりつくづく考えるには、今や弓をもっておのれに敵すべき者は、師の飛衛をおいてほかにない。天下第一の名人となるためには、どうあっても飛衛を除かねばならぬ。ひそかにその機会をうかがっているうちに、一日たまたま郊野において、向こうからただひとり歩み来る飛衛に出会った。とっさに意を決した紀昌が矢を取ってねらいをつければ、その気配を察して飛衛もまた弓を取って相応ずる。ふたりが互いに射れば、矢はそのたびに中道にして相当たり、共に地に落ちた。地に落ちた矢が軽塵をも揚げなかったのは、両人のわざがいずれも神に入っていたからであろう。さて、飛衛の矢が尽きた時、紀昌のほうはなお一矢を余していた。えたりと勢い込んで紀昌がその矢を放てば、飛衛はとっさに、そばなる野いばらの枝を折り取り、そのとげの先端をもってハッシとやじりをたたき落とした。ついに非望の遂げられないことを悟った紀昌の心に、成功したならば決して生じなかったにちがいない道義的な慚愧の念が、この時忽焉としてわき起こった。飛衛のほうでは、また、危機を脱し得た安堵とおのれが技両についての満足とが、敵に対する憎しみをすっかり忘れさせた。ふたりは互いに駆け寄ると、野原のまん中に相いだいて、しばし美しい師弟愛の涙にかきくれた。（こうしたことを今日の道義観をもって見るのは当たらない。美食家の斉の桓公がおのれのまだ味わったことのない珍味を求めた時、厨宰の易牙はおのれが息子を蒸し焼きにしてこれを勧めた。十六歳の少年、秦の始皇帝は父が死んだその晩に、父の愛妾を三度襲うた。すべてそのような時代の話である。）

涙にくれて相擁しながらも、再び弟子がかかる企みをいだくようなことがあってははなはだ危いと思った飛衛は、紀昌に新たな目標を与えてその気を転ずるにしくはないと考えた。彼はこの危険な弟子に向かって言った。もはや、伝うべきほどのことはことごとく伝えた。なんじがもしこれ以上この道の蘊奥を窮めたいと望むならば、ゆいて西の方大行の嶮に攀じ、霍山の頂を窮めよ。そこには甘蝿老師とて古今をむなしうするこの道の大家がおられるはず、老師のわざに比べれば、我々の射のごときはほとんど児戯に類する。なんじの師と頼むべきは、今は甘蝿師のほかにあるまいと。

紀昌はすぐに西に向かって旅立つ。その人の前に出ては我々のわざのごとき児戯に等しいと言った師のことばが彼の自尊心にこたえた。もしそれがほんとうだとすれば、天下第一を目ざす彼の望みも、まだまだ前途ほど遠いわけである。おのれがわざが児戯に類するかどうか、ともかくにも早くその人に会って腕を比べたいとあせりつつ、彼はひたすらに道を急ぐ。足裏を破り脛を傷つけ、危巌を攀じ桟道を渡って、一月の後に彼はようやく山顛にたどり着く。

気負い立つ紀昌を迎えたのは、羊のような柔和な目をした、しかしひどくよぼよぼのじいさんである。年齢は百歳をも超えていよう。腰の曲がっているせいもあって、白髯は歩く時も地に引きずっている。

相手がつんぼかもしれぬと、大声にあわただしく紀昌は来意を告げる。おのれがわざのほどを見てもらいたい旨を述べると、あせり立った彼は相手の返事をも待たず、いきなり背に負うた楊幹麻筋の弓をはずして手に取った。そうして、石碣の矢をつがえると、おりから空の高くを飛び過ぎて行く渡り鳥の群れに向かってねらいを定める。弦に応じて、一箭たちまち五羽の大鳥があざやかに碧空を切って落ちて来た。

ひととおりできるようじゃな、と老人が穏やかな微笑を含んで言う。だが、それはしょせん射之射というもの、好漢いまだ不射之射を知らぬと見える。

ムッとした紀昌を導いて、老隠者は、そこから二百歩ばかり離れた絶壁の上まで連れて来る。胸下は文字どおりびょうぶのごとき壁立千仞、はるか真下に糸のような細さに見える渓流をちょっとのぞいただけでたちまちめまいを感ずるほどの高さである。その断崖から半ば宙に乗り出した危石の上につかつかと老人は駆け上り、ふり返って紀昌に言う。どうじゃ。この石の上で先刻のわざを今一度見せてくれぬか。今さら引っ込みもならぬ。老人と入り代わりに紀昌がその石を踏んだ時、石はかすかにグラリと揺らいだ。しいて気を励まして矢をつがえようとすると、ちょうど崖の端から小石が一つころがり落ちた。その行くえを目で追うた時、おぼえず紀昌は石上に伏した。足はワナワナと震え、汗は流れて踵にまで至った。老人が笑いながら手をさしのべて彼を石から降ろし、みずから代わってこれに乗ると、では射というものをお目にかけようかな、と言った。まだ動悸がおさまらず青ざめた顔をしてはいたが、紀昌はすぐに気がついて言った。しかし、弓はどうなさる？弓は？老人は素手だったのである。弓？と老人は笑う。弓矢のいるうちはまだ射之射じゃ。不射之射には、烏漆の弓も粛慎の矢もいらぬ。

ちょうど彼らの真上、空のきわめて高い所を一羽の鳶がゆうゆうと輪を描いていた。そのごま粒ほどに小さく見える姿をしばらく見上げていた甘蠅が、やがて、見えざる矢を無形の弓につがえ、満月のごとくに引き絞ってひょうと放てば、見よ。鳶は羽ばたきもせず中空から石のごとくに落ちて来るではないか。

紀昌は慄然とした。今にしてはじめて芸道の深淵をのぞき得た心地であった。

九年の間、紀昌はこの老名人もとにとどまった。その間いかなる修業を積んだものやらそれはだれにもわからぬ。

九年たって山を降りて来た時、人々は紀昌の顔つきの変わったのに驚いた。以前の負けずぎらいな精悍な面魂はどこかに影を潜め、なんの表情もない、木偶のごとく愚者のごとき容貌に変わっている。久しぶりに旧師の飛衛を尋ねた時、しかし、飛衛はこの顔つきを一見すると感嘆して叫んだ。これでこそ初めて天下の名人だ。我らのごとき、足もとにも及ぶものでないと。

邯鄲の都は、天下一の名人となってもどって来た紀昌を迎えて、やがて眼前に示されるにちがいないその妙技への期待にわき返った。

ところが紀昌はいっこうにその要望に答えようとしない。いや、弓さえ絶えて手に取ろうとしない。山にはいる時に携えて行った楊幹麻筋の弓もどこかへ捨てて来た様子である。そのわけを尋ねたひとりに答えて、紀昌はものうげに言った。至為は為す無く、至言は言を去り、至射は射ることなしと。なるほどと、しごくものわかりのいい邯鄲の都人士はすぐにがてんした。弓を取らざる弓の名人は彼らの誇りとなった。紀昌が弓に触れなければ触れないほど、彼の無敵の評判はいよいよ喧伝された。

さまざまなうわさが人々の口から口へと伝わる。毎夜三更を過ぎるころ、紀昌の家の屋根で何者の立てるともしれぬ弓弦の音がする。名人のうちに宿る射道の神が主人公の眠っている間に体内を抜け出し、妖魔を払うべく徹宵守護に当たっているのだという。彼の家の近くに住む一商人はある夜紀昌の家の上空で、雲に乗った紀昌が珍しくも弓を手にして、いにしえの名人、羿と養由基のふたりを相手に腕比べをしているのを確かに見たと言いだした。その時三名人の放った矢はそれぞれ夜空に青白い光芒を引きつつ参宿と天狼星との間に消え去ったと。紀昌の家に忍び入ろうとしたところ、へいに足を掛けたとたんに一道の殺気が森閑とした家の中から走り出てまともに額を打ったので、おぼえず外に転落したと白状した盗賊もある。爾来、邪心をいだく者どもは彼の住居の十町四方は避けて回り道をし、賢い渡り鳥どもは彼の家の上空を通らなくなった。

雲と立ちこめる名声のただ中に、名人紀昌はしだいに老いていく。すでに早く射を離れた彼の心は、枯淡虚静の域にはいっていったようである。木偶のごとき顔はさらに表情を失い、語ることもまれとなり、ついには呼吸の有無さえ疑われるに至った。「すでに、我と彼との別、是と非との分を知らぬ。目は耳のごとく、耳は鼻のごとく、鼻は口のごとく思われる。」というのが老名人晩年の述懐である。

甘蝿師のもとを辞してから四十年の後、紀昌は静かに、まことに煙のごとく静かに世を去った。その四十年の間、彼は絶えて射を口にすることがなかった。口にさえしなかったくらいだから、弓矢を取っての活動などあろうはずがない。もちろん、寓話作者としてはここで老人に掉尾の大活躍をさせて、名人の真に名人たるゆえんを明らかにしたいのはやまやまながら、いっぽう、また、なんとしても古書にしるされた事実を曲げるわけにはいかぬ。実際、老後の彼についてはただ無為にして化したとばかりで、次のような妙な話のほかには何一つ伝わっていないのだから。

その話というのは、彼の死ぬ一、二年前のことらしい。ある日老いたる紀昌が知人のもとに招かれて行ったところ、その家で一つ器具を見た。確かに見覚えのある道具だが、どうしてもその名まえが思い出せぬし、その用途も思い当たらない。老人はその家の主人に尋ねた。それはなんとよぶ品物で、また何に用いるのかと。主人は、客が冗談を言っているとのみ思って、ニヤリととぼけた笑い方をした。老紀昌は真剣になって再び尋ねる。それでも相手はあいまいな笑いを浮かべて、客の心を測りかねた様子である。三度紀昌がまじめな顔をして同じ問いをくり返した時、初めて主人の顔に驚愕の色が現われた。彼は客の目をじっと見つめる。相手が冗談を言っているのでもなく、気が狂っているのでもなく、また自分が聞き違えをしているのでもないことを確かめると、彼はほとんど恐怖に近い狼狽を示して、どもりながら叫んだ。

「ああ、夫子が——古今無双の射の名人たる夫子が、弓を忘れ果てられたとや？ああ、弓という名も、その使い道も！」

その後当分の間、邯鄲の都では、画家は絵筆を隠し、楽人は瑟の弦を断ち、工匠は規矩を手にするのを恥じたということである。

注意する読み方

紀昌　きしょう
機織台　はたおりだい
火の粉　ひのこ
灰かぐら　はいかぐら
射を授ける　しゃをさずける
膚着　はだぎ
縫目　ぬいめ
蚕　かいこ
煕々として　ききとして
春の陽　はるのひ
有吻類　ゆうふんるい
催痒性　さいようせい
小節足動物　しょうせっそくどうぶつ
雞　とり
燕角の弓　えんかくのゆみ
朔蓬　さくほう
剛弓　こうきゅう
矢々　しし
烏号　うごう
纂衛　きえい
神に入る　しんにいる
慚愧　ざんき
忽焉　こつえん
安堵　あんど
斉の桓公　せいのかんこう
厨宰　ちゅうさい

易牙　えきが
愛妾　あいしょう
蘊奥　うんおう
大行の嶮に攀じ　たいこうのけんによじ
霍山　かくざん
甘蝿　かんよう
脛　はぎ
危巌　きがん
桟道　さんどう
山顛　さんてん
白髯　はくぜん
楊幹麻筋　ようかんまきん
石碣　せきけつ
一箭　いっせん
碧空　へきくう
千仞　せんじん
断崖　だんがい
崖の端　がけのはし
踵　くびす
烏漆　うしつ
粛慎　しゅくしん
鳶　とび
慄然　りつぜん
面魂　つらだましい
木偶　でく
至為は為す無く　しいはなすなく
至言　しげん
喧伝　けんでん
徹宵　てっしょう
羿　げい
天狼星　てんろうせい
爾来　じらい
枯淡虚静　こたんきょせい
掉尾　とうび
驚愕　きょうがく
夫子　ふうし
瑟の弦　しつのげん
規矩　きく

注　釈

趙の邯鄲　「趙」は中国の戦国時代の七強国（秦、楚、斉、燕、韓、魏、趙）の一つ。邯鄲に都をおいた。
まねき　機の一部で足の大指で踏み、「あぜ」という縦糸をまとめる道具を上下させるもの。
煕々として　明るく全体を照らし輝かせる様子。
小節足動物　小さい無脊椎動物。小さい昆虫。
燕角の弓　燕の国の獣の角で作った弓。
朔蓬のやがら　朔北から産出する蓬（よもぎ）で作った強い矢。
間髪を入れず(かん　はつをいれず)　一本の髪の毛を入れるすきもないほど事が切迫したさま。
烏号　弓の名。昔中国の黄帝が用いた弓という。
纂衛　矢の名。纂も衛も立派な矢の産地である。
斉の桓公　（？～紀元前643）中国春秋時代の最初の覇者。

厨宰の易牙　「厨宰」は料理掛長のこと。「易牙」は桓公の廃字宦官。
大行　（太行に同じ）中国の山西省と河北省の境を南北400キロにわたって走る太行山脈。
霍山　中国の山西省霍山にある山。
楊幹麻筋　柳の幹を麻糸で巻いた強い弓。
石碣　鋭い矢の名。越王が陣中で使用させたという伝説がある。
烏漆の弓　黒塗りの強い弓。
粛慎　北方の蛮族が用いた鋭い矢。
三更　真夜中の12時から翌朝の2時までのあいだ。
羿　中国の尭の時代の人。太陽が10個出て人民が困ったので、そのうちの9個を射落としたという。
養由基　中国春秋時代楚の国の人。楚王が白猿を射させたところ、まだ矢を射らないうちに、猿が柱に身を隠して泣き叫んだという。
参宿　オリオン座の南三つの星とその近くの星をいう。
天狼星　大犬座の首星シリウスのこと。中国名では天狼星。
掉尾の大活躍（とうびのだいかつやく）　「ちょうび」とも読む。物事や文章の終わりに至って勢いのふるいを立つこと。転じて「最後」の意。

解　題

1942（昭和17）年12月、雑誌『文庫』（三笠書房）に発表された短篇小説である。中国古典に素材をもとめた「山月記」、「弟子」、「李陵」等の作品系列に属する。天下第一の弓の名人たろうと志した邯鄲の紀昌という男の修業物語という筋立てをとるが、一芸の極をくぐりぬけたあと一切を忘却しはてていく紀昌の晩年をとおして、中島敦は、自我意識の過剰をめぐる排除と集中の葛藤のドラマを寓話化しているとも言えよう。

研　究

一、次の問いに答えよ。
　1. 紀昌を恐れ驚かせた「芸道の深淵」とはどういうものだったか。
　2. 邯鄲の人たちの示す「ものわかりのよさ」とはどういう性質のものか。
二、「射之射」、「不射之射」の違いについて考えてみよ。
三、紀昌の弓術修業の過程を整理してみよ。
四、この作品の主題について要約して述べてみよ。

作家紹介

中島敦（なかじまあつし）

1909（明治42）～1942（昭和17）。小説家。東京都四谷箪笥町生まれ。東京帝国大学国文科卒業。第一高等学校（旧制）時代に始まった喘息発作に生涯くるしむ。ギリシヤ、中国の古典にしたしんだ。父が中学の漢文科教師ということもあってか、とくに中国古典への傾倒と教養の深さは、彼の鋭い知性のひらめきと呼応し、芸術完成度の高い作品を生みだした。昭和17年、『文学界』に「古譚」と総題されて「山月記」、「文学禍」か発表された。そのあと、「光と風と夢」、「弟子」、「悟浄出世」、「李陵」などを書いて作家的地歩を固め、戦時の文学の荒廃の中でブリリアントな才能を見せ、少数の有識者を感動させたが、持病の激しい発作におそわれ、孤高、絶望、寡作、不遇の生をとじた。中島敦は戦時下という日本近代文学史上最悪の時期に不意に出現し、またたちまち姿を没した。だが芥川龍之介の再来かとまで世評されたかれの才能と作品は、後世に深く記憶されることになった。

二銭銅貨

黒島伝治

一

こまがはやっている時分だった。弟の藤二がどこからか健吉が使い古した古ごまを探しだしてきて、左右の手のひらの間に三寸くぎの頭をひしゃいで通した心棒を挟んで廻した。まだ、手に力がないので一生懸命にひねっても、こまは少しの間立って廻うのみで、すぐみそすってしまう。子供の時から健吉は凝り性だった。こまに磨きをかけ、買った時には、細い針金のような心棒だったのを三寸くぎに挿し換えた。そのほうがよく回って勝負をすると強いのだ。もう十二、三年も前に使っていたものだが、ひびきも入っていず、黒光りがして、重くいかにも木質が堅そうだった。油を染ませたり、ろうを塗ったりしたものだ。今、店頭で売っているものとは木質からして違う。

しかし、重いだけ幼い藤二には回しにくかった。彼は、小半日も上がりかまちの板の上でひねっていたが、どうもうまくいかない。

「お母あ、こまの緒を買うて。」藤二は母にせびった。

「お父うにきいてみい。買うてもえいか。」

「えい言うた。」

母は、何事にもこせこせするほうだった。ひとつは苦しい家計が原因していた。彼女は買ってやることになっても、なおいちおう、物置の中を探して、健吉の使い古しの緒が残っていないか確かめた。

川沿いの小さい村の子供たちは、堂の前に集まった。それぞれ新しいこまに新しい緒を巻いて回して、二つをこち当て合って勝負をした。それを子供たちはこっつりこと言った。緒を巻いて力を入れてほうって引くと、こまは澄んで回りだす。二人が同時に回して、代わりに代わりに自分のこまを相手のこまにこち当てる。一方のこまか、みそをすって消えてしまうまで続ける。先に消えたほうが負けである。

「こんな黒い古いこまを持っとる者はうらだけじゃがの。こまも新しいのを買うておくれ。」藤二は母にねだった。

「こまは一つあるのに買わいでもえいがな。」と母は言った。

「ほいたって、こんな黒いんやかい……みなさらを持っとるのに！」

以前に、自分が使っていたこまがいいという自信がある健吉は、

「あほう言え、そのこまのほうがえいんじゃがい！」と、なぜだか弟に金を出してこまを買ってやるのが惜しいような気がして言った。

「ううむ。」

兄の言うことは何事でも信用する藤二だった。

「そのほうがえいんじゃ、勝負をしてみい。それに勝つこまはだれっちゃ持っとりゃせんのじゃ。」

そこでこまのほうは古いので納得した。しかし、母と二人で緒を買いに行くと、藤二は、店頭の木箱の中に入っている赤や青で彩った新しいこまを欲しそうにいじくった。

雑貨店のおかみに緒を見せてもらいながら、母は、

「藤よ、そんなに店の物をいらい回るな。手あかで汚れるがな。」と言った。

「いいえ、いろうたって大事ござんせんぞな。」

とおかみは愛想を言った。

緒は幾十条もそろえて同じ長さに切ってあった。その中に一条だけほかのよりは一尺ばかり短いのがあった。寸を取って切っていって、最後に足りなくなったものである。

「なんぼぞな？」

「一本、十銭よな。その短い分なら八銭にしといてあげまさ。」

「八銭に……。」

「へえ。」

「そんなら、この短いんでよろしいわ。」

そして母は、十銭渡して二銭銅貨を一つ釣り銭にもらった。なんだか二銭もうけたような気がしてうれしかった。

帰りがけに藤二を促すと、なお、彼は箱の中の新しいこまをいじくっていた。ほかから見ても、いかにも、欲しそうだった。しかし無理に買ってくれともよく言わずに母の後からついて帰った。

二

隣村の寺の広場へ、田舎回りの相撲が来た。子供たちはみんな連れ立って見に行った。藤二も行きたがった。しかし、ちょうど稲刈りの最中だった。のみならず、牛部屋では、鞍を掛けられた牛が、粉ひき臼を回して、くるくる、真ん中の柱の周囲を回っていた。その番もしなければならない。

「牛の番やかいどうなりゃ！」いつになく藤二はいやがった。彼は納屋の軒の柱にこまの緒を掛け、両手に端を持って引っ張った。

「そんならすずめを追いに来るか。」

「いいや。」

「そんなに気ままを言うてどうするんぞいや！粉はひかにゃならず、稲にゃすずめがたかりよるのに！」母は、険しい声を出した。

藤二は、柱と綱引きをするように身を反らして緒を引っ張った。しば

らくして、小さい声で、
「みんな相撲を見に行くのに！」と言った。
「うちらのような貧乏たれにゃ、そんなことはしとれゃせんのじゃ！」
「ええい。」がっかりしたような声で言って、藤二はなお緒を引っ張った。
「そんなに引っ張ったら緒が切れるがな。」
「ええい。みなのよれ短いんじゃもん！」
「引っ張ったって延びせん——そんなことしよったら後ろへ転ぶぞ！」
「ええい延びるんじゃ！」
そこへ父が帰って来た。
「藤は、何ぐずぐず言いよるんぞ！」藤二はにらみつけられた。
「そらみい、叱らりょう。——さあ、牛の番をしよるんじゃぞ！」
母はそれをしおに、こう言い置いて田へ出かけてしまった。
父は、臼の漏斗に小麦を入れ、おとなしい牛が、のそのそ人の顔を見ながら回っているのを見届けてから出かけた。
藤二は、緒を買ってもらってから、子供たちの仲間に入ってこまを回しているうちに、自分の緒が他人のより、だいぶ短いのに気づいた。彼は、それが気になった。一方の端をそろえて、比べると、彼の緒はだれのに比しても短い。彼は、まだ六つだった。他の大きい学校へあがっている者とこっつりこをするといつも負けた。彼は緒が短いためになお負けるような気がした。そして、緒の両端を持って引っ張るとそれが延びて、他人のと同じようになるだろうと思って、しきりに引っ張っているのだった。彼は牛の番をしながら、中央の柱に緒を掛け、その両端を握って、緒よ延びよとばかり引っ張った。牛は彼の背後をくるくる回った。

三

健吉が稲を刈っていると、相撲を見に行っていた子供たちは、おおぜい群がって帰って来た。彼らは、帰る道々こまを回していた。

それからしばらく親子は稲を刈り続けた。そして、太陽が西の山に落ちかけてから、三人は各々徒荷を持って帰った。

「牛屋は、ぼっこひっそりとしとるじゃないや。」

「うん。」

「藤二は、どこぞへ遊びに行たんかいな。」

母は荷を置くと牛部屋をのぞきに行った。と、不意にびっくりして、

「健よ、はい来い！」と声をふるわせて言った。

健吉は、稲束を投げ捨てて急いで行って見ると、番をしていた藤二は、こまの緒を片手に握ったまま、暗い牛屋の中に倒れている。首がねじれて、頭が血に染まっている。

赤牛は、じいっと鞍を背負って子供を見守るように立っていた。竹骨の窓から夕日が、牛の目玉に映っていた。蝿が一つ二つ牛のそばでぶんぶん羽を鳴らして飛んでいた。……

「ちくしょう！」父は稲束を担って帰った六尺棒を持って来て、三時間ばかり、牛をぶん殴り続けた。牛にすべての罪があるように。

「ちくしょう！おどれはろくなことをしくさらん！」

牛は恐れて口から泡を吹きながら小屋の中を逃げ回った。

鞍は壊れ、六尺は折れてしまった。

それから三年たつ。

母は藤二のことを思い出す度に。

「あの時、相撲を見にやったらよかったんじゃ！」

「あんな短いこまの緒を買うてやらなんだらよかったのに！——緒を柱に掛けて引っ張りよって片一方の端から手が外れて転んだところを牛に踏まれたんじゃ。あんな——緒を買うてやるんじゃなかったのに！

二銭やこし仕末をしたってなんちゃになりゃせん！」といまだに涙を流す。……

注意する読み方

藤二　とうじ
健吉　けんきち
立って廻う　たってまう
凝り性　こりしょう
小半日　しょうはんにち
一条　ひとすじ
隣村　となりむら
納屋　なや
鞍　くら
臼　うす
漏斗　ろうと
徒荷　かちに
稲束　いねたば
六尺棒　ろくしゃくぼう

注　釈

ひしゃいで　つぶして。
みそすってしまう　回る勢いが衰えてしまう、の意。
ひびき　ひび。
小半日　半日近くのあいだ。
上がりかまち　家の上がり口のへりに渡してある横木。
緒　ここでは、こまを回すためのひも。
こち当て合って　勢いよくぶつけ合って。
「こんな黒い古いこまを持っとる者はうらだけじゃがの。」　「うら」は自分、の意。
ほいたって　それでも。
黒いんやかい　黒いのなんか。
さら　新品。
だれっちゃ　だれも。
いらい回る　いじくり回す。
寸を取って　寸法を測って。
牛の番やかいどうなりゃ　牛の番なんかいやなことだ。
よれ　より。
しお　ころ合い。
漏斗　じょうご。

徒荷　徒歩で運ぶ荷。
ぼっこ　たいへん。
はい来い　はやく来い。
二銭やこし　二銭なんか。
仕末　倹約。
なんちゃに　なんにも。

解　題

大正15年、壷井繁治から山田清三郎を介して雑誌『文芸戦線』に「銅貨二銭」という題名で発表され好評をおさめた。のちに改題されて「二銭銅貨」となった。黒島伝治の作家的地位を確立するとともに、農民文学のジャンルに新方向を切りひらく作品となった。一少年の死をとおして貧しい当時の農民の姿がうきぼりにされ、貧農の哀感がまざまざと伝えられていて、この作家独自のリアリズムの手法があざやかに立証されている作品と言える。

研　究

一、この小説のあらすじをまとめ、全体の構成を明らかにせよ。
二、藤二の死について、考えたことを話しあってみよ。
三、次の問いに答えよ。
1. 第一章の文中に「古いので納得した」とあるが、「の」の用法を言え。
2. 第二章の文中に「小さい声で、『みんな相撲を見に行くのに……』」とあるが、藤二の心情について説明せよ。
3. 第三章の文中に「竹骨の窓から夕日が、牛の目玉に映っていた。」とあるが、この文はどういう表現効果をあげているか。説明せよ。

作家紹介

黒島伝治（くろしまでんじ）
1898（明治31）～1943（昭和18）。小説家。香川県小豆島生まれ。早稲田大学高等予科在籍中に召集されたが、肺を病み除隊された。同郷の壺井繁治と親交をむすび文学に近づく。「二銭銅貨」（大正15年『文芸戦線』に発表）、「豚群」などにより作家的地位を確立、以後高揚期のプロレタリア文学運動に参加していった。

初期の黒島は故郷の貧農を描いたが、「橇」（昭和2）、「雪のシベリア」（昭和2）、「渦巻ける烏の群」（昭和3）あたりから軍隊経験をもとに反戦小説を書きはじめ、日本近代文学史上に特筆される反戦文学の系譜を切りひらいた。激変するプロレタリア文学運動の曲折に直接身をさらしながら、ドストエフスキーや志賀直哉に学んだとされる堅実なリアリズムの手法を独自に推進した。農民文学と反戦文学に大きな足跡をしるした作家である。『黒島伝治全集』全三巻、評論集『反戦文学論』（昭和4）がある。

バッタと鈴虫

川端康成

　大学の煉瓦塀に沿うて歩き煉瓦塀を外れて高等学校の前にさしかかると、白く立ち並んだ棒で囲われた校庭の黒い葉桜の下のほの暗い叢から虫の声が聞こえてくる。虫の声に少し足を緩め耳を傾け、更に虫の声を惜しんで高等学校の庭から離れないため道を右に折れ、そして左に折れると、立棒の代わりにからたちの植わった土手が始まる。左に折れた角で、はて！と輝いた目を前へ投げて私は小走りに急いだ。

　前方の土手のすそに、かわいらしい五色の提灯の灯の一団が寂しい田舎の稲荷祭りのように揺れていたからである。近づかなくとも、子供たちが土手の叢の虫を捕っているのだとわかる。提灯の灯は二十ばかり。そして提灯の一つ一つが紅桃色藍緑紫黄などの灯をともしているばかりでなく、一つの灯が五色の光をともしているのである。店で買ったらしい小さい紅提灯もある。けれども多くは子供らが思案を凝らして自分の手で作ったかわいらしい四角な提灯である。この寂しい土手に二十人の子供が集まり美しい灯が揺れるまでには一つの童話がなければならない。

　街の子供の一人がある夜この土手で鳴く虫を聞いた。次の夜は紅提灯を買って鳴く虫の居所を捜した。その次の夜は子供が二人になった。新しい子供は提灯が買えなかった。小さい紙箱の表と裏を切り抜いて紙をはり底にろうそくを立て頭にひもをつけた。子供が五人になり七人になった。紙箱を切り抜いて明かり取りにはる紙を色どり絵を書くことを覚えた。そして知恵のある小さい美術家たちは紙箱の所々を円く三角に菱形に木の葉形に切り抜き、小さい明かり窓を一つずつ違った色に彩り、更に円や菱形や紅や緑をつかって一つのまとまった装飾模様とした。紅提灯を買った子供も店で買える趣のない提灯を棄て、自作の提灯を持つ子供も単純な意匠の提灯を棄て、昨夜携えた光の模様は翌日もう不満足で、昼は紙箱と紙と絵筆とはさみと小刀とのりを前に日々新しい提灯を一心に創り、我が提灯よ！最も珍しく美しかれ！と夜の虫取りに出かけるのであろう。そうして私の目の前の二十人の子供と美しい提灯とになったのではあるまいか。

私は目を見張ってたたずんだ。四角な提灯は古代模様風に切り抜かれ、花模様に切り抜かれているばかりでなく、例えば「ヨシヒコ」とか「アヤ子」とか製作者の名が片仮名で刻み抜かれているのである。紅提灯に絵を書いたのと違って、厚紙の箱を切り抜いてそれに紙をはったのであるから、その模様だけが窓になって模様どおりの色と形でろうそくの光が洩れているのである。そうした二十の灯が叢に射し照らされて子供たちはことごとく一心に虫の声を頼りに土手にしゃがんでいるのである。

「だれかバッタ欲しい者いないか。バッタ！」と、一人だけほかの子供から四、五間離れたところで草をのぞいていた男の子が伸び上がると突然言った。

「おくれ！おくれ！」

六、七人がすぐ駆け寄って虫を見つけた子供の背に重なるようにしながら叢をのぞき込んだ。そして駆けつけた子供たちが差し出す手を払いのけ虫のいる叢を守るような姿で両手を広げて突っ立った男の子は右手の提灯を振ると、再び四、五間かなたの子供たちに叫んだ。

「だれかバッタ欲しい者いないか。バッタ！」

「おくれ！おくれ！」

四、五人走って来た。全くバッタでも貴いほどに虫は捕れないらしい。男の子は三たび呼んだ。

「バッタ欲しい者いないか。」

二、三人近寄った。

「ちょうだいな。ちょうだい。」

新しく近寄った女の子が虫を見つけた男の子の後ろで言った。男の子は軽く振り返ると素直に身をかがめて提灯を左に持ち代え右手を草の間に入れた。

「バッタだよ」

「いいからちょうだい！」

男の子はすぐ立ち上がると握ったこぶしを、それ！というふうに女の子の前に突き出した。女の子は左の手に提げていた提灯のひもを手首に懸け両手で男の子のこぶしを包んだ。男の子が静かにこぶしを開く。虫は女の子の親指と人差し指の間に移っている。

「あら！鈴虫だわ。バッタじゃなくってよ。」と、女の子は褐色の小さい虫を見て目を輝かせた。

「鈴虫だ！鈴虫だ！」

子供たちはうらやましそうな声を合わせた。

「鈴虫よ。鈴虫よ。」

女の子は明るい知恵の目をちらと虫をくれた男の子に注いでから腰につるしている小さい虫かごを外してその中に虫を放した。

「鈴虫よ。」

「ああ、鈴虫だよ。」と、鈴虫を捕らえた男の子はつぶやき、虫かごを顔の真近に掲げて眺め入っている女の子に自分の五色の美しい提灯を掲げて明かりを与えてやりながらちらちらと女の子の顔を見た。

そうか？と私は男の子がちょっと憎くなるとともに、初めてこの時男の子のさっきからの所作が読めた我が愚かしさを嘆いたのである。更に、あっ！と私は驚いた。見たまえ！女の子の胸を、これは虫をやった男の子も虫をもらった女の子も二人を眺めている子供たちも気がつかないことである。

けれども、女の子の胸の上に映っている緑色のかすかな光は「不二夫」とはっきり読めるではないか。女の子が持ち上げ虫かごのように掲げた男の子の提灯の明かり模様は、提灯が女の子の白い浴衣に真近なため「不二夫」と男の子の名を切り抜いた所へ緑の色をはった形と色そのままに女の子の胸に映っているのである。女の子の提灯と見ると、左の手首に懸けたままたらりと垂れているので「不二夫」ほど明らかではないが、男の子の腰のあたりに揺れている紅い光を読もうなら「キヨ子」と読める。この緑と紅の光の戯れを——戯れであろうか——不二夫もキヨ子も知らない。

そして、不二夫は鈴虫をやったことを、キヨ子は鈴虫をもらったことを、いつまでも覚えていようとも、不二夫は自分の名が緑の光でキヨ子の胸に書かれキヨ子の名が紅い光で自分の腰に書かれ、キヨ子は自分の胸に緑の光で不二夫の名が記され不二夫の腰に自分の名が紅い光で記されたことを、夢にも知らねば思い出しもできないであろう。

不二夫少年よ！君が青年の日を迎えた時にも、女に「バッタだよ。」と言って鈴虫を与え女が「あら！」と喜ぶのを見て会心の笑みを洩らしたまえ。そしてまた「鈴虫だよ。」と言ってバッタを与え女が「あら！」と悲しむのを見て会心の笑みを洩らしたまえ。

更にまた、君が一人ほかの子供と離れた叢で虫を捜していた知恵をもってしても、そうそう鈴虫はいるもんじゃない。君もまたバッタのような女を捕らえて鈴虫だと思い込んでいることになるのであろう。

そうして最後に、君の心が曇り傷ついたために真の鈴虫までがバッタに見え、バッタのみが世に充ち満ちているように思われる日がくるならば、その時こそは、今宵君の美しい提灯の緑の灯が少女の胸に描いた光の戯れを、君自身思い出すすべを持っていないことを私は残念に思うであろう。

注意する読み方

煉瓦塀　れんがべい
葉桜　はざくら
叢　くさむら
立棒　たちぼう
土手　どて
提灯　ちょうちん
稲荷　いなり
五色　ごしき
藍　あい
菱形　ひしがた
創る　つくる
褐色　かっしょく
不二夫　ふじお
浴衣　ゆかた
紅い光　あかいひかり
戯れ　たわむれ
会心　かいしん
充ち満ちている　みちみちている
今宵　こよい

注　釈

バッタ（飛蝗・蝗）　直翅目バッタ科に属する昆虫の総称。
鈴虫　直翅目の昆虫。体はひらたく、卵形で、体長約20ミリメートル。
高等学校　ここでは旧制高等学校のこと。
稲荷祭り　稲荷神社の祭り。神前に行灯（あんどん）・とうろうなどを飾る。
思案を凝らす　思い巡らす。考える。
四、五間　一間は約1.8メートル。

解　題

大正13（1924）年、雑誌『文章俱楽部』に発表された短篇小説で、のち短篇集「感情装飾」に収められた。川端康成に掌篇小説と呼ばれる短篇群があるほどで、短篇にかけては名手の定評がある。この作品は新感覚派時代のものに属する。土手の叢で色とりどりの提灯をさげながら虫とりに熱中している少年少女の群れを観察し描写したものであるが、映画のクローズアップを喚起させる描出法が、立体感を構成していく文体とあいまって新鮮な叙情をかもし出している。技巧のユニークさもさることながら、川端文学の本質とされる叙情の純粋性がたしかめられると言えよう。

研　究

一、「この寂しい土手に二十人の子供が集まり美しい灯が揺れるまでには一つの童話がなければならない。」と述べているが、なぜなのか。考察せよ。
二、「男の子のさっきからの所作が読めた」とはどういうことか。わかりやすく説明せよ。
三、小説中で、特に優れた感覚的描写の箇所を抜き出してみよ。

作家紹介

川端康成（かわばたやすなり）

1899（明治32）～1972（昭和47）。小説家。大阪市北区生まれ。東京帝国大学国文学科卒業。学生時代から作家としての前途を嘱望されていたが、雑誌『文芸時代』（大正13年創刊）に拠り、新感覚派の代表としてかずかずの短篇を発表し、また評論にも健筆をふるい、既成文学に対峙した。新感覚派退潮のあとは、プロレタリア文学に対抗する新興芸術派の中心と目された昭和8年、広津和郎、林房雄、小林秀雄らと雑誌『文学界』を創刊した。康成の作家的地位は「伊豆の踊子」（大正15年）によってすでに確立されていたが、青春の哀歓と新鮮な叙情を描いた初期のこの代表作は、川端文学の本質が叙情を主軸にして成立していることを物語っている。「浅草紅団」（あさくさくれないだん）、「禽獣」などを経て「雪国」（昭和10～12）にいたる過程は、康成の内部にひそむ日本の伝統的叙情が鮮明に形をととのえて定着していくそれである。「雪国」はその心象と美意識の沈潜と結晶であり、川端康成の文学的地位を不動のものにした。昭和初期の日本文学を代表する名作である。同時に、作中人物・駒子の内にいわゆる＜美しい日本の心＞を発見し描出する方法において独創を発揮し、大正期までの私小説を超えようとする方法意識を芸術化することに成功した。この作品は世界の各国語に訳された。昭和43（1968）年、ノーベル文学賞。昭和37（1962）年からは、湯川秀樹ら世界平和アピール七人委員会に参加。またペンクラブ会長としても活躍、社会的関心と行動をふかめた。昭和47（1972）年ガス自殺。戦後には、名作とたたえられる「山の音」、「千羽鶴」がある。康成の晩年は＜日本の心＞の美を描くという文化的自負に支えられていたと言えよう。他に「眠れる美女」などの異彩作もある。

蝿

横光利一

一

真夏の宿場は空虚であった。ただ目の大きな一匹の蝿だけは、薄暗い廐の隅のくもの巣にひっかかると、後肢で網を跳ねつつしばらくぶらぶらと揺れていた。と、豆のようにばたりと落ちた。そうして、馬糞の重みに斜めに突き立っているわらの端から、裸体にされた馬の背中まではい上がった。

二

馬は一条の枯れ草を奥歯にひっかけたまま、猫背の老いた馭者の姿を捜している。

馭者は宿場の横のまんじゅう屋の店頭で、将棋を三番さして負け通した。

「なに？文句言うな。もう一番じゃ。」

すると、ひさしを外れた日の光は、彼の腰から、円い荷物のような猫背の上へ乗りかかってきた。

三

宿場の空虚な場庭へ一人の農婦が駆けつけた。彼女はこの朝早く、街に勤めている息子から危篤の電報を受け取った。それから露に湿った三里の山道を駆け続けた。

「馬車はまだかのう？」

彼女は馭者部屋をのぞいて呼んだが返事がない。

「馬車はまだかのう？」

ゆがんだ畳の上には湯飲みが一つ転がっていて、中から酒色の番茶がひとり静かに流れていた。農婦はうろうろと場庭を回ると、まんじゅう屋の横からまた呼んだ。

「馬車はまだかの？」

「先刻出ましたぞ。」

答えたのはその家の主婦である。

「出たかのう。馬車はもう出ましたかのう。いつ出ましたな。もうちと早よ来るとよかったのじゃが、もう出ぬじゃろか？」

農婦は性急な泣き声でそう言ううちに、早や泣きだした。が、涙もふかず、往還の中央に突き立っていてから、街のほうへすたすたと歩き始めた。

「二番が出るぞ。」

猫背の馭者は将棋盤を見つめたまま農婦に言った。農婦は歩みを止めると、くるりと向き返ってその淡い眉毛をつり上げた。

「出るかの。すぐ出るかの。せがれが死にかけておるのじゃが、間に合わせておくれかの？」

「桂馬ときたな。」

「まあまあうれしや。街までどれほどかかるじゃろ。いつ出しておくれるのう。」

「二番が出るわい。」と馭者はぽんと歩を打った。

「出ますかな、街までは三時間もかかりますかな、三時間はたっぷりかかりますやろ。せがれが死にかけていますのじゃ、間に合わせておくれかのう？」

四

野末のかげろうの中から、種れんげをたたく音が聞こえてくる。若者と娘は宿場のほうへ急いで行った。娘は若者の肩の荷物へ手をかけた。

「持とう。」

「なあに。」

「重たかろうが。」

若者は黙っていかにも軽そうな様子を見せた。が、額から流れる汗は塩辛かった。

「馬車はもう出たかしら。」と娘はつぶやいた。

若者は荷物の下から、目を細めて太陽を眺めると、

「ちょっと暑うなったな、まだじゃろう。」

二人は黙ってしまった。牛の鳴き声がした。

「知れたらどうしよう。」と娘は言うとちょっと泣きそうな顔をした。

種れんげをたたく音だけが、かすかに足音のように追って来る。娘は後ろを向いて見て、それから若者の肩の荷物にまた手をかけた。

「私が持とう。もう肩が直ったえ。」

若者はやはり黙ってどしどしと歩き続けた。が、突然、「知れたらまた逃げるだけじゃ。」とつぶやいた。

五

宿場の場庭へ、母親に手を引かれた男の子が指をくわえて入って来た。

「おっかあ、馬々。」

「ああ、馬々。」男の子は母親から手を振り切ると、厩のほうへ駆け

て来た。そうして二間ほど離れた場庭の中から馬を見ながら、「こりゃっ、こりゃっ。」と叫んで片足で地を打った。

馬は首をもたげて耳を立てた。男の子は馬のまねをして首を上げたが、耳が動かなかった。で、ただやたらに馬の前で顔をしかめると、再び「こりゃっ、こりゃっ。」と叫んで地を打った。

馬は槽の手づるに口をひっかけながら、またその中へ顔を隠してまぐさを食った。

「おっかあ、馬々。」

「ああ、馬々。」

六

「おっと、待てよ。これはせがれの下駄を買うのを忘れたぞ。あいつはすいかが好きじゃ。すいかを買うと、おれもあいつも好きじゃで両得じゃ。」

田舎紳士は宿場へ着いた。彼は四十三になる。四十三年貧困と戦い続けた効あって、昨夜ようやく春蚕の仲買で八百円を手に入れた。今彼の胸は未来の画策のために詰まっている。けれども、昨夜銭湯へ行った時、八百円の札束をかばんに入れて、洗い場まで持って入って笑われた記憶については忘れていた。

農婦は場庭の床几から立ち上がると、彼のそばへ寄って来た。

「馬車はいつ出るのでござんしょうな。せがれが死にかかっていますので、早よ街へ行かんと死に目に会えまいと思いましてな。」

「そりゃいかん。」

「もう出るのでござんしょうな、もう出るって、さっき言わしゃったがの。」

「さあて、何しておるやらな。」

若者と娘は場庭の中へ入って来た。農婦はまた二人のそばへ近寄った。

「馬車に乗りなさるのかな。馬車は出ませんぞな。」

「出ませんか？」と若者はきき返した。

「出ませんの？」と娘は言った。

「もう二時間も待っていますのやが、出ませんぞな。街まで三時間かかりますやろ。もう何時になっていますかな。街へ着くと正午になりますやろか。

「そりゃ正午や。」と田舎紳士は横から言った。農婦はくるりと彼のほうをまた向いて、

「正午になりますかいな。それまでにゃ死にますやろな。正午になりますかいな。」

と言ううちにまた泣きだした。が、すぐまんじゅう屋の店頭へ駆けて行った。

「まだかのう。馬車はまだなかなか出ぬじゃろか？」

猫背の馭者は将棋盤を枕にしてあおむきになったまま、簀の子を洗っているまんじゅう屋の主婦のほうへ頭を向けた。

「まんじゅうはまだ蒸さらんかいのう？」

七

馬車はいつになったら出るのであろう。宿場に集まった人々の汗は乾いた。しかし、馬車はいつになったら出るのであろう。これはだれも知らない。だが、もし知り得ることのできるものがあったとすれば、それはまんじゅう屋のかまどの中で、ようやく膨れ始めたまんじゅうであった。なぜかといえば、この宿場の猫背の馭者は、まだその日、だれも手をつけない蒸したてのまんじゅうに初手をつけるということが、それほどの潔癖から長い年月の間、独身で暮らさねばならなかったという彼のその日その日の、最高の慰めとなっていたのであったから。

八

宿場の柱時計が十時を打った。まんじゅう屋のかまどは湯気を立てて鳴りだした。ザク、ザク、ザク。猫背の馭者はまぐさを切った。馬は猫背の横で、水を充分飲みためた。ザク、ザク、ザク。

九

馬は馬車の車体に結ばれた。農婦は真っ先に車体の中へ乗り込むと街のほうを見続けた。

「乗っとくれやあ。」と猫背は言った。

五人の乗客は、傾く踏み段に気をつけて農婦のそばへ乗り始めた。

猫背の馭者は、まんじゅう屋の簀の子の上で、綿のように膨らんでいるまんじゅうを腹掛けの中へ押し込むと馭者台の上にその背を曲げた。らっぱが鳴った。むちが鳴った。

目の大きなかの一匹の蝿は馬の腰の余肉のにおいの中から飛び立った。そうして、車体の屋根の上に止まり直ると、今さきに、ようやくくもの網からその生命を取り戻した体を休めて、馬車と一緒に揺れて行った。

馬車は炎天の下を走り通した。そうして並木を抜け、長く続いた小豆畑の横を通り、亜麻畑と桑畑の間を揺れつつ森の中へ割り込むと、緑色の森は、ようやくたまった馬の額の汗に映って逆さまに揺らめいた。

十

馬車の中では、田舎紳士の饒舌が、早くも人々を五年以来の知己にした。しかし、男の子はひとり車体の柱を握って、その生き生きした目で野の中を見続けた。

「おっかあ、梨々。」

「ああ、梨々。」

駅者台ではむちが動き止まった。農婦は田舎紳士の帯の鎖に目をつけた。

「もう幾時ですかいな。十二時は過ぎましたかいな。街へ着くと正午過ぎになりますやろな。」

駅者台ではらっぱが鳴らなくなった。そうして、腹掛けのまんじゅうを、今やことごとく胃の腑の中へ落とし込んでしまった駅者は、いっそう猫背を張らせて居眠りだした。その居眠りは、馬車の上から、かの目の大きな蝿が押し黙った数段の梨畑を眺め、真夏の太陽の光を受けて真っ赤に映えた赤土の断崖を仰ぎ、突然に現れた激流を見下ろして、そうして、馬車が高いがけ道の高低でかたかたときしみだす音を聞いてもまだ続いた。しかし、乗客の中で、その駅者の居眠りを知っていた者は、わずかにただ蝿一匹であるらしかった。蝿は車体の屋根の上から、駅者の垂れ下がった半白の頭に飛び移り、それから、ぬれた馬の背中に止まって汗をなめた。

馬車はがけの頂上へさしかかった。馬は前方に現れた目隠しの中の道に従って柔順に曲がり始めた。しかし、その時、彼は自分の胴と、車体の幅とを考えることはできなかった。一つの車輪が道から外れた。突然、馬は車体に引かれて突き立った。瞬間、蝿は飛び上がった。と、車体と一緒にがけの下へ墜落していく放埒な馬の腹が目についた。そうして、人馬の悲鳴が高くひと声発せられると、河原の上では、押し重なった人と馬と板切れとの塊が、沈黙したまま動かなかった。が、目の大きな蝿は、今や完全に休まったその羽に力をこめて、ただひとり、悠々と青空の中を飛んで行った。

注意する読み方

宿場　しゅくば
厩　うまや
後肢　あとあし
馬糞　ばふん
奥歯　おくば
猫背　ねこせ
馭者　ぎょしゃ
場庭　ばにわ
早よ来る　はよくる
性急　せいきゅう
眉毛　まゆげ
桂馬　けいま
歩を打つ　ふをうつ
野末　のずえ
槽　かいおけ
春蚕　はるご
仲買　なかがい
札束　さつたば
床几　しょうぎ
簀の子　すのこ
潔癖　けっぺき
湯気　ゆげ
余肉　あまじし
小豆畑　あずきばたけ
亜麻畑　あまばたけ
饒舌　じょうぜつ
胃の腑　いのふ
断崖　だんがい
半白　はんぱく
放埒　ほうらつ
塊　かたまり

注　釈

宿場　江戸時代、宿駅の称。
場庭　宿場の前の広場のこと。
往還　街道。道路。
桂馬　将棋の駒の一種。
歩　将棋の駒の一種。
種れんげ　種をとるためのれんげ。
二間　一間は約1.8メートル。
春蚕　春飼う蚕。
八百円　この小説が発表された当時、はがきが一銭五厘、封書が三銭であった。
床几　ここでは横に長い木の腰掛けのこと。
簀の子　ここでは、細く切った竹や板を編んで、まんじゅうを蒸す蒸籠（せいろ）の中に敷くもの。
腹掛け　大きな物入れがついた、紺木綿の作業衣。
余肉　余分な肉。
目隠し　馬の注意をそらさないために用いる馬具。

解　題

大正12（1923）年、『文芸春秋』に発表された短篇小説である。街に住む息子から危篤の電報を受けた農婦、駆落ちの青年と娘、母親に手をひかれた男の子、成金の田舎紳士、かれらを乗せた乗合馬車は、猫背の馭者の鞭音とともに宿場を出発するが、崖の頂上にかかった時車輪が路から外れ、人馬もろとも谷底に転落していく。その一瞬の光景を一匹の蝿が眼中におさめる。このドラマの構成には映画のモンタージュの手法を思わせるものがあり、新感覚派の意匠と構図をいちはやくそなえた作品であると言われている。

研　究

一、登場人物の様子は、それぞれどのように描かれているか。場面の展開にしたがってまとめよ。
二、「九」の部分から、感覚的にすぐれていると思われる表現を抜き出してみよ。
三、猫背の馭者にとっての「だれも手をつけない蒸したてのまんじゅう」の象徴的意義は何か。考えてみよ。
四、「蝿」の役割について考察せよ。

作家紹介

横光利一（よこみつりいち）

1898（明治31）～1947（昭和22）。小説家。福島県生まれ。早稲田大学高等予科中退。中学校（旧制）時代から文学にめざめた。大正12（1923）年、「日輪」と「蝿」を同時に発表し新進作家の地歩をかためた。大正13（1924）年、川端康成、片岡鉄兵らと雑誌『文芸時代』を創刊し、新感覚派の文学運動に本格的にのりだす。創刊号にかかげられた「頭ならびに腹」の冒頭は現在もなお日本近代文学史に刻まれ、新感覚派の文体の典型とみなされている。既成文学に対決した横光はまた一方でプロレタリア文学ともするどく対峙した。その点でかれはモダニズム＝芸術派文学の先頭に立った。「ナポレオンと田虫」、「春は馬車に乗って」などが新感覚派時代の代表作である。昭和3年から同6年にかけて「旅愁」の先駆と言われる長篇大作「上海」を書きついだ。昭和5年に発表した「機械」は、感覚から心理へ移行する作風の変換点をしめし、小林秀雄の絶賛を受け、文壇全体に深い衝撃を与えた。昭和八、九年の文芸復興の声のなかで、雑誌『文学界』により、「紋章」その他の長篇を続々と書く一方、＜純文学にして通俗小説＞である＜純粋小説＞を提唱し論議を呼んだ。昭和12年から未完の長篇「旅愁」を書きはじめた。戦後、かれの晩年の文学者としての姿勢が戦争責任とのかかわりできびしい批判にさらされたが、現在、昭和期文学に果した役割が高く再評価されるにいたっている。

水

佐多稲子

幾代はそこにしゃがんでさっきから泣いていた。彼女がしゃがんでいるのは、上野駅ホームの駅員詰め所の横だった。だから幾代のしゃがんでいる前には、もう客を乗せて時刻を待っている列車の鋼鉄の壁面があった。正午を過ぎたばかりで、空にはうらうらとした春の日ざしがあったが、列車にさえぎられて、詰め所との間の狭い場所は陰になっていた。グリーンのセーターに灰色のスカートをはいて、その背をこごめ、幾代は自分のひざの上で泣いていた。ひざに載せたズックのかばんを両手にかかえ込んでその上で泣いていた。

すぐ頭の上の列車の窓から、けげんな顔で人ののぞくのも知っていたが、どうしても涙は止まらず、そこよりほかの場所に行きようもなかった。列車の窓の視線に、パーマネントの伸びたのを後ろでまるめただけの頭髪を見せて、しきりにガーゼのハンカチで涙をふいていた。

まだ二十歳にもならぬ若さだがあたりかまわず働いていることがひと目でわかるような小さな、こりんとした顔だ。それが泣きぬれていよいよたよりなく貧しげに見えた。この春の日なかに、駅のホームにしゃがんで泣いているということ自体、たよりなく貧しいことにちがいなかった。

ホームの上は、片方の線にも列車を待つ人の列があって、ほこりっぽい混雑を呈している。幾代のいる駅員詰め所ぎわのホームも先の方のせいでいくらかその混雑からはずれているが、しゃがんでいる彼女の前もときどき駆け抜けて行く人の足でざわついた。このほこりっぽい混雑の中で、幾代はまったく自分のひざの上のかばんを抱きしめているよりほかなかった。しっかりかばんを抱いているのは、彼女自身がたよりなくてつかまり場を欲しているからだった。が、彼女はそれをだれかに求めるように意識しているのではなかった。むしろ彼女は、この駅の雑踏の中で、自分ひとり打ちひしがれた悲哀にいることをそのまま受け入れて、ただ、とどめようもなくあふれ出る涙をあとからあとからふきながら、胸の中で母を呼んでいた。

幾代の働いている神田小川町の旅館に、彼女あての電報が届いたのはきのうの朝だった。幾代はこの旅館の台所で働いていたから、団体客の朝の食事が済んで下がってきた五十人分の食器を洗っていた。

ハハキトクスグカエレという電文を前にした時、幾代は初め、瞳孔の開いてゆくような不安な表情をした。

「こんな電報が来たんですけれども。」

主人の前へ出てそう言うと、主人は狡猾に目を働かせた。主人の疑いはおおぜいの使用人との関係で身についた警戒から出たものだったが、幾代あての電報がうそでないらしいとわかったあとも、不人情をことばの上で瞞着しながら、半ば威圧を加えてまざまざとふきげんになった。それはこの多忙な時期に、使用人を失いたくないという本心をさらすものだった。

「次の電報を待つんだね。ほんとうに危篤なら、今から帰ったって富山までじゃ、間にあやしないよ。」

「はい。」

そう答えるしかなかった幾代を、寸時も立ち止まらせるすきを与えず台所の仕事が追いかけた。

越中釜ケ淵の農家から幾代がこの神田小川町の旅館に働きに出たのは、一昨年の冬だった。主人が同郷の縁故で、この旅館に下働きに住み込んだ。

「おまえさんも足さえ悪くなきゃね。」

と、主人は幾代のからだを哀れむように見回した。

「はい。」

そういう時も幾代は優しい微笑を浮かべているだけだった。

幾代は左足が少し短かった。そのために近くの紡績会社を希望した時も採用にならなかった。が、この旅館に働きに出て、幾代は満足していた。下働きでも毎月、母親に送金できるだけの給料があったし、小額ながら貯金もしていた。

幾代は給料をためて、一度は母親を湯治に出したい、と思っていた。郷里の母親は、旅館の女主人と同年齢だというのが信じられないほどふけていた。幾代が中学生の時、入善の紡績工場に働いている姉からの送金で、母親は一度湯治に出かけた。湯治といいながら、大ぶろしきいっぱい、つくろいものの衣類を包み込んで持って出たが、たった四、五日の湯治から帰ってきた時は、見違えるほど、母親は若返っていた。腰も伸びて見えた。ふだんは、家の中でも腰を曲げた姿勢をしていた。幾代がまだ小さい時から母親はそんなふうに腰を曲げていた。それは年齢のせいというよりは、生活の習慣でそうなったというものだった。それが湯治から帰ってくると、ほおが光って、色が白くなっていた。

それ以来、母親の楽しい思い出話は湯治のことに決まってしまった。湯につかって、三年は確かに生き延びた、と言い、宿の広間にかかった旅回りのしばいを二晩続けて見たことも忘れられないらしい。ひとりでじいっと縫物をしている時なども、母親はひそかに思い出しているのかもしれなかった。そばで宿題をしている時、ふいにそれを話しかけられたりしたことで、幾代はそう思うのであった。

「ねえちゃが、工場で働いたお金、送ってくれたでえ。」

と、語尾にアクセントをつけて、必ずそれを言った。そういう時幾代は、自分も働けるようになったら、給料をためてこの母親を、今度は自分が湯治に出してやりたいと思った。

幾代が五歳の時に父親がなくなった。兄が十三歳、姉が十歳、末子だった幾代はまだ母といっしょの床に寝ていて、眠りながら、癖になってまだ母親の乳を探ることがあった。母親の乳ぶさは暖かくて柔らかだった。

ある夜、ふと、母親が泣いているような気がして目をさましたことがある。

「かあちゃ。」

そっと呼ぶと、しのび泣きは止まって返事もなかった。幾代は、暗闇の中でその時は母親の顔を探った。その手が母親の涙でぬれて、それは、父親のなくなったあとの苦労の悲しみなのだ、とはっきりわかった。あるいはその悲しみは、幾代のからだのことを案じてのものかもしれなかった。幾代は成長してからもそのことをときどき思い出した。

幾代の左足が短いことを母親はふびんがって、自分のせいのようにあやまることがあった。幾代が二歳の時、高熱が続いたのを抱いて、富山市の病院へも連れて行ったのだという。

「一か月も入院して、命のあったのが見つけものと言われた。なあん、片足が少々短うても、気にせんこっちゃ。」

小学生の時たんぼ道を帰ってくる途中で、男の子に、ちんば、ちんば、とはやしたてられたことがある。ちょうど行き会った母親がそれを聞きつけた。すると母親はいきなり大声にわめいて小石を投げた。幾代のほうが母親のけんまくを恥ずかしくなって先に走った。走ってゆく幾代の姿は、ぴょこん、ぴょこん、と左肩が下がっていた。

しかし幾代は明るいとはいえないにしろ、すなおな性質だった。旅館の台所で終日立ち働きながら、からだのひけめを見せなかった。どこかに負けん気を潜めていて、それがすなおさにもなり、からだのひけめを見せぬ働き者にするらしかった。この旅館に住み込んで一年と数か月で、料理方も主人も、幾代の働きぶりの誠実さを認めた。東京の他人の中に出て苦労するものと覚悟してきたから、幾代のほうでは自分が認められるのをしあわせに感じさえした。

「幾ちゃんはいいかみさんになるよ。」

ある時幾代は、料理人が女中たちをつかまえてそう言っているのを聞きつけた。そこまではよかった。料理人は幾代が聞いているのに気づかずに、幾代の足のことにふれ、ほめことばまでつけ足した。幾代はその時はくちびるをかんで涙を浮べた。彼女にはそんな評言は、自分の悲しみを潜めたからだの中までずけずけと踏み込まれるようにしか聞けなかった。

主人は、初め恩恵を施したつもりで幾代を雇ったが思わぬ拾いものをしたわけだった。幾代がこのころから、郷里の母親に東京見物をさせてやろう、と思いはじめたのも、主人からそう言われたからだった。主人は幾代に優しいことばをかける意味で、いなかのおっかさんに東京見物をさせておやりと言い、泊まるのはうちで泊めてやるよ、と言ったのだった。

そんなふうだったから、ハハキトクスグカエレの電報が来た時、幾代は、さっそく暇がとれるものと思っていた。自分の一大事は、主人もそのとおりに承知するものとしか考えなかった。それがそのとおりに運ばなかった。幾代は、そこに他人を感じ、夜ふけて床についてから、ひとりで泣いた。

ハハシンダ、カエルカ、と次の電報がけさ配達された。幾代は台所の板にへたっとすわると、

「ああ、かあちゃ。」

と、細い、しぼるような泣き声を上げて突っ伏した。

彼女はもう朝のやりかけの仕事をしなかった。泣きながら身まわりのものと貯金通帳をかばんに詰めると、河岸に出かけてるすの主人の帰りを待たずに、女主人だけにあいさつをして上野駅へ駆けつけた。幾代が出てくる時も、女主人は、夫のるすを口実に引き止めようとした。

「それに、もう死んじゃったんだろ。あんたが帰ったって、死んだも

のが生き返るわけでもないしねえ。」

幾代は固い顔をしてそれを聞いていた。聞いていたけれど、反応さえ見せなかった。ズックのかばんをかかえて旅館の台所口から出て歩き出す幾代は、いつもより腰の揺れが強かった。

母親が死んでしまう、という実感にそそられて、初めて幾代は、自分と母親のつながりの深さに気づいた。それは幾代にとって唯一の安心の場所がなくなることだった。幾代が自分のからだのひけめを感ぜずにすむのは、母親の前だけであったと気がつくからだった。幾代のからだの悲しさが、もし母親の言うように前世からの約束ごとならば、その罪は母親もいっしょにかぶるものだった。あるいは母親の罪のために幾代が悲しみを背負っているのかもしれなかった。幾代は母親の苦労を知っていたからそんなことを口に出しもしなかったけれど、兄や姉の前にさえ勝気にふるまう意識の操作を、母親に対してだけは感ぜずにすんだ。

その母親が死んでしまう。一刻も早く、母親の前に行って、母親といっしょに泣きたかった。母親はすでに死んでいるのかもしれない。が、幾代には母の姿は、もめんの薄い夜具の中に眠っている姿でしか想像できなかった。そこにまだ母親は存在しているはずだった。幾代はそんな母親を想像すると、今までの感情になかった性質の哀れみで、かわいそう、と切実に感じた。もう母親はすべてに対してすっかり無力になっているにちがいないからであった。しかもその哀れみの感情は、幾代自身にも及ぼして激しい悲哀がこみ上げていた。きのうの電報の時、主人に負けてしまった自分の弱さから、母親まで敗北の巻き添えにしたような口惜しさがあって、幾代の悲哀を深くしていた。

幾代はもう完全にひとりになるはずだった。ひとりになるということは、彼女のからだの悲しみの重さを、ひとりで背負ってゆくことだった。ホームの混雑は幾代をひとり疎外しておのおのの行くえに気負いたっていた。幾代のほうでも、その騒がしさは無関係だった。

幾代の乗るはずの列車がホームにはいるまでまだ一時間待たねばならなかった。彼女がしゃがんでいる前の列車は、いよいよ発車するらしかった。合図のベルがホームに流れた。それをしおに、幾代はかばんをかかえ腰を立てて立ち上がった。泣き続けた彼女の小さな顔は、色白の皮膚をさらしたように赤味を消して、まぶたがたれ、細い目がいよいよ細くなっていた。

幾代は動き出した列車と反対の方向に、重い足で歩き出した。彼女の肩が歩調にともなって、ゆっくり揺れた。彼女はその時、列車の窓の視線に自分をあからさまにしたわけだった。

駅員詰め所の建物の先に水道があった。水道の蛇口はさっきから水を出しっ放しであった。駅員がやかんに水をくんでそのままくるりとからだを回して元気に行ってしまってからあと、水は当てなしに流れ続けていた。そのそばを通って行く者も多かったが、だれひとり蛇口のせんを締めなかった。

幾代は、悲しみを運んでそこまで歩いて来た。顔を上げているので、まぶたをあふれた涙がほおに筋を引いた。が、幾代は、水道のそばを通り抜けぎわに、蛇口のせんを締めた。音を立てて落ちていた水が止まった。が、幾代は自分のその動作に気づいてはいないらしかった。それは無意識に行なわれただけだった。列車は音をたてて出て行き、明るくなったあとに町のながめが広がった。が、幾代は、再びもとの場所にもどってしゃがみ込むと、今までと同じように泣き続けた。その場所に、さえぎるものがなくなって春の日が当たった。

注意する読み方

幾代　いくよ
詰め所　つめしょ
雑踏　ざっとう
神田小川町　かんだおがわまち
ハハキトクスグカエレ　母危篤すぐ帰れ
瞳孔　どうこう
狡猾　こうかつ
不人情　ふにんじょう
瞞着　まんちゃく
富山　とやま
釜ケ淵　かまがふち
越中　えっちゅう
入善　にゅうぜん
湯治　とうじ

暗闇　くらやみ　　　勝気　かちき
河岸　かし　　　蛇口　じゃぐち

注 釈

神田小川町　東京都千代田区にある町。
上野駅　東北・常磐・信越方面への列車の発着駅、東京都台東区にある。
ズックのかばん　麻やもめんの系で織った厚地の布でつくったかばん。
越中釜ケ淵　富山県下新川（しもにいかわ）の旧釜ケ淵村で、現在は立山（たてやま）町。「越中」は富山県の旧国名。
湯治　温泉に入って療養すること。
入善　富山県下新川郡入善町。

解 題

体の不自由な娘・幾代が母の危篤と死の電報をうけとり、上野駅から郷里へ帰ろうとするところを描いている。汽車を待ちながらホームにしゃがんで泣いている幾代によみがえってくるのは、貧窮を生きぬき、死んでいった母のことである。娘の哀切な思いをとおして母親の姿が衷切に浮き彫りにされている。抑制の利いた文体が純粋な抒情を含んだ独自なリアリズムを構成している。佐多稲子の文学の特徴をよく伝えている作品であろう。1962（昭和37）年に発表されている。

研 究

一、この作品を、筋の運びに沿い、場合と時とによっていくつかの部分に分けてその構成を考えてみよ。
二、幾代の母に対する心情をまとめてみよ。
三、旅館の主人・女主人に対する幾代の態度の変化から、彼女の心理の動きを考察せよ。
四、最後の部分に、幾代が水道の水を止めるところがあるが、作者の意図はどこにあるのか。説明せよ。
五、次の問いに答えよ。
　1. 文中の母の湯治の話はこの作品の中でどういう効果を挙げていると思う

か。考察せよ。

2. 文中に「母親まで敗北の巻き添えにしたような口惜しさ」とあるが、どういう事情によるものなのか。考察せよ。

作家紹介

佐多稲子（さたいねこ）

1904（明治37）～1998（平成10）。小説家。長崎市生まれ。小学校中退。没落して東京に出た一家の中で育つ。貧窮のどん底にあって、キャラメル工場をはじめ各種の職場を転々として働いた。カフェー「紅緑」の女給であった22歳のとき、雑誌『驢馬』グループの青年たちと出会ったことが佐多の人生を変えた。中野重治、窪川鶴次郎、堀辰雄らである。中野、窪川らが左翼運動に入っていくのにつれて、彼女にも思想の進展がはじまり、昭和3年、「キャラメル工場」を書いた。以後、新進作家として宮本百合子などとプロレタリア文学運動に参加し活動していく。9年に転向。この頃から夫・窪川鶴次郎との夫婦関係が破綻し、転向時代の重苦しい空気のなかで佐多の苦悩も深まった。窪川とは離婚に至るが、その亀裂のいきさつは「くれない」に詳しい。第二次大戦後は婦人民主クラブの創立に参加、政治運動に復帰し、また「版画」、「東京地図」などをはじめ活発な創作活動を開始した。38年、短篇集「女の宿」で女流文学賞。47年、「樹影」で野間文芸賞。戦後の彼女の歩みには戦後運動の曲折が投影されてもいる。他に長篇小説「渓流」があげられる。

屋根の上のサワン

井伏鱒二

おそらく気まぐれな狩猟家かいたずら好きな鉄砲撃ちかがねらい撃ちにしたものに違いありません。私は沼池の岸で一羽のがんが苦しんでいるのを見つけました。がんはその左の翼を自らの血潮でうるおし、満足な右の翼だけむなしく羽ばたきさせて、水草の密生した湿地で悲鳴をあげていたのです。

私は足音を忍ばせながら傷ついたがんに近づいて、それを両手に拾いあげました。そこで、この一羽の渡り鳥の羽毛や体の温かみは私の両手に伝わり、この鳥の意外に重たい目方は、そのときの私の思い屈した心を慰めてくれました。私はどうしてもこの鳥を丈夫にしてやろうと決心して、それを両手に抱えて家に持って帰りました。そして部屋の雨戸を閉めきって、五燭の電灯の下でこの鳥の傷の治療にとりかかったのでありました。

けれどがんという鳥は、ほの暗い所でも目が見えるらしく、洗面器の石炭酸やヨードホルムの瓶を足げにして、私の手術しようとする邪魔をします。そこで少しばかり手荒ではありましたが私は彼の両脚を糸で縛り、暴れる彼の右の翼をその胴体に押し付け、そうして細長い彼の首を

私のまたの間に挟んで、

「じっとしていろ！」

としかりつけました。

ところが彼は私の親切を極端に誤解して、私の治療が終わってしまうまで、私のまたの間からは、あの秋の夜更けに空を渡るがんの声がしきりに聞こえたのです。

治療が終わってからも、私は傷口の出血が止まるまで彼を縛ったままにしておきました。さもなければ彼は部屋の中を暴れ回って、傷口にちりが入るおそれがあったからです。

私は治療の結果が心配でした。手術の器械など私は持っていないので、鉛筆削りの小刀でもって、彼の翼から四発の散弾をほじくり出し、その傷口を石炭酸で洗って、ヨードホルムをふりかけておいたのです。六発の散弾が翼の肉の裏側から入り込んで、そのうちの二発は肉を裏から表に突き抜けていました。たぶんこの鳥をねらい撃ちにした男は、がんが空に舞いあがったところを見て、銃の引き金を引いたのでしょう。そして弾に当たったがんは、空から斜めに落ちてきて、負傷のいたでが治るまで水草の中で休んでいるつもりでいたのでしょう。ちょうどそこへ私が通りかかったわけで、そのとき私は、言葉に言い現せないほど屈託した気持ちで沼池の岸を散歩していたのです。

私は、縛ったままのがんを部屋の中に置き去りにして、隣の部屋で石炭酸のにおいのする手を洗ったり、がんに与えるえさを作ったりしていました。けれど私自身はたいへん疲れてしまっているのに気がついて、私は火鉢にもたれて眠ることにしました。こういう眠りというものはしばしば意外に長い居眠りとなってしまうものです。そして夜更けになってからでなくては、目が覚めないというようなことがあります。

私は真夜中ごろになって目が覚めました。けたたましいがんの鳴き声によって目を覚ましたのです。隣の部屋で傷ついたがんは甲高くかつ短く三度ほど鳴きました。足音を忍ばせてふすまの隙間からのぞいて見ると、がんは脚や翼を縛られたまま、五燭の電灯のほうに首をさし伸べて、もう一度鳴いてみたいような様子をしていました。おそらくこの負傷した渡り鳥は、電灯の明かりを夜更けの月と見違えたのでしょう。

がんの傷がすっかり治ると、私はこの鳥の両方の翼を羽だけ短く切って、庭で放し飼いにすることにしました。この鳥は非常に人なつこい鳥らしく、私が外出するときには門のところまで私の後をつけて来たり、夜更けになると家のまわりを歩き回ったりして、あたかも飼い犬がその飼い主に仕えるのと少しも変わりませんでした。私はこの鳥にサワンという名前をつけ、野道や沼池への散歩に連れて出かけたりしたのです。

「サワン！サワン！」

サワンは眠そうな足どりで私の後について来ます。

沼池は、既に初夏の装いをしていました。その岸には私の背丈とほとんど同じ高さに細い茎の青草が茂り、水面には多くの水草の広い葉や純白の花が成育していました。サワンはどうやらこの沼池を好んだらしいのです。彼は水に滑り込むと、短い翼で羽ばたきしたり尾を振ったりして、彼がこの水浴に飽きてしまわなければ、私がいくら呼んでも水から上がって来ませんでした。そういうとき、私は草むらに寝ころんで常に私自身の考えにふけるのがならわしでありました。なるほど私はサワンの水浴を見守るために沼池へ出かけたのではなく、私の屈託した思想を追い払うために散歩に出かけたのです。

サワンは水面に浮かぶことを好んだのみでなく、水に潜ることをも好みました。時としては水中に潜んでいることさえもありました。しかし幸いにしてこの沼池の水はよく澄んでいたので、私はサワンが水中でえさをあさったりしている姿を見ることができました。

がんという鳥は、元来、昼間の光線や太陽熱を好まないものらしいのです。私がサワンをうっちゃっておくときには、彼は終日、廊下の下にうずくまって昼寝ばかりする習性でした。けれど夜は（私は庭の木戸を閉じて彼が逃亡しない仕掛けにしておいたのですが）サワンは垣根を破ろうとしたり木戸を跳び越えようとしたりして、なかなか元気盛んでした。

やがて夏が過ぎ、秋になって、ある日のことです。それは木枯らしの激しく吹き去った夜更けのことでした。私は寝間着の上にどてらをはおって、その日の午後に洗濯して乾ききらなかった足袋をよく乾かそうとして、火鉢の炭火で足袋をあぶっていました。こんな場合にはだれしも自分自身だけの考えにふけったり、懐手をしたりして、明日の朝は早く起きてやろうなぞと考えがちなものです。そうして炭火であぶっている足袋が焦げくさくなっているのに気がつかないことさえあります……そのとき私は、サワンの甲高い鳴き声を聞きました。その鳴き声は夜更けの静けさを物々しい騒がしさに転じさせ、たしかに戸外では、なにかサワンの神経を興奮させる事件が起こったものに違いありません。

私は窓を開いてみました。

「サワン！大きな声で鳴くな。」

けれどサワンの悲鳴はやみませんでした。窓の外の木立はまだこずえにそれぞれ雨滴をためて、幹に手を触れれば幾百もの露が一時に降り注いだでありましょう。けれど、既によく晴れ渡った月夜でありました。

私は窓を越えて外に出てみました。するとサワンは、私の家の屋根の頂上に立って、その長い首を空に高くさし伸べ、彼としてはできるかぎり大きな声で鳴いていたのです。彼が首をさし伸ばしている方角の空には、月が——夜更けになってのぼる月のならわしとして、赤く汚れたいびつな月が光っていました。そうして月の左側から右側の方向に向かって、夜空に高く三羽のがんが飛び去っているところでした。私は気がつきました。この三羽のがんとサワンは、空の高いところと屋根の上とで、互いに声に力をこめて鳴き交わしていたのであります。サワンが例えば声を三つに切って鳴くと、三羽のがんのいずれかが声を三つに切って鳴き、彼らは何かを話し合っていたのに違いありません。察するところ、サワンは三羽の僚友たちに向かって、

「私をいっしょに連れて行ってくれ！」

と叫んでいたのでありましょう。

私はサワンが逃げ出すのを心配して、彼の鳴き声に言葉をさしはさみました。

「サワン！屋根から降りて来い！」

サワンの態度はいつもと違って、彼は私の言いつけを無視して三羽のがんに鳴きすがるばかりです。私は口笛を吹いて呼んでみたり両手で手招きしたりしていましたが、ついたまらなくなって、棒ぎれで庭木の枝をたたいてどならなければならなくなりました。

「サワン！おまえ、そんな高い所へ登って、危険だよ。早く降りて来い。こら、おまえどうしても降りて来ないのか！」

けれどサワンは、三羽の僚友たちの姿と鳴き声とが全く消え去ってしまうまでは、屋根の頂上から降りようとはしなかったのです。もしこのときのサワンのありさまを眺める人があるならば、おそらく次のような場面を心に描くことができるでしょう——遠い離れ島に漂流した老人の哲学者が、十年ぶりにようやく沖を通りすがった船を見つけたときのありさま——を人々は屋根の上のサワンの姿に見ることができたでしょう。

サワンが再び屋根などに跳び上がらないようにするためには、彼の脚をひもで結んでひもの一端を柱にくくり付けておかなければならないはずです。けれど私はそういう手荒らなことを遠慮しました。彼に対する私の愛着を裏切って、彼が遠い所に逃げ去ろうとはまるで信じられなかったからです。私は彼の羽を、それ以上に短くすれば傷つくほど彼の翼の羽を短く切っていたのです、あまり彼を苛酷に取り扱うことを私は好みませんでした。

ただ私は翌日になってから、サワンをしかりつけただけでした。

「サワン！おまえ、逃げたりなんかしないだろうな。そんな薄情なことはよしてくれ。」

私はサワンに、彼が三日かかっても食べきれないほど多量なえさを与えました。

サワンは屋根に登って必ず甲高い声で鳴く習慣を覚えました。それは月の明るい夜にかぎって、そして夜更けにかぎられていました。そういうときに、私は机にひじをついたまま、または夜更けの寝床の中で、サワンの鳴き声に答えるところの夜空を行くがんの声に耳を傾けるのでありました。その声というのは、よほど注意しなければ聞くことができないほど、そんなにかすかながんの遠音です。それは聞きようによっては、夜更けそれ自体が孤独のためにうち負かされてもらすため息かとも思われて、もしそうだとすればサワンは夜更けのため息と話をしていたわけでありましょう。

その夜は、サワンがいつもより更に甲高く鳴きました。ほとんど号泣に近かったくらいです。けれど私は、彼が屋根に登ったときにかぎって私の言いつけを守らないことを知っていたので、外に出てみようとはしませんでした。机の前に座ってみたり、早く彼の鳴き声がやんでくれればいいと願ったり、明日からは彼の羽を切らないことにして出発の自由を与えてやらなくてはなるまいなどと考えたりしていたのです。そうして私は寝床に入ってからも、例えばものすごい風雨の音を聞くまいとする幼児が眠るときのように、布団を額のところまでかぶって眠ろうと努力しました。それ故サワンの号泣はもはや聞こえなくなりましたが、サワンが屋根の頂上に立って空を仰いで鳴いている姿は、私の心の中から消え去りはしなかったのです。そこで私の想像の中に現れたサワンも甲高く鳴き叫んで、実際に私を困らせてしまったのであります。

私は決心しました。明日の朝になったらサワンの翼に羽の早く生じる薬品を塗ってやろう。新鮮な羽は、彼の好みのままの空高くへ彼を飛翔させるでしょう。万一にも私に古風な趣味があるならば、彼の脚にブリキぎれの指輪をはめてやってもいい。そのブリキぎれには「サワンよ、月明の空を、高く楽しく飛べよ」という文字を小刀で彫りつけてもいい。

翌日、私はサワンの姿が見えないのに気がつきました。

「サワン、出て来い！」

私はろうばいしました。廊下の下にも屋根の上にも、どこにもいないのです。そしてトタンのひさしの上には、一本の胸毛が、明らかにサワンの胸毛であったのですが、トタンの継ぎ目にささって朝の微風にそよいでいます。私は急いで沼池へも行ってみました。

そこにもサワンはいないらしい気配でした。岸に生えている背の高い草は、その茎の先端に既に穂状花序の実をつけて、私の肩や帽子に、綿毛の種子が散り注いだのであります。

「サワン、サワンはいないか。いるならば、出て来てくれ！どうか頼む、出て来い！」

水底に植物の朽ちた葉が沈んでいて、サワンはけっしてここにもいないことが判明しました。おそらく彼は、彼の僚友たちの翼に抱えられて、彼の季節向きの旅行に出て行ってしまったのでありましょう。

注意する読み方

狩猟家　しゅりょうか
五燭　ごしょく
石炭酸　せきたんさん
引き金　ひきがね
甲高く　かんだかく
隙間　すきま
野道　のみち
沼池　ぬまち
垣根　かきね
木枯らし　こがらし
寝間着　ねまき
足袋　たび
木立　こだち
手荒ら　てあら
苛酷　かこく
号泣　ごうきゅう
飛翔　ひしょう
文字　もんじ
胸毛　むなげ
穂状花序　すいじょうかじょ
綿毛　わたげ

注　釈

サワン「私」がつけた鳥の名前。

五燭　燭は光度の単位。
石炭酸　特臭ある無色の針状結晶。防腐剤、または消毒剤として使用。
ヨードホルム　黄色の結晶性粉末。防腐剤、または殺菌剤として使用。
散弾　多数の細かい弾があられのように発射される仕掛けの弾丸。
木戸　庭や通路の出入口などの屋根のない開き戸。
沖　岸から遠い海上。
穂状花序　長い一本の花軸上に、小さい茎のない花や実がたくさんつく並び方。

解　題

昭和4（1929）年に雑誌『文学』に発表されたもので、のち短篇集『夜ふけと梅の花』（1930）に収録された。一羽の傷ついた渡り鳥・がんと＜私＞の心の交渉を描いたもので、その交渉に託し表出されているのは、＜私＞の中にある＜言葉に言い現せないほど屈託した気持ち＞の位相そのものであると言えよう。サワンと名付けたその鳥はやがて姿を消してしまうが、それはまた＜私＞の＜屈託した気持ち＞からの脱出願望を象徴していて、哀切なその希求の形をあざやかに示すものとなっている。ユーモアにくまどられた文体において井伏鱒二は屈託した近代的意識の願望の原型をとらえようとしている。「山椒魚」とならぶ秀抜の短篇であろう。

研　究

一、「私」はどのような気持ちから、傷ついたがんを助けたのか。
二、次の問いに答えよ。
　1.「ところが彼は私の親切を極端に誤解して、」とあるが、どう誤解したというのか。
　2.「サワン！大きな声で鳴くな。」と「私」がしかったのはどうしてか。
三、「サワンは夜更けのため息と話をしていたわけでありましょう。」という表現に託された「私」の心情について考えてみよ。
四、「出発の自由を考えてやらなくてはなるまい」と思っていた「私」が、サワンの姿が見えないことにろうばいしたのはどうしてか。説明せよ。
五、この作品の主題は何か。話しあってみよ。

作家紹介

井伏鱒二（いぶせますじ）

1898（明治31）～　1993（平成5）。小説家。広島県生まれ。早稲田大学仏文学科中退。昭和4（1929）年、雑誌『文芸首都』に「山椒魚」を発表する。処女作とされる。いわゆる新興芸術派と呼ばれる新進作家たちのプルーブにあって、個性的で独自な芸術領域を開拓・完成していった。昭和12（1937）年、長篇小説「ジョン万次郎漂流記」によって第六回直木賞を受ける。昭和14（1939）年、「多甚古村」を出す。戦後は「貸間あり」以下旺盛に執筆活動を展開した。昭和23年、『井伏鱒二選集』（筑摩書房）の後記を書いていた太宰治が自殺し衝撃を受ける。昭和25年「本日休診」で第一回読売文学賞。同31年、「漂民宇三郎」で芸術院賞。32年「駅前旅館」、41年「黒い雨」で19回野間文芸賞、文化勲章。かれの作風は平明さのなかに人生の機微を巧みにとらえる点で比類をみない。漂流もの、市井ものを問わず、人間の生の基本構造を凝視し、その洞察をあたたかなユーモアによって抱括し、寓話的手法を通して構築していく文体は、近代文学に新鮮な可能性を開拓することになった。なお近年、名作「山椒魚」の全集再録にあたって、この短篇の結末部を削除することを言明し、賛否両論をひろくまきおこした。晩年にいたってもなお自作の思想的芸術的完成を求める姿勢の一端を示したものと言えよう。

清貧譚

太宰治

以下に記すのは、かの『聊斎志異』の中の一篇である。原文は、千八百三十四字、これを私たちのふつう用いている四百字詰めの原稿用紙に書き写しても、わずかに四枚半くらいの、ごく短い小片にすぎないのであるが、読んでいるうちにさまざまの空想が湧いて出て、優に三十枚前後の好短篇を読了した時と同じくらいの満酌の感を覚えるのである。私は、この四枚半の小片にまつわる私のさまざまの空想を、そのまま書いてみたいのである。このような仕草が果たして創作の本道かどうか、それには議論もあることであろうが、『聊斎志異』の中の物語は、文学の古典というよりは、故土の口碑に近いものだと私は思っているので、その古い物語を骨子として、二十世紀の日本の作家が、不逞の空想を按配し、かねて自己の感懐を託しもって創作なりと読者にすすめても、あながち深い罪にはなるまいと考えられる。私の新体制も、ロマンチシズムの発掘以外にはないようだ。

むかし江戸、向島あたりに馬山才之助という、つまらない名前の男が住んでいた。ひどく貧乏である。三十二歳、独身である。菊の花が好きであった。佳い菊の苗が、どこかにあると聞けば、どのような無理算段をしても、必ずこれを買い求めた。千里をはばからず、と記されてあるから相当のものであることがわかる。初秋のころ、伊豆の沼津あたりに佳い苗があるということを聞いて、たちまち旅装をととのえ、顔色を変えて発足した。箱根の山を越え、沼津に至り、四方八方探しまわり、やっと一つ、二つのみごとな苗を手に入れることができ、そいつを宝物のように大事に油紙に包んで、にやりと笑って帰途についた。ふたたび箱根の山を越え、小田原の町が眼下に展開してきたころに、ぱかぱかと背後に馬蹄の音が開こえた。ゆるい足並みで、その馬蹄の音が、いつまでも自分と同じ間隔を保ったままで、それ以上近く迫るでもなし、また遠のきもせず、変わらずぱかぱかついて来る。才之助は、菊の良種を得たことで、有頂天なのだから、そんな馬の足音なぞは気にしない。けれども、小田原を過ぎ二里行き、三里行き、四里行っても、相変わらず同じ間隔で、ぱかぱかと馬蹄の音がついて来る。才之助もはじめて少し変だと気がついて、振りかえって見ると、美しい少年が奇妙に痩せた馬に乗り、自分から十間と離れていないところを歩いている。才之助の顔を見て、にっと笑ったようである。知らぬふりをしているのも悪いと思って、才之助も、ちょっと立ちどまって笑い返した。少年は、近寄って馬から下り、

「いいお天気ですね。」と言った。

「いいお天気です。」才之助も賛成した。

少年は馬をひいて、そろそろ歩き出した。才之助も、少年と肩を並べて歩いた。よく見ると少年は、武家の育ちでもないようであるが、それでも人品は、どこやら典雅で服装もこざっぱりしている。物腰が、鷹揚である。

「江戸へ、おいでになりますか。」と、ひどくなれなれしい口調で問いかけてくるので、才之助もそれにつられて気をゆるし、

「はい、江戸へ帰ります。」

「江戸のおかたですね。どちらからのお帰りですか。」旅の話は、きまっている。それからそれと問い答え、ついに才之助は、こんどの旅行

の目的全部を語って聞かせた。少年は急に目を輝かせて、

「そうですか。菊がお好きとは、たのもしいことです。菊については、私にも、いささか心得があります。菊は苗の良し悪しよりも、手当ての仕方ですよ。」と言って、自分の栽培の仕方を少し語った。菊気違いの才之助は、たちまち熱中して、

「そうですかね。私は、やっぱり苗が良くなくちゃいけないと思っているんですが。たとえば、ですね、——。」と、かねて抱懐している該博なる菊の知識を披露しはじめた。少年は、あらわに反対はしなかったが、でも、時々さしはさむ簡単な疑問のつぶやきの底には、並々ならぬ深い経験が感取せられるので、才之助は、躍起になって言えば言うほど、自信を失い、はては泣き声になり、

「もう、私は何も言いません。理論なんて、ばからしいですよ。実際、私の家の菊の苗を、お見せするよりほかはありません。」

「それは、そうです。」少年は落ちついてうなずいた。才之助は、やり切れない思いである。なんとかして、この少年に、自分の庭の菊を見せてやって、あっと言わせてやりたく、むずむず身悶えしていた。

「それじゃ、どうです。」才之助は、もはや思慮分別を失っていた。「これから、まっすぐに、江戸の私の家まで一緒にいらしてくださいませんか。ひとめでいいから、私の菊を見てもらいたいものです。ぜひ、そうしていただきたい。」

少年は笑って、

「私たちは、そんなのんきな身分ではありません。これから江戸へ出て、つとめ口を探さなければいけません。」

「そんなことは、なんでもない。」才之助は、すでに騎虎の勢いである。「まず私の家へいらして、ゆっくり休んで、それからお探しになったっておそくはない。とにかく私の家の菊を、いちどご覧にならなくちゃいけません。」

「これは、たいへんなことになりました。」少年も、もはや笑わず、まじめな顔をして考え込んだ。しばらく黙って歩いてから、ふっと顔

を挙げ、「実は、私たち沼津の者で、私の名前は、陶本三郎と申しますが、早くから父母を失い、姉と二人きりで暮らしていました。このごろになって急に姉が、沼津をいやがりまして、どうしても江戸へ出たいと言いますので、私たちは身のまわりのものをいっさい整理して、ただいま江戸へ上る途中なのです。江戸へ出たところで、なんの目当てもございませんし、思えば心細い旅なのです。のんきに菊の花など議論している場合じゃなかったのでした。私も菊の花は、いやでないものですから、つい、余計のおしゃべりをしてしまいました。もう、よしましょう。どうか、あなたも忘れてください。これで、おわかれいたします。考えてみると、今の私たちは、菊の花どころではなかったのです。」と淋しそうな口調で言って目礼し、傍らの馬に乗ろうとしたが、才之助は固く少年の袖をとらえて、

「待ちたまえ。そんなことなら、なおさら私の家へ来てもらわなくちゃいかん。くよくよしたもうな。私だって、ひどく貧乏だが、君たちを世話することぐらいはできるつもりです。まあ、いいから私に任せてください。姉さんも一緒だとおっしゃったが、どこにいるんです。」

見渡すと、先刻は気づかなかったが、痩馬の陰に、ちらと赤い旅装の娘のいるのが、わかった。才之助は顔を赤らめた。

才之助の熱心な申し入れを拒否しかねて、姉と弟は、とうとうかれの向島の陋屋にひとまず世話になることになった。来てみると、才之助の家は、かれの話以上に貧しく荒れはてているので、姉弟は、互いに顔を見合わせてため息をついた。才之助は、いっこう平気で、旅装もほどかず何よりも先に、自分の菊畑に案内し、いろいろ自慢して、それから菊畑の中の納屋を姉弟たちの当分の住居として指定してやったのである。かれの寝起きしている母屋は汚くて、それこそ足の踏み場もないほど頽廃していて、むしろこの納屋のほうが、ずっと住みよいくらいなのである。

「姉さん、こりゃあいけない。とんだ人のところに世話になっちゃったね。」陶本の弟は、その納屋で旅装を解きながら、姉に小声で囁い

た。

「ええ、」姉は微笑して、「でも、のんきでかえっていいわ。庭も広いようだし、これからおまえが、せいぜい佳い菊を植えてあげて、御恩報じをしたらいいのよ。」

「おやおや、姉さんは、こんなところに、ずっと永く居るつもりなのですか？」

「そうよ。私は、ここが気に入ったわ。」と言って顔を赤くした。姉は、二十歳くらいで、色が溶けるほど白く、姿もすらりとしていた。

その翌朝、才之助と陶本の弟とは、もう議論をはじめていた。姉弟たちがかわるがわる乗って、ここまで連れて来たあの老いた痩馬がいなくなっているのである。ゆうべたしかに菊畑の隅に、つないで置いたはずなのに、けさ、才之助が起きて、まず菊の様子を見に畑へ出たら、馬はいない。しかも、畑を大いに走り回ったらしく、菊は食い荒らされ、痛めつけられ、さんざんである。才之助は仰天して、納屋の戸を叩いた。弟が、すぐに出て来た。

「どうなさいました。何かご用ですか。」

「見てください。あなたたちの痩馬が、私の畑を滅茶滅茶にしてしまいました。私は、死にたいくらいです。」

「なるほど。」少年は、落ちついていた。「それで？馬は、どうしました。」

「馬なんか、どうだっていい。逃げちゃったんでしょう。」

「それは惜しい。」

「何を、おっしゃる。あんな痩馬。」

「痩馬とは、ひどい。あれは、利巧な馬です。すぐさま探しに行って来ましょう。こんな菊畑なんか、どうでもいい。」

「なんですって？」才之助は、あおくなって叫んだ。「君は、私の菊畑を侮蔑するのですか？」

姉が、納屋から、幽かに笑いながら出て来た。

「三郎や、あやまりなさい。あんな痩馬は、惜しくありません。私が、逃がしてやったのです。それよりも、この荒らされた菊畑を、すぐに手入れしておあげなさいよ。御恩報じの、いい機会じゃないの。」

「なあんだ。」三郎は、深いため息をついて、小声でつぶやいた。「そんなつもりだったのかい。」

弟は、渋々、菊畑の手入れに取りかかった。見ていると、葉を食いちぎられ、打ち倒され、もはや枯死しかけている菊も、三郎の手によって植え直されると、さっと生気を恢復し、茎はたっぷりと水分を含み、花の蕾は重く柔らかに、しおれた葉さえ徐々にその静脈に波打たせて伸び腰する。才之助は、ひそかに舌をまいた。けれども、かれとても菊作りの志士である。プライドがあるのだ。どてらの襟を掻き合わせ、努めて冷然と、

「まあ、いいようにしておいてください。」と言い放って母屋へ引き上げ蒲団をかぶって寝てしまったが、すぐに起き上がり、雨戸の隙間から、そっと畑をのぞいてみた。菊は、やはり凛乎と生き返っていた。

その夜、陶本三郎が、笑いながら母屋へやって来て、

「どうも、けさほどは失礼いたしました。ところで、どうです。今も姉と話し合ったことでしたが、お見受けしたところ、失礼ながら、あまり楽なお暮らしでもないようですし、私に半分でも畑をお貸しくだされば、いい菊を作って差し上げましょうから、それを浅草あたりへ持ち出してお売りになったら、よろしいではありませんか。ひとつ、大いに佳い菊を作って差し上げたいと思います。」

才之助は、けさは少なからず、菊作りとしての自尊心を傷つけられていることとて、不機嫌であった。

「お断り申す。君も、卑劣な男だねえ。」と、ここぞとばかり口をゆがめて軽蔑した。「私は、君を、風流な高士だとばかり思っていたが、いや、これは案外だ。おのれの愛する花を売って米塩の資を得るなどとは、もってのほかです。菊を凌辱するとは、このことです。おのれの高い趣味を、金銭に換えるなぞとは、ああ、けがらわしい、お断り申す。」と、まるで、さむらいのような口調で言った。

三郎も、むっとした様子で語調を変えて、

「天からもらった自分の実力で米塩の資を得ることは、必ずしも富をむさぼる悪業ではないと思います。俗といって軽蔑するのは、間違いです。お坊ちゃんの言うことです。いい気なものです。人は、むやみに金を欲しがってもいけないが、けれども、やたらに貧乏を誇るのも、いやみなことです。」

「私は、いつ貧乏を誇りました。私には、祖先からの多少の遺産もあるのです。自分ひとりの生活には、それで充分なのです。これ以上の富は望みません。よけいな、おせっかいは、やめてください。」

またもや、議論になってしまった。

「それは、狷介というものです。」

「狷介、けっこうです。お坊ちゃんでも、かまいません。私は、私の菊と喜怒哀楽を共にして生きてゆくだけです。」

「それは、わかりました。」三郎は、苦笑してうなずいた。「ところで、どうでしょう。あの納屋の裏のほうに、十坪ばかりの空き地がありますが、あれだけでも、私たちに、しばらく拝借ねがえないでしょうか。」

「私は物惜しみをする男ではありません。納屋の裏の空き地だけでは不足でしょう。私の菊畑の半分は、まだ何も植えていませんから、その半分もお貸しいたしましょう。ご自由にお使いください。なお断っておきますが、私は、菊を作って売ろうなどという下心のある人たちとは、おつきあいいたしかねますから、きょうからは、他人と思っていただきます。」

「承知いたしました。」三郎は大いに閉口のようすである。「お言葉に甘えて、それでは畑も半分だけお借りしましょう。なお、あの納屋の裏に、菊の屑の苗がたくさん捨てられてありますけれど、あれも頂戴いたします。」

「そんなつまらぬことを、いちいちおっしゃらなくてもよろしい。」

不和のままで、わかれた。そのあくる日、才之助は、さっさと畑を二つにわけて、その境界に高い生け垣を作り、お互いに見えないようにしてしまった。両家は、絶交したのである。

やがて、秋たけなわのころ、才之助の畑の菊も、すべてみごとな花を開いたが、どうも、お隣の畑のほうが気になって、ある日、そっとのぞいてみると、驚いた。今まで見たこともないような大きな花が畑いちめんに、咲きそろっている。納屋もこぎれいに修理されていて、さも居心地よさそうなしゃれた構えの家になっている。才之助は、心中おだやかでなかった。菊の花は、あきらかに才之助の負けである。しかも瀟洒な家さえ建てている。きっと菊を売って、大いにお金をもうけたのにちがいない。けしからぬ。こらしめてやろうと、義憤やら嫉妬やら、さまざまの感情が怪しくごたごた胸をゆすぶり、いたたまらなくなって、ついに生け垣を乗り越え、お隣の庭に闖入してしまったのである。花一つ一つを、見れば見るほどよくできている。花弁の肉も厚く、力強く伸び、精いっぱいに開いて、花輪は、ぷりぷり震えているほどで、いのち限りに咲いているのだ。なお注意して見ると、それはみな、自分が納屋の裏に捨てた、あの屑の苗から咲いた花なのである。

「ううむ。」と思わず唸ってしまった時、

「いらっしゃい。お待ちしていました。」と背後から声をかけられ、へどもどして振り向くと、陶本の弟が、にこにこ笑いながら立っている。

「負けました。」才之助は、やけくそに似た大きい声で言った。「私は潔い男ですからね、負けた時には、はっきり、負けたと申し上げます。どうか、君の弟子にしてください。これまでの行きがかりは、さらりと、」と言って自分の胸を撫で下ろして見せて、「さらりと水に流すことにいたしましょう。けれども、——。」

「いや、そのさきは、おっしゃらないでください。私は、あなたのような潔癖の精神は持っていませんので、ご推察のとおり、菊を少しずつ売っております。けれども、どうか軽蔑なさらないでください。姉も、いつもそのことを気にかけております。私たちだって、精いっぱいなのです。私たちには、あなたのように、父祖の遺産というものもございませんし、ほんとうに、菊でも売らなければ、のたれ死にするばかりなのです。どうか、お見逃しくださって、これを機会に、またおつきあいを願います。」と言って、うなだれている三郎の姿を見ると、才之助も哀れになってきて、

「いや、いや、そう言われると痛み入ります。私だって、なにも、君たち姉弟を嫌っているわけではないのです。殊に、これからは君を菊の先生として、いろいろ教えてもらおうと思っているのですから、どうか、私こそ、よろしくお願いいたします。」と神妙に言って一礼した。

いったんは和解成って、間の生け垣も取り払われ、両家の往来がはじまったのであるが、どうも、時々は議論が起こる。

「君の菊の花の作り方には、なんだか秘密があるようだ。」

「そんなことは、ありません。私は、これまで全部あなたにお伝えしたはずです。あとは、指先の神秘です。それは、私にとっても無意識なもので、なんと言ってお伝えしたらいいのか、私にもわかりません。つまり、才能というものなのかもしれません。」

「それじゃ、君は天才で、私は鈍才だというわけだね。いくら教えても、だめだというわけだね。」

「そんなことを、おっしゃっては困ります。あるいは、私の菊作りは、いのちがけで、これをみごとに作って売らなければ、御飯をいただくことができないのだという、そんなせっぱつまった気持ちで作るから、花も大きくなるのではないかとも思われます。あなたのように、趣味でお作りになる方は、やはり好奇心や、自負心の満足だけなのですから。」

「そうですか。私にも菊を売れと言うのですね。君は、私にそんな卑しいことをすすめて、恥ずかしくないかね。」

「いいえ、そんなことを言っているのではありません。あなたは、どうして、そうなんでしょう。」

どうも、しっくりゆかなかった。陶本の家は、いよいよ富んでゆくばかりの様であった。そのあくる年の正月には、才之助に一言の相談もせず、大工を呼んでいきなり大邸宅の建築に取りかかった。その邸宅の一端は、才之助の茅屋の一端に、ほとんど密着するくらいであった。才之助は、再び隣家と絶交しようと思いはじめた。ある日、三郎がまじめな顔をしてやって来て、

「姉さんと結婚してください。」と思いつめたような口調で言った。

才之助は、頬を赤らめた。はじめ、ちらと見た時から、あの柔らかな清らかさを忘れかねていたのである。けれども、やはり男の意地で、へんな議論をはじめてしまった。

「私には結納のお金もないし、妻を迎える資格がありません。君たちは、このごろ、お金持ちになったようだからねえ。」と、かえっていやみを言った。

「いいえ、みんな、あなたのものです。姉は、はじめから、そのつもりでいたのです。結納なんてものも要りません。あなたが、このまま、私の家へおいでくだされたら、それでいいのです。姉は、あなたを、お慕い申しております。」

才之助は、狼狽を押し隠して、

「いや、そんなことは、どうでもいい。私には私の家があります。入り婿は、まっぴらです。私も正直に言いますが、君の姉さんを嫌いではありません。はははは、」と豪傑らしく笑って見せて、「けれども、入り婿は、男子として最も恥ずべきことです。お断りいたします。帰って姉さんに、そう言いなさい。清貧が、いやでなかったら、いらっしゃい、と。」

喧嘩わかれになってしまった。けれどもその夜、才之助の汚い寝所に、ひらりと風に乗って白い柔らかい蝶が忍び入った。

「清貧は、いやじゃないわ。」と言って、くつくつ笑った。娘の名は、黄英といった。

しばらくは二人で、茅屋に住んでいたが、黄英は、やがてその茅屋の壁に穴をあけ、それに密着している陶本の家の壁にも同様に穴を穿ち、自由に両家が交通できるようにしてしまった。そうして自分の家から、あれこれと必要な道具を、才之助の家に持ち運んで来るのである。才之助には、それが気になってならなかった。

「困るね。この火鉢だって、この花瓶だって、みんなおまえの家のものじゃないか。女房の持ち物を、亭主が使うのは、実に面目ないことなのだ。こんなものは、持って来ないようにしてくれ。」と言って叱りつけても、黄英は笑っているばかりで、やはり、ちょいちょい持ち運んで来る。清廉の士をもって任じている才之助は、大きい帳面を作り、左の品々一時お預かり申し候と書いて、黄英の運んで来る道具をいちいち記入しておくことにした。けれども今は、身のまわりの物すべて、黄英の道具である。いちいち記入してゆくならば、帳面が何冊あっても足りないくらいであった。才之助は絶望した。

「おまえのおかげで、私もとうとう髪結いの亭主みたいになってしまった。女房のおかげで、家が豊かになるということは男子として最大の不名誉なのだ。私の三十年の清貧も、おまえたちのために滅茶滅茶にされてしまった。」とある夜、しみじみ愚痴をこぼした。黄英も、さすがに淋しそうな顔になって、

「私が悪かったのかもしれません。私は、ただ、あなたのお情けにお報いしたくて、いろいろ心をくだいて今まで取り計らってきたのですが、あなたが、それほど深く清貧に志しておられるとは存じ寄りませんでした。では、この家の道具も、私の新築の家も、みんなすぐ売り払うようにしましょう。そのお金を、あなたがお好きなように使ってしまってください。」

「ばかなことを言っては、いけない。私ともあろうものが、そんな不浄なお金を受け取ると思うか。」

「では、どうしたら、いいのでしょう。」黄英は、泣き声になって、「三郎だって、あなたに御恩報じをしようと思って、毎日、菊作りに精

出して、ほうぼうのお屋敷にせっせと苗をおとどけしてはお金をもうけているのです。どうしたら、いいのでしょう。あなたと私たちとは、まるで考え方が、あべこべなんですもの。」

「わかれるよりほかはない。」才之助は、言葉のゆきがかりから、更に更にりっぱなことを言わなければならなくなって、心にもないつらい宣言をしたのである。「清い者は清く、濁れる者は濁ったままで暮らしてゆくよりほかはない。私には、人にかれこれ命令する権利はない。私がこの家を出て行きましょう。あしたから、私はあの庭の隅に小屋を作って、そこで清貧を楽しみながら寝起きすることにいたします。」ばかなことになってしまった。けれども男子は一度言い出したからには、のっぴきならず、あくる朝さっそく庭の隅に一坪ほどの掛け小屋を作って、そこに引きこもり、寒さに震えながら正座していた。けれども、二晩そこで清貧を楽しんでいたら、どうにも寒くて、たまらなくなってきた。三晩目には、とうとう我が家の雨戸を軽く叩いたのである。雨戸が細くあいて、黄英の白い笑顔が現れ、

「あなたの潔癖も、あてになりませんわね。」

才之助は、深く恥じた。それからは、ちっとも剛情を言わなくなった。墨堤の桜が咲きはじめるころになって、陶本の家の建築は全く成り、そうして才之助の家と、ぴったり密着して、もう両家の区別がわからないようになった。才之助は、今はそんなことには少しも口出しせず、すべて黄英と三郎に任せ、自分は近所の者と将棋ばかりさしていた。一日、一家三人、墨堤の桜を見に出かけた。ほどよいところに重箱をひろげ、才之助は持参の酒を飲みはじめ、三郎にもすすめた。姉は、三郎に飲んではいけないと目で知らせたが、三郎は平気で杯を受けた。

「姉さん、もう私は酒を飲んでもいいのだよ。家にお金も、たくさんたまったし、私がいなくなっても、もう姉さんたちは一生あそんで暮らせるでしょう。菊を作るのにも、あきちゃった。」と妙なことを言って、やたらに酒を飲むのである。やがて酔いつぶれて、寝ころんだ。みるみる三郎のからだは溶けて、煙となり、あとには着物と草履だけが残

った。才之助は驚愕して、着物を抱き上げたら、その下の土に水々しい菊の苗が一本生えていた。はじめて、陶本姉弟が、人間でないことを知った。けれども、才之助は、今では全く姉弟の才能と愛情に敬服していたのだから、嫌厭の情は起こらなかった。哀しい菊の精の黄英を、いよいよ深く愛したのである。かの三郎の菊の苗は、我が庭に移し植えられ、秋にいたって花を開いたが、その花は薄紅色で幽かにぽっと上気して、嗅いでみると酒の匂いがした。黄英のからだについては、「亦他異無し。」と原文に書かれてある。つまり、いつまでもふつうの女体のままであったのである。

注意する 読み方

清貧譚　せいひんたん
聊斎志異　りょうさいしい
満酌　まんしゃく
故土　こど
按配　あんばい
向島　むこうじま
馬山才之助　まやまさいのすけ
無理算段　むりさんだん
伊豆　いず
沼津　ぬまづ
小田原　おだわら
発足　ほっそく
馬蹄　ばてい
有頂天　うちょうてん
鷹揚　おうよう
良し悪し　よしあし
該博　がいはく
躍起　やっき
身悶　みもだえ
思慮分別　しりょぶんべつ
騎虎　きこ
陶本三郎　とうもとさぶろう
姉弟　きょうだい
陋屋　ろうおく
納屋　なや
母屋　もや
囁く　ささやく
枯死　こし
凛乎　りんこ
浅草　あさくさ
卑劣　ひれつ
凌辱　りょうじょく
悪業　あくごう
狷介　けんかい
瀟洒　しょうしゃ
闖入　ちんにゅう
茅屋　ぼうおく
結納　ゆいのう
狼狽　ろうばい
豪傑　ごうけつ
黄英　きえ

お預かり申し候　おあずかりもうしそうろう

剛情　ごうじょう

墨堤　ぼくてい

驚愕　きょうがく

嫌厭　けんえん

注　釈

『聊斎志異』　中国の清代の怪異小説。蒲松齢の作。1766年刊。

新体制　「新体制運動」の略。1940（昭和15）年、近衛文麻呂（このえふみまろ）らが提唱した日本の挙国政治体制樹立運動。

向島　東京都墨田区にある地名。

十間　一間約1.82メートル。

騎虎の勢　やむにやまれない激しい勢い。

浅草　東京都台東区にある地名

狷介　固く志をまもって人と相容れないこと。片意地。

十坪　一坪は約3.3平方メートル。

のたれ死に　路傍などに倒れて死ぬこと。ゆきだおれ。

神妙　すなお。おとなしいこと。

墨堤　隅田川の堤の異称、隅田堤におなじ。

解　題

1941（昭和16）年、雑誌『新潮』に発表された。太宰治が精神的に安定していた時期の作品で、また、冒頭段落に記した<私の新体制も、ロマンチシズムの発掘以外にはないようだ>からうかがわれるように、『聊斎志異』の書き替えによって戦時中の時局便乗型文学に対するかれの批判を暗に表明した作品でもある。馬山才之助という菊の愛好者の姿をとおしてそこに一箇の芸術至上主義者の熱狂がしめされるが、その熱狂は菊の精である姉弟の愛と分別によって相対化される。このロマンによって作者は芸術と現実の関係を成立させる生のリアリズムを語っているようにみえる。一箇の美しい鎮魂の散文詩であるとみなしてもよいと思われる。

研　究

一、次の問いに答えよ。

1.「……顔色を変えて発足した。」とあるが、その「顔色を変えて」には、「才之助」のどのような気持ちが表されているか。
2.「『そうよ。私は、ここが気に入ったわ。』と言って顔を赤くした。」とあるが、「顔を赤くした」のはなぜか。
3.「……すぐ起き上がり、雨戸の隙間から、そっと畑をのぞいてみた。」とあるが、どのような気持ちから「畑をのぞいてみた」のか。
4.「『それは、わかりました。』三郎は、苦笑してうなずいた。」とあるが、なぜ「苦笑」したのか。
5.「……あなたはどうして、そうなんでしょう。」とあるが、それは「才之助」のどのような態度を批判した言葉か。

二、「……菊を凌辱するとは、このことです」とあるが、「菊を凌辱する」という言い方には、どのような気持ちがこめられているか。考察せよ。
三、「才之助」はしばしば「三郎」や「黄英」と議論や口論をするが、それはどうしておこり、それぞれどのような結末となったか。考察せよ。
四、全体を通して、「才之助」の気持ちはどのように変化するか。説明せよ。
五、「才之助」、「三郎」、「黄英」はそれぞれどのような人柄を象徴しているか。要約せよ。

作家紹介

太宰治（だざいおさむ）

1909（明治42）～1948（昭和23）。小説家。青森県生まれ。東京帝国大学仏文科中退。津軽の大地主の家に生まれたことを原罪として自覚するところからかれの精神形成は始まり、比類ない文才の質も早くから自己破滅への願望と落伍者意識のコンプレックスに支配されていた。昭和8年『海豹』に「魚服記」を発表、注目される。マルクス主義にもかかわる。井伏鱒二に師事し、「道化の華」、「ダス・ゲマイネ」などを発表し、惑乱の自意識を描いた。「道化の華」は昭和10年、第一回芥川賞の候補作となり、新進作家の地歩を確定した。「富嶽百景」（昭和14）前後から精神の安定と希望をみいだし、「女の決闘」、「駈入み訴へ」、「走れメロス」の三つの名短篇もこの時期の所産である。戦時中は時局謳歌全盛の中で古典書き替えの仕事によって抵抗を示し、「新ハムレット」、「右大臣実朝」、「新釈諸国噺」などを書き、昭和19年には長篇「津軽」を発表する。太宰治の異常な才能は戦後の混乱期に開花した。文壇の流行児として活躍し、「斜陽」、「人間失格」、「ヴィヨンの妻」、「桜花」など芸術的結晶において秀れた作品を発表する。23年、山崎富枝と入水自殺。新興芸術派から出て新戯作派にいたる太宰の自虐・虚無・退廃の生活ぶりは、あきらかに志賀直哉文学の対極にある下降、破滅型の私小説を代表する。だが、それはまた仮面の演技の徹底した追究でもあった。近代の生の不安と苦悩を捨て身の演技によって表現したところに、かれの文学が多数の読者の共感と支持をえ、現在もひろく愛読されているゆえんがある。

赤ままの花

堀辰雄

私の若いころの友人だった、一詩人が、彼自身もっと若くて、もっと元気のよかった時、

おまえは歌うな
おまえは赤ままの花やとんぼの羽根を歌うな

と高らかに歌った。そのころ、私はその「歌」と題せられた詩の冒頭の二行に妙に心をひかれていた。それは、非常にたくましい意志を持ち、しかもその意志の陰に人一倍に繊細な神経を潜めていた、その独自の詩人が自分自身にも向かって彼の「胸さきを突きあげてくるぎりぎりのところ」を歌ったのにちがいなかった。その勇敢な人生の闘士は、そういう路傍に生えて、ともすれば人を幼年時代の幸福な追憶に誘いがちな、それらの可憐な小さな花をあえて踏みにじって、まっしぐらに彼の目ざす厳しい人生に向かって歩いて行こうとしていた。……

その素朴な詩句は、しかしながら私のうちに、言いしれず複雑な感動を呼び起こした。私はそのわずかな二行のうちにもその詩人の不幸な宿

命をいつか見いだしていた。なぜなら、その二行をもって始められるその詩独特の美しさは、それはけっしてその詩人が赤まんまの花や何かを歌い捨てたからではなく、いわばそれを歌い捨てようと決意しているところに、——かえってこれを最後にと赤まんまの花やその他いじらしいものを取り入れているために——そこにパラドクシカルな、悲痛な美しさを生じさせているのにちがいないのだった。もしそれらを彼が本当にその詩を書いたのちきれいさっぱりとのぞき去ってしまったなら、その詩人はひょっとしたらその詩をきっかけに、だんだん詩なんぞは書かなくなるのではないか、という気が私にされぬでもなかった。

それほど、私はより高い人生のためにそれらの小さなものが捨て去られることには半ば同意しながら、しかしその一方これこそ我々の人生の——少なくとも人生の詩の——最も本質的なものではないかと思わずにはいられない幼年時代のささやかな幸福、——それをこの赤まんまの花たちはつつましく、控えめに、しかし見る人によってはほとんど完全な姿で代表しているのだ。……

「それはそうと、赤まんまの花って、いつごろ咲いたかしら？夏だったかしら？それとも。……」と私は自分のうちの幼時の自分にきく。その少年はしかしそれにはすぐ答えられなかった。そう、赤まんまの花なんて、おまえぐらいの年ごろには、年がら年じゅうあっちにもこっちにも咲いていたような気がするね。……

いわばそれほど、季節季節によってまるでお祭りのように咲く、ほかの派手な花々に比べれば、それらの地味な花はいつ咲いたのかだれにも気づかれないほどの、そして子供たちをしてそれがままごとに入用なときにはいつでも咲いているかのような——実はその小さな花を路傍などで見つけて、だれか一人がふいと手にしてきたのが彼らにそんな遊戯を思いつかせるのだが——心持ちにさせる、いかにも日常生活的な、珍しくもない雑草だった。

しかしながら、その「赤まんま」という懐かしいあだ名とともに、あの赤い、粒々とした、花とはちょっと言いがたいくらい、なにか本当に食べられそうに見える小さな花の姿を思い浮かべると、いまだに私には一人の目のきつい、横から見ると男の子のような顔をした少女の姿がくっきりと浮かぶ。それから、もう一人の色つやの悪い、やせた、貧相な女の子の姿が、その傍らに色あせて、ぼおっと浮かぶ。それからその幼時の私のたった二人っきりの遊び相手だった彼女たちと、庭の無花果の木陰に一枚の花むしろを敷いて、その上でそれらの赤まんまの花なんぞでままごとをしながら、肢体にほとんどじかに感じていた土の凹凸や、なんともいえない土の軟らかみのある一種の弾性や、ある時の土の香りなどまでが……。

そうして私はそういう時、自分の前に、ある時はすっかり冬枯れて、ごつごつした木の枝を地中の根のように空へ張っていた、——ある時は円い大きな緑の木陰を落として、その下で小さい私たちを遊ばせていた、一本の無花果の木をありありとよみがえらせる。——「私にとって、おお無花果の木よ、おまえは長いこと意味深かった。おまえはほとんど全くおまえの花を隠していた……。」とリルケの詩にも歌われている、この無花果の木こそ、現在では私もまた喜んで自分の幼年時代をそれへ寄せたいと思っている木だ。あたかもちょうど私の幼年時代もまたその木と同じく、ほとんど花らしいものを人目につかせずに、しかもこうやっていつか私に愉しい命の果実をはぐくんでいてくれているとでもいうように……。

一人の少女は、お竜ちゃんといった。ちょうど私と同じ年だった。きつい目つきをした、横から見ると、まるで男の子のような顔をした少女だった。どうかすると、時々私をそのきつい目でじっと見つめていた。——そのまなざしを私はいまだによく覚えている。本当に覚えているのはその印象的なまなざしきりだが、——しかしそれだけを思い浮かべただけで、もう忘れてしまっている顔の他の部分までが、なんとなくぼおっと浮かんでくるような気さえされるくらいだ。……

私の家の生けがきの前に、そこいらの路地の中ではまあ少しばかり広い空き地があったので、夕方など、よく女の子たちがそこへ連れ立ってきて、輪をつくっては遊んでいた。

ひらいた。ひらいた。なんの花ひらいた。

そういう女の子たちの歌声がそこから聞こえてくると、一人虫の私は、そっと生けがきの中に出て、やつでの葉陰から、彼女たちの遊びを見ていた。たいていはよそから遊びに来たらしい、私なんぞより少し年上の、知らない女の子たちばかりで、ただ、その輪の中にはいつも顔見知りのお竜ちゃんが入っていた。お竜ちゃんは時々輪の中から、やつでの葉陰の私のほうをこわい目つきでじっと見つめては、急にみんなに手を引っぱられて、いっしょに、

つぼんだ。つぼんだ。なんの花つぼんだ。

と少ししゃがれたような声で歌いながら、どうでもいいことをしているように輪をつぼめていったりしていた。そんなほかの女の子たちとはちがった、どこか冷淡なような感じのする、そのお竜ちゃんの様子が、どういうものか、妙に私の心をひいた。

そんな夕方のように、ほかの女の子たちといっしょでないと、よくその生けがきの所で、お竜ちゃんは私と二人きりで遊んでいくようになった。どんなきっかけからだったかは忘れた。私はしかし、女の子の好んでするような遊びは何も知らなかったし、また気まりを悪がってその真似さえしようともしなかったので、お竜ちゃんは私がぽかんと見ている前で、よく一人でお手玉を突いたり何かして遊んでいたが、それに飽きると、「また、こんどね。」と言って、お手玉をたもとに入れて帰って行った。その後で、私はいつも仲よくいっしょに何もしないのでお竜ちゃんに嫌われはしまいかと思った。

ある日、お竜ちゃんがまじめそうに私に言った。

「こんどみんなが蓮華の花をするとき、いっしょにお入りなさいな？」

私は気まり悪そうに首を振った。

「だって、何も知らないんだもの。」

「だれにだってじき覚えられるわよ、ね、いっしょにしない？」

「……」私はとてもだめそうに、首を振っているきりだった。

お竜ちゃんは、それにもかまわずに、その遊びの手つきをしながら、一人で「ひらいた、ひらいた、ひらいたと思ったら見るまにつぼんだ。」と例の少ししゃがれたような声で歌いだしていたが、私がそれに少しもついていこうとしないで、ただ熱心に見続けていると、ふいと彼女は冷淡な様子をしてやめてしまった。

が、その次にみんながまたその生けがきの所に来て、蓮華の花をやりだした時、私がやつでの葉陰から見ていても、お竜ちゃんはみんなと手をつなぎ合ったまま、時々私のほうをちらっちらっと見るきりで、知らん顔をして、みんなと遊びを続けていた。それに私だって、たとえお竜ちゃんが私を仲間に誘いに来ても、なかなかその遊びに加わろうとはしなかったろうが、それにもかかわらず、仲間外れにされたように、私はいかにも寂しい、うつけたような顔をして、みんなの遊んでいるのをぼんやりと見ていた……。

そんな時の私の幼い顔つきを、——その後、大きくなってからも、時々何かのはずみに——ちょうどそんな幼時の自分の場合に似て、半ば自ら好んでだが、一人きりみんなから仲間外れにされているような場合に、——私はふいに自分がそんな幼い顔つきをしているのを感ずることがある。そういう場合に、すっかり大人さびた私にまで、なんとなく無性に悲しいような、それでいてなんともいえず懐かしい、だれかに甘えきりたいような気のされるのは、思えば、それはこういう自分の幼時にしばしば経験された、せつない感情の思いがけない生まれ変わりにすぎないのだということが、いまようやく、私にはっきりとわかってくる……

そういうちょっとだれにともつかずすねたような気持ちになっていた後で、私はよく何も知らない母やおばあさんに、なんということもなしに、甘えられるだけ甘えて、いつまでもむずかっているよりほかはしようのない自分自身を見いだすのだった。しかし彼女たちだって、私の訴えるものを解せないので更にどうしようもなく、またそういう自分の心が何物によっても癒されないということが幼い私にも予覚せられていたのだったけれど、ただそうやっていつまでもむずかり、甘えていられる対象が自分の身近にあるというだけで、それだけでもう少年にはよかったのだ。

お竜ちゃんは私と友達になったように、だれとでもすぐ友達になった。そうやって時々一人でこっそりと私の所へ遊びに来ているかと思うと、急にまたちっとも来なくなってしまった。そうしてどこかよそでもってほかの男の子や女の子たちと平気で遊んでいた。……私は自分といちばん仲良しになってもらおうと思って、竜ちゃんとうちの庭で遊ぶことを母に許してもらったり、ままごと道具なんぞをいくつもいくつも買ってもらったりして、それとなくお竜ちゃんの機嫌をとることを覚えだした。庭の一隅にある大きな無花果の木陰を、私はお竜ちゃんと二人でままごとなどして遊ぶ場所に決めていた。そうしてお竜ちゃんの来ない時も、いつもそこへ花むしろを敷かせて、お竜ちゃんの来るのを心待ちにしながら、一人で遊んでいた。……お竜ちゃんの家には私の嫌いな腕白の兄や弟たちがいるので、私はけっして自分のほうから彼女を呼びに行こうとはしなかった。そうしていつかやって来るにちがいない彼女のために新しく買ったままごと道具はそのまま別にしておいて、私は自分自身は古いので我慢して、それをいつもお竜ちゃんのするとおりに花むしろの隅に並べたりしていた。……

ある日、私がそうやって一人で無花果の木陰で余念なく遊んでいると、私の母がどこからか、一人の見かけない女の子を連れて来た。

「この子と遊んでやってちょうだいね。」そう母はその子に言って、私の傍らに彼女を置いて行った。その女の子は、やせた、顔色のわるい、しかしその黒味がちな目にしっとりと美しい艶を持った子だった。そうして粗末な、つぎはぎだらけな着物を着ていた。私はまだその女の子とは言葉も交わさないうちから、その子に対してはもう半分ばかにしたような態度をとりだした。その女の子は、そんな私を少し持て余すようにしていたが、おとなしい性質と見え、何をしても私のするがままになっていた。しかし、同じままごと遊びをするにしても、お竜ちゃんだったら何をしても私の気に入るようにできたのに、その女の子ときたら、一生懸命に私のために何をやっても、私の気に入るようにはできなかった。

私はお竜ちゃんのために大事にとってある上等な道具はその子と遊ぶ時には使わないことにして、もうさんざん使い古した、そして半端になったような、ちぐはぐな皿や茶碗でばかり遊んだ。そうして庭の隅っこに咲いている赤まんまの花なんぞも、私はりっぱなのは残しておいて、少ししおれかけたようなのや、いじけたようなのばかり採って来た。

それでもその女の子は始終おずおずしたようなほほえみを浮かべながら、おとなしく私について遊んでいた。そうやって私は自分勝手なことばかりやって、まるで相手を眼中に置かぬようにして遊んでいるうちに、なにか急にその女の子と遊ぶのがいやになると、ぷいと立って、その子を無花果の木の下に残したまま、自分だけ家の中へ入ってしまったりした。すると、その女の子は何もしないで、一人でいつまでも、花むしろの上に座ったまま、私を待っていた。縁側で縫い物をしていた母は、それに気がつくと、なにか小声で私を叱りながら、お果子を紙に包んで、その女の子の所へ持っていってやりながら、「また遊びに来てね。」と言って、その女の子を帰らせた。私はそれを見ながら、知らん顔をして、一人でなにかほかの玩具を手にして遊んでいた。

そのもう一人の少女は、たかちゃんといった。本当に気立ての優しい子で、私の母のお気に入りだったが、たかちゃんがそういう子であればあるだけ、私はいよいよいい気になって意地悪ばかりをしつづけた。しかしたかちゃんは私にそうされることは当たり前であるかのように、少しも気にしないで、毎日のように遊びに来た。そのうちにまたひょっくり、機嫌買いのお竜ちゃんも遊びに来るようになった。そうやって三人で遊び合うようになってからだっても、お竜ちゃんはますますその本領を発揮した。しかしおとなしいたかちゃんは私にばかりでなく、そういう利かん気のお竜ちゃんに対しても、すべて控えめにしていた。そのためにほとんど仲たがいもせずに、三人で仲良く遊び続けていられた。もっとも、時々女の子どうしで小さないさかいをしあっても、いつも私がお竜ちゃんの味方をするので、すぐそれはおしまいになった。それは初夏の日々だった。今は厚い大きな葉を簇がらせた無花果の木が、私たちに格好のよい木陰をつくっていてくれた。私たちは時々花むしろの上に三人ともごろりと寝そべって、じっとその下に冷たい土の肌ざわりを感じ合ったりしていた。それは私たちに眠気を誘うほど気持ちがよかった。

時々四つ目垣の向こうの、あるいは高くあるいは低く絶えずかちかちと金づちの音を響かせている細工場の中から、（父はしばしば留守だった……）、よく頓狂なやつだとみんなから叱られてばかりいた佐吉という小僧が、何かの用に立ったりしたついでに、私たちをからかったりした。それを聞くと、お竜ちゃんは本気になって怒って、それに何か言い返したりした。たかちゃんのほうは黙ってきまり悪そうに下を向いたきりでいた。私は初めは知らん顔をしていたが、お竜ちゃんがあんまり悔しがったりすると、家の中ではこわいもの知らずの私は、「水ピストル」を手にして、向こう見ずに細工場のほうへ飛び込んで行って、それを佐吉に差し付けながら、頭から水をぶっかけた。佐吉は前掛けを頭からかぶって逃げ惑いながら、しまいには頓狂な声を上げて、降参の真似をした。

それから私が得意そうに、二人の少女が小気味よげにそれを見ている木陰へ戻って行こうとすると、また佐吉が性懲りもなく、背後から、

「弘さんったら、女の子の加勢ばかりしていらあ。おかしいですぜ。」と冷やかした。それを聞くと、私はかあと耳の付け根まで真っ赤になって、こんどは自分でも何をするのだか無我夢中に、無花果の木の下にいる、その女の子たちのほうへその「水ピストル」を向けながら突進して行った。お竜ちゃんは無頓着そうな、きつい目つきで、何をする

のかといったふうに、私のほうを見つめていた。そういう私を見て、おどおどしながら庭の隅っこへ逃げて行ったのは、たかちゃん一人だった。

細工場のほうからみんながおもしろそうに見ているものだから、私は騎虎の勢いでどうしようもなく、私の前に平気で立っているお竜ちゃんには、ほんの少し水をひっかける真似をしたきりで、あとは逃げてゆくたかちゃんを追っかけて、厠の前まで追いつめながら、頭から水をひっかけた。たかちゃんは、もう観念したように、両手で顔だけ覆いながら、私に水をかけられるままになっていた。

無花果の木の下では、ほんのちょっと私に肩のあたりへ水をかけられたくらいの、お竜ちゃんが、いかにも悔しそうに声をたてて、泣きだしていた。……

注意する読み方

可憐　かれん
遊戯　ゆうぎ
粒々　つぶつぶ
貧相　ひんそう
無花果　いちじく
凹凸　おうとつ
路地　ろじ
真似　まね
お手玉　おてだま
蓮華　れんげ
無性　むしょう
癒す　いやす
機嫌　きげん
腕白　わんぱく
艶　つや
半端　はんぱ
玩具　おもちゃ
本領　ほんりょう
簇がる　むらがる
頓狂　とんきょう
降参　こうさん
性懲り　しょうこり
加勢　かせい
弘さん　ひろしさん
無頓着　むとんちゃく
厠　かわや

注　釈

赤まま　「赤まんま」ともいう。「イヌタデ」の別称。山野や道端に自生するタデ科の一年草。高さ約30センチメートル。夏から秋に紫紅色の花を穂状につける。

一詩人　ここでは中野重治のこと。作者は1926（大正15）年から1928（昭和3）年まで、中野ほか数名の人たちと同人雑誌『驢馬』を発行していた。

おまえは歌うな……　中野重治の詩「歌」の最初の一節。

パラドクシカル（paradoxical）　逆説的な。

ままごと　子供がおもちゃなどで家事・食事のまねをする遊び。

「私にとって、……」　リルケの「ドゥイノの悲歌」に収められている詩の一節。

やつで　庭に植えるウコギ科の常緑木。観賞用。葉は大きくて、手のひら状に裂け、冬、白色の花を開く。

お手玉　小さな布の袋にアズキなどを入れてくるんだもの。少女が数個手に持ち、空中に投げ上げては受けて遊ぶ。

腕白　子供がわがままを言ったりいたずらをしたりして手に負けない様子。

機嫌買い　「機嫌変え」とも。その時の気分のよしあしによって、他人に対する好悪の感情が変わりやすいこと。

本領　本来の特色。

四つ目垣　丸太を立てて、竹を縦横に渡して結い、そのすきめが方形の垣。

水ピストル　ピストル型の水鉄砲。

性懲りもなく　いくら失敗しても。いくら怒られても。

加勢　いっしょになって助けること。

解　題

堀辰雄の本質は詩人にあった。かれの感性はリルケの深い影響によって独自な叙情の構成をみちびきだした。代表作「風立ちぬ」はその典型で、リルケを咀嚼し吸収することによって、日本の近代文学のなかではきわめてまれな形而上的作品となっている。「赤ままの花」という散文にも、「マルテの手記」のリルケの影響が読みとれる。『驢馬』の同人であった中野重治の詩「歌」の冒頭の二行を引いて感想を述べたあと、<赤ままの花>のイメージをたぐりよせて幼年期の回想におよぶ。二人の少女にかかわる記憶を織りあげていく手法は、一人の少年の繊細な内面世界と感性の成長をひそかに語っており、独自な、形而上的叙情の風景ともいうべき世界を読む者に伝えている。本文は1977（昭和52）年刊の『堀辰雄全集』第二巻による。

研　究

一、この作品において「無花果の木」はどのような意味を持っているか。

二、「そこにパラドクシカルな、悲痛な美しさを生じさせているのにちがいないのだ。」とあるが、わかりやすく説明せよ。

三、最後の部分で、お竜ちゃんが「いかにも悔しそうに」泣きだしたのはどうしてか。述べてみよ。

四、二人の少女のそれぞれに対する＜私＞の心理について考察してみよ。

作家紹介

堀辰雄（ほりたつお）

1904（明治37）～1953（昭和28）。小説家。東京麹町区生まれ。東京帝国大学国文科卒業。第一高等学校（旧制）時代に神西清を生涯の親友として知る。同期に小林秀雄がいる。室生犀星、芥川龍之介に師事した。結核に苦しめられた。1926（大正15）年、中野重治、窪川鶴次郎らと雑誌『驢馬』を創刊。1927（昭和2）年、芥川龍之介の自殺に衝撃を受ける。「ルウベンスの偽画」、「聖家族」、「菜穂子」などにそれが投影されていると言われている。1929（昭和4）年、川端康成、横光利一、永井龍男らと『文学』を創刊した。新進作家の地歩を固めつつ、マルセル・プルーストに親しむ。1933（昭和8）年、プルーストの影響のもとに「美しい村」を完成。ライナ・マリア・リルケやフランソワ・モーリャックを読み、とくにリルケはかれが生涯私淑する作家となった。1935（昭和10）年、婚約者の矢野綾子を失う。その鎮魂歌ともいうべき作品「風立ちぬ」は二年におよぶ時間をかけ、1938（昭和13）年に完成した。リルケの影響と共に、王朝文学や万葉集にも親しみ、中国文学にも近づく。1941（昭和16）年、モーリャックの影響の下に「菜穂子」を書きあげる。1944年に喀血。1945年から1953年までの八年間はほぼ病床生活であけくれている。1953（昭和28）年、夫人だけに看とられて逝去。

虫のいろいろ

尾崎一雄

一

晩秋のある日、陽ざしの明るい午後だったが、ラジオが洋楽をやり出すと間もなく、部屋の隅から一匹の蜘蛛が出て来て、壁面でをかしな挙動を始めたことがある。

今、四年目に入つてゐる私の病気も、一進一退といふのが、どうやら、進の方が優勢らしく、春は春、秋は秋と、年毎の比較が、どうも香ばしくない。目立たぬままに次第弱りといふのかも知れないが、それはとにかく、一日の大半を横になつて、珍らしくもない八畳の、二三ケ所雨のしみある天井を、まじまじと眺めてゐる時間が多いこの頃である。

もう寒いから、羽虫の類は見えないが、蝿共はその米杉の天井板にしがみついてゐて、陽のさす間は、縁側や畳に下りてあつちこつちしてゐる。私の顔なんかにもたかつて、うるさい。

蝿の他に天井や壁で見かけるのは、蜘蛛である。灰色で、薄斑のある大きな蜘蛛だ。左右の足を張ると、障子のひとこまの、狭い方からはみ出すほどの大きな蜘蛛だ。それが何でもこの八畳のどこかに、二三匹はひそんでゐるらしい。一度に二三匹出て来たことはないのだが、慣れた私の目には、あ、これはあいつだ、と、その違ひが直ぐ判る。

壁面でをかしな挙動を見せた奴は、中で一番小さいかと思はれる一匹だつた。レコードの、「チゴイネル・ワイゼン」——昔、私も持つてゐたことのあるヴィクターの、ハイフェッツ演奏の赤の大盤に違ひなく、鳴り出すと私には直ぐそれと判つたから、何か考へてゐたことを放り出し、耳は自然とその派手な旋律を迎へる準備をした。

やがて、ぼんやり放つてゐた視線の中に、するすると何かが出て来たが、それが蜘蛛で、壁の角からするすると一尺ほど出て来たと思ふと、ちよつと立止つた。見るともなく見てゐると、そいつが、長い足を一本一本ゆつくりと動かして、いくらか弾みのついた恰好で壁面を歩き廻り始めたのだ。蜘蛛の踊り——と一寸思つたが、踊るといふほどはつきりした動作ではない、曲に合はせてどうかうと云ふのではなく、何かかう、いらいらしたやうな、ギクシヤクした足つきで、無闇とその辺を歩き廻るのだ。

——浮かれ出しやがつた、と私は半ば呆れながら、可笑しがつた。幾分、不思議さも感じた。牛や犬が、音楽——人間の音楽にそそられることがあるとは聞いてゐたし、殊に犬の場合は、私自身実際に見たこともあるのだが、蜘蛛となると、一寸そのままには受取りかね、私は疑はしい目つきを蜘蛛から離さなかつた。曲が終つたら彼はどうするか、そいつを見落すまいと注視をつづけた。

曲が終つた。すると蜘蛛は、卒然と云つた様子で、静止した。それから、急に、例の音もないするするとした素ばしこい動作で、もとの壁の隅に姿を消した。それは何か、しまつた、といふやうな、少してれたやうな、こそこそ逃げ出すといつたふうな様子だつた。——だつた、とはつきり云ふのもをかしいが、こつちの受けた感じは、確かにそれに違ひなかつた。

蜘蛛類に聴覚があるのか無いのか私は知らない。ファーブルの「昆虫記」を読んだことがあるが、こんな疑問への答へがあつたか無かつたかも覚えてゐない。音に対して我々の聴覚とは違ふ別な形の感覚を具へてゐる、といふやうなことがあるのか無いのか。つまり私には何も判らぬのだが、この事実を偶然事と片づける根拠を持たぬ私は、その時一寸妙な感じを受けた。これは油断がならないぞ、先づそんな感じだつた。

このことに関連して、私は、偶然蜘蛛をある期間閉ぢ込めたことのあるのを憶ひ出す。

夏の頃、暑いうちはいくらか元気なのが例の私が、何かのことで空瓶が要つて、適当と思はれるのを一本取り出し、何気なくセンをとると、中から一匹の蜘蛛が走り出て、物陰に消えた。足から足まで一寸か一寸五分の、八畳の壁にゐる奴とは比較にならぬ小型のだつたが、色は肉色で、体はほつそりしてゐた。

瓶から蜘蛛が出て来たので、私は一寸驚いた。私は記憶を辿つてみた。これらの空瓶は、春の初め、子供たちに云ひつけて綺麗に洗はせ、中の水気を切るため一日ほど倒さにして置き、それからゴミやほこりの入るのを防ぐためセンをして、何かの空箱にまとめておいたものだ。蜘蛛が入つたのは、その一日の間のことに違ひない。

出口をふさがれた彼は、多分初めは何とも思はなかつたらう。やがて何日か経ち、空腹を感じ、餌を捜す気になつて、そこで自分の陥つてゐる状態のどんなものかをさとつただらう。あらゆる努力が、彼に脱走の不可能を知らしめた。やがて彼は、じたばたするのを止めた。彼は唯、凝つと、機会の来るのを待つた。そして半年——。私がセンをとつた時、蜘蛛は、実際に、間髪を容れず、といふ素速さで脱出した。それは、スタート・ラインで号砲を待つ者のみが有つ素速さだつた。

それからもう一度。

八畳の南側は縁で、その西はづれに便所がある。男便所の窓が西に向つて開かれ、用を足しながら、梅の木の間を通して、富士山を大きく眺めることが出来る。ある朝、その窓の二枚の硝子戸の間に、一匹の蜘蛛が閉ぢ込められてゐるのを発見した。昨夜のうちに、私か誰かが戸を開けたのだらう。一枚の硝子にへばりついてゐた蜘蛛は、二枚の硝子板が重なることによつて、幽閉されたのだ。足から足三寸ほどの、八畳にゐるのと同種類の奴だつた。硝子と硝子の間には彼の身体を圧迫せぬだけの余裕があつても、重なつた戸のワクは彼の脱出を許すべき空隙を持たない。

私は、前の、空瓶の場合を直ぐ憶ひ出した。今度は一つ、彼の行末を見届けてやらう、そんな気を起した。私は家の者共に、その硝子戸を閉めるな、と云ひつけた。空瓶中の蜘蛛は、約半年間何も喰はず、粗雑な木のセンの、極めて僅かな空隙からする換気によつて、生きてゐた。今度のは、丸々と肥えた、一層大きな奴だ、こいつとの根気比べは長いぞ、と思つた。

用便のたび眺める富士は、天候と時刻とによつて身じまひをいろいろにする。晴れた日中のその姿は平凡だ。真夜中、冴え渡る月光の下に、鈍く音なく白く光る富士、未だ星の光りが残る空に、頂近くはバラ色、胴体は暗紫色にかがやく暁方の富士——さういふ富士山の肩を斜めに踏んまへた形で、蜘蛛は凝つとしてゐるのだ。彼はいつも凝つとしてゐた。幽閉を見つけ出したその時から、彼のあがきを一度も見たことはなかつた。私が、根気負けの気味で「こら」と指先で硝子を弾くと、彼は、仕方ない、と云つた調子で、僅かに身じろぎをする、それだけだつた。

一と月ほど経つて、彼の体軀が幾分やせたことに気づいた。

「おい、便所の蜘蛛、やせて来たぜ。」

「さうらしいです。可哀さうに。」

「蜘蛛の断食期間は、幾日ぐらゐだらう。」

「さあ。」

妻は興味ない調子だ。つまらぬ物好き、蜘蛛こそ迷惑、といつた調子だ。私は妻のその調子にどこか抵抗する気持で、

「とにかく、逃がさないでくれ。」と云つた。

更に半月たつた。明かに蜘蛛は細くなつて来た。そして、体色の灰色が幾分かあせたやうだ。

もう少しで二た月になるといふある日、それは、壁間の蜘蛛の散歩を見た何日かの後だつたが、便所の方で、「あ」といふ妻の声がし、つ

づいて「逃げた」ときこえた。相変らず横になつてぼんやりしてゐた私は、蜘蛛を逃がしたな、と思つたが、それならそれでいいさ、といふ気持で黙つてゐた。

——いつも便所掃除のときは、硝子戸を重ねたまま動かしたりして蜘蛛の遁走には気をつけてゐたのだが、今日はうつかり一枚だけに手かけた、半分ほど引いて気がついたときは、もう及ばなかつた、蜘蛛の逃げ足の速いのには驚いた、まるで待ちかまへてゐたやうだ——そんな、云ひわけ混りの妻の説明を、私は、うんうんと聞き流し、命冥加な奴さ、などつぶやいた。実のところ、蜘蛛を相手の根気くらべも大儀になつてゐたのだ。とにかく片がついた、どつちかと云へば、好い方へ片がついた、そんなふうに思つた。

二

私がこの世に生れたその時から、私と組んで二人三脚をつづけて来た「死」といふ奴、たのんだわけでもないのに四十八年間、黙つて私と一緒に歩いて来た死といふもの、そいつの相貌が、この頃何かしきりと気にかかる。どうも何だか、いやに横風なつらをしてゐるのだ。

そんな飛んでもない奴と、元来自分は道づれだつたのだ、と身にしみて気づいたのは、はたち一寸前だつたらう。つまり生を意識し始めたわけだが、ふつうとくらべると遅いに違ひない。のんびりしてゐたのだ。

二十三から四にかけて一年ばかり重病に倒れ、危ふく彼奴の前に手を挙げかかつたが、どうやら切り抜けた。それ以来、くみし易しと思つた。もつとも、ひそかに思つたのだ。大つぴらにそんな顔をしたら彼奴は怒るにきまつてゐる。怒らしたら損、といふ肚だ。急に歩調を速めだしたりされては迷惑する。

かういふことを仰々しく書くのは気が進まぬから端折るが、つまるところ、こつちは彼奴の行くところへどうしてもついて行かねばならない。じたばたしようとしまいと同じ——このことは分明だ。残るところは時間の問題だ。時間と空間から脱出しようとする人間の努力、神でも絶対でもワラでも、手当り次第掴まうとする努力、これほど切実で物悲しいものがあらうか。一念万年、個中全、何とでも云ふがいいが、観念の殿堂に過ぎなからう。何故諦めないのか、諦めてはいけないのか。だがしかし、諦め切れぬ人間が、次から次と積み上げた空中楼閣の、何と壮大なことだらう。そしてまた、何と微細繊巧を極めたことだらう。——天井板に隠現する蜘蛛や蝿を眺めながら、他に仕方もないから、そんなことをうつらうつらと考へたりする。

三

また、虫のことだが、蚤の曲芸といふ見世物、あの大夫の仕込み方を、昔何かで読んだことがある。蚤をつかまへて、小さな丸い硝子玉に入れる。彼は得意の脚で跳ね廻る。周囲は鉄壁だ。散々跳ねた末、若しかしたら跳ねるといふことは間違つてゐたのぢやないかと思ひつく。試しにまた一つ跳ねて見る。やつぱり無駄だ、彼は諦めておとなしくなる。すると、仕込み手である人間が、外から彼を脅かす。本能的に彼は跳ねる。駄目だ、逃げられない。人間がまた脅かす、跳ねる、無駄だといふ蚤の自覚。この繰り返しで、蚤は、どんなことがあつても跳躍をせぬやうになるといふ。そこで初めて芸を習ひ、舞台に立たされる。

このことを、私は随分無慚な話と思つたので覚えてゐる。持つて生れたものを、手軽に変へて了ふ。蚤にしてみれば、意識以前の、したがつて疑問以前の行動を、一朝にして、われ誤てり、と痛感しなくてはならぬ、これほど無慚な理不尽さは少なからう、と思つた。

「実際ひどい話だ。どうしても駄目か、判つた、といふ時の蚤の絶望感といふものは、——想像がつくといふかつかぬといふか、一寸同情に値する。しかし、頭かくして尻かくさずといふ、元来どうも彼は馬鹿者らしいから……それにしても、もう一度跳ねてみたらどうかね、たつた一度でいい。」

東京から見舞ひがてら遊びに来た若い友人にそんなことを私は云つた。彼は笑ひながら、

「蚤にとつちやあ、もうこれでギリギリ絶対といふところなんでせう。最後のもう一度を、彼としたらやつて了つたんでせう。」

「さうかなア。残念だね。」私は残念といふ顔をした。友人は笑つて、こんなことを云ひ出した。

「丁度それと反対の話が、せんだつての何かに出てゐましたよ。何とか蜂、何とか云ふ蜂なんですが、そいつの翅は、休重に比較して、飛ぶ力を持つてゐないんださうです。まア、翅の面積とか、空気を搏つ振動数とか、いろんなデータを調べた挙句、力学的に彼の飛行は不可能なんださうです。それが、実際には平気で飛んでゐる。つまり、彼は、自分が飛べないことを知らないから飛べる、と、かういふんです。」

「なるほど、さういふことはありさうだ。——いや、そいつはいい。」私は、この場合力学なるものの自己過信といふことをちらと頭に浮べもしたが、何よりも不可能を識らぬから可能といふそのことだけで十分面白く、蚤の話による物憂さから幾分立直ることができたのだつた。

四

神経痛やロイマチスの痛みは、あんまり揉んではいけないのださうだが、痛みが左ほどでない時には、揉ませると、そのままをさまつてしまふことが多いので、私はよく妻や長女に揉ませる。しかし、痛みをかうじさせて了ふと、もういけない。触れば尚痛むからはたの者は、文字通り手のつけやうが無い。

神経痛の方は無事で、肩の凝りだけだといふとき、用の多い家人をつかまへて揉ませるのは、今の私に出来るゼイタクの一つだ。この頃では十六の長女が、背丈は母親と似たやうになり、足袋も同じ文数をはき、力も出て来たので、多くこの方に揉ませる。疎開以来田舎の荒仕事で粗雑になった妻の指先よりも、長女のそれの方がしなやかだから、よく効

くやうだ。それに長女は、左下に寝た私の右肩を揉みながら、私の身体を机代りに本を開いて復習なんかするから、まるで時間の損といふのでもない。

ときにはまたおしやべりをする。学校のこと、先生のこと、友人のこと——たいてい平凡な話で、うんうんときいてやつてゐればすむ。が、時々何か質問をする。先日も、何の連絡もないのに、宇宙は有限か、無限か、といきなりきかれて、私はうとうとしてゐたのを一寸こづかれた感じだつた。

「さあ、そいつは判らないんだらう。」

「学者でも？」

「うん、定説は無いんぢやないのかな。——それは、あんたより、お父さんの方が知りたいぐらゐだよ。」云ひ云ひ、私は近頃読んだある論文を思ひ出してゐた。可視宇宙に於ける渦状星雲の数は、推定約一億で、それが平均二百万光年の距離を置いて散らばつてゐる。その星雲の、今見られる最遠のもの、宇宙の辺境とも云ふべき所にあるものは、地球からの距離約二億五千万光年、そして各星雲の直径は二万光年——そんなことが書いてあつたやうだ。そしてわれわれの太陽系は、約一億と云はれる渦状星雲のうちのある一つの、ささやかな一構成分子たるに過ぎない。「宇宙の大」といふやうなことで、ある感傷に陥つた経験が自分にもある、と思つた。中学上級生の頃だつたと思ふ。今、十六の長女が同じ段階に入つてゐると感ずると、何かいたはつてやりたい思ひに駆られるのだつた。

「一光年といふのを知つてゐるかい？」ときく。

「ハイ、光が一年間に走る距離であります。」と、わざと教室の答弁風に云ふ。

「よろしい。では、それは何キロですか。」こちらも先生口調になる。

「さア。」

「ちょつと揉むのをやめて、紙と鉛筆、計算をたのむ。」

ええと、光の速度は、一秒間に……などと云ひながら、長女は掛算を重ねて十三桁か十四桁の数字を出し、うわ、零が紙からハミ出しちやつたと云つた。そいつを二億五千万倍してくれ、といふと、そんな天文学的数字、困る、といふ。

「だつて、これ、天文学だぜ。」

「あ、さうか。——何だか、ぼおツとして、悲しくなつちやふ。」と長女は鉛筆を放した。

二人は暫らく黙つてゐたが、やがて私が云ひ出す。

「でもね、数字の大きさに驚くことはないと思ふよ、数字なんて、人間の発明品だもの、単位の決め方でどうにでもなる。仮りに一億光年ぐらゐを単位にする、超光年とか云つてね、さうすれば、可視宇宙の半径は二超光年半か三超光年、二·五か三、何だそれだけかといふことになる。——反対に原子的な単位を使ふとすると、零の数は、紙からハミ出すどころか、あんたが一生かかつたつて書き切れない。」

「うん。」と静かに答へる。

「単位の置きどころといふことになるだらう。有限なら、いくら零の数が多くたつて、人間の頭の中に入るよ。ところが、無限となると……。」

神、といふ言葉がそこへ浮んだので、ふと私は口をつぐんだ。長女は、機械的に私の右肩を揉んでゐる。問題が自分に移された感じで、何かぶつぶつと私は頭の中でつぶやきつづけるのだつた。

——われわれの宇宙席次ともいふべきものは、いつたいどこにあるのか。時間と空間の、われわれはいつかどこにひつかかつてゐるのだ。そいつをわれわれは自分自身で知ることが出来るのか出来ないのか。知つたら、われわれはわれわれでなくなるのか。

蜘蛛や蚤や何とか蜂の場合を考へる。私が閉ぢ込めた蜘蛛は、二度共偶然によつて脱出し得た。来るか来ぬか判りもせぬ偶然を、静まり返つて待ちつづけた蜘蛛、機会をのがさぬその素速さには、反感めいたものを感じながらも、見事だと思はされる。

蚤は馬鹿だ、腑抜けだ。何とか蜂は、盲者蛇におぢずの向う見ずだ。鉄壁はすでに除かれてゐるのに、自ら可能を放棄して疑はぬ蚤、信ずることによつて不可能を可能にする蜂、われわれはそのどつちなのだらう。われわれと云はなくていい、私、私自身どうだらう。

私としては、蜘蛛のやうな冷静な、不屈なやり方は出来ない。出来ればいいとも思ふが、性に合はぬといふ気持がある。

何がし蜂の向う見ずの自信には、たうてい及ばない。だがしかし、これは自信といふものだらうか。彼として無意識なら、そこに自信も何もないわけだ。蜂にとつては自然なだけで、かれこれ云はれることはないのだ。

馬鹿で腑抜けの蚤に、どこか私は似たところがあるかも知れない。

自由は、あるのだらうか。あらゆることは予定されてゐるのか。私の自由は、何ものかの筋書によるものなのか。すべてはまた、偶然なのか。鉄壁はあるのかないのか。私には判らない。判るのは、いづれそのうち、死との二人三脚も終る、といふことだ。

私が蜘蛛や蚤や蜂を観るやうに、どこかから私の一挙一動を見てゐる奴があつたらどうだらう。更にまた、私が蜘蛛を閉ぢ込め、逃がしたやうに、私のあらゆる考へと行動とを規制してゐる奴があつたらどうだらう。あの蚤のやうに、私が誰かから無慚な思ひ知らされ方を受けてゐるのだとしたらどうなのか。お前は実は飛べないのだ、と、私といふ蜂が誰かに云はれることはないのか。さういふ奴が元来あるのか、それとも、われわれがつくるのか、更にまた、われわれが成るのか、——それを教へてくれるものはない。

五

蠅はうるさい。もう冬だから、陽盛りにしか出て来ないが、布団にあごまで埋めた私の顔まで遊び場にする。

蠅について大発見をした。彼が頬にとまると、私は頬の肉を動かすか、首を一寸振るかして、これを追ひ立てる。飛び立つた彼は、直ぐ同じところに戻つてくる。また追ふ。飛び立つて、またとまる。これを三度繰り返すと、彼は諦めて、もう同じ場所には来ないのだ。これはどんな場合でも同じだ。三度追はれると、すつぱり気を変へてしまふ、といふのが、どの蝿の癖でもあるらしい。

「面白いからやつてごらん。」と私は家の者に云ふのだが、「さうですか、面白いんですねえ。」と口先だけで云ひながら、誰もそんな実験をやらうとはしない。忙しいのです、と無言の返答をしてゐる。勿論私は強ひはしない。だが、忙しいといふのはどういふことなんだ、それはそんなに重大なことなのか、と肚の中でつぶやくこともないのではない。

それからまた、私は、世にも珍らしいことをやつてのけたことがある。額で一匹の蝿を捕まへたのだ。

額にとまつた一匹の蝿、そいつを追はうといふはつきりした気持でもなく、私は眉をぐっとつり上げた。すると、急に私の額で、騒ぎが起った。私のその動作によつて額に出来たしわが、蝿の足をしつかりとはさんでしまつたのだ。蝿は、何本か知らぬが、とにかく足で私の額につながれ、無駄に大げさに翅をぶんぶん云はせてゐる。その狼狽のさまは手にとる如くだ。

「おい誰か来てくれ。」私は、眉を思ひきり釣り上げ額にしわをよせたとぼけた顔のまま大声を出した。中学一年生の長男が、何事かといふ顔でやつて来た。

「おでこに蝿が居るだらう、とつておくれ！」

「だつて、とれませんよ、蝿叩きで叩いちやいけないんでせう？」

「手で、直ぐとれるよ、逃げられないんだから。」

半信半疑の長男の指先が、難なく蝿をつかまへた。

「どうだ、エライだらう、おでこで蝿をつかまへるなんて、誰にだつて出来やしない、空前絶後の事件かも知れないぞ。」

「へえ、驚いたな。」と長男は、自分の額にしわを寄せ、片手でそこを撫でてゐる。

「君なんかに出来るものか。」私はニヤニヤしながら、片手に蝿を大事さうにつまみ、片手で額を撫でてゐる長男を見た。彼は十三、大柄で健康そのものだ。ロクにしわなんかよりはしない。私の額のしわは、もう深い。そして、額ばかりではない。

「なになに？どうしたの？」

みんな次の部屋からやつて来た。そして、長男の報告で、いつせいにゲラゲラ笑ひ出した。

「わ、面白いな。」と、七つの二女まで生意気に笑つてゐる。みんなが気を揃へたやうに、それぞれの額を撫でるのを見てゐた私が、

「もういい、あつちへ行け。」と云つた。少し不機嫌になつて来たのだ。

注意する読み方

一進一退　いっしんいったい
羽虫　はむし
米杉　よねすぎ
薄斑　うすまだら
旋律　せんりつ
無闇　むやみ
卒然　そつぜん
空瓶　あきびん
間髪　かんぱつ
号砲　ごうほう
硝子戸　ガラスど
幽閉　ゆうへい
行末　ゆくすえ
粗雑　そざつ
根気　こんき
暗紫色　あんししょく
暁方　あけがた
遁走　とんそう
大儀　たいぎ
横風　おうふう
彼奴　きやつ
仰々しく　ぎょうぎょうしく
端折る　はしょる
摑む　つかむ
蚤　のみ
大夫　たゆう
無慚　むざん
理不尽さ　りふじんさ
物憂さ　ものうさ
文数　ぶんすう
渦状星雲　かじょうせいうん
腑抜け　ふぬけ
盲者　めくら
陽盛り　ひざかり
生意気　なまいき

注　釈

八畳　一畳は約2平方メートル。
チゴイネル・ワイゼン　サラサーテ作曲のバイオリンのための小品（作品20の1)。
ヴィクター　レコード会社名。英語のVictorから。
ハイフェッツ　ロシア生まれのバイオリン奏者（1901～1987）。
ファーブル　フランスの昆虫学者、文筆家。1823～1915。
スタート・ライン（startline）　出発線。
身じまい　身じたく。姿。
大儀　めんどうくさいこと。くたびれてだるくなること。
横風　いばったものごし。いかにもえらそうなさま。
ロイマチス（Rheumatismus）　リューマチの老人語。
腑抜け　精神がしっかりしていない。いくじなし。

解　題

1948（昭和23）年、『新潮』に発表された短篇小説で、名作として絶賛を受けた。1947年に母タイを失ったあとから作者におとずれた重要な心境の転換を背景にしている。母の死のあと死の順番が自分にまわって来ていることを予感する作者が、病中の死生観を吐露したものである。病床で、蜘蛛、蚤、蜂、蝿などの卑小な虫たちの姿を観察しつつ、そのはかない生命と遠大な宇宙のそれとの対比を思い、そして人間なるものの生のありかたに心をよせていくさまが、ユーモアをまじえた暢達な文体で描かれている。アメリカ、ノルウェーなどにも翻訳紹介された。

研　究

一、この作品を支えるユーモアは、作者の人生に対するどういう態度から生まれているか。考察せよ。
二、十六歳の長女との対話をとおして、作者は人間という生存についてどのような見方を示しているか。考察せよ。
三、結末「『もういい、あつちへ行け。』と云つた。少し不気嫌になつて来たのだ」という個所について、なぜ作者は「不気嫌になつたのか」説明してみよ。

作家紹介

尾崎一雄（おざきかずお）

1899（明治32）～1983（昭和58）。小説家。三重県生まれ。早稲田大学文学部国文科卒業。若年の頃から志賀直哉の影響を受け傾倒した。大正14年に「早春の蜜蜂」を『新潮』に発表、力量をみとめられる。文学の早稲田派を率いるリーダーであったが、生活は乱脈をきわめ、志賀文学の呪縛とプロレタリア文学への不信から一作も書けぬ時期をすごす。昭和4（1929）年、生活の立て直しを求め、志賀直哉をたずねた。年少無垢の女性との結婚も精神の再生を促すことになった。昭和8（1933）年あたりからようやく志賀の影響から脱し、野性とユーモアにみちた独自な、自由暢達の境地の文体にたどりついた。10年、第三次『早稲田文学』の同人となる。12年、創作集「暢気眼鏡」で第五回芥川賞。38歳であった。これによって作家的地位を確立した。23年「虫のいろいろ」。37年「まぼろしの記」で第十五回野間文芸賞。39（1964）年、日本芸術院會員。尾崎は伝統的な私小説家であるが、昭和19（1944）年の胃潰瘍による大患以来、諦念に根ざす自然観と人生観に進み、透明なユーモアにみちた他者への愛情を作品に表出するようになった。志賀直哉の東洋的心境小説に通う作品世界にむかったと言ってよい。昭和50（1975）年、回想記「あの日この日」で再度野間文芸賞をうけた。

前身

石川淳

一

長助の前身はすっぽんであった。そのことは、たれも知らない。まして当人が知っているはずはなかった。己の前身を知っている人間があるだろうか。しかし、人間たれにしても、何かの折に、もしやと、思い当たるということがある。思い当たるということが完全にないような人間はどうもバカの嫌疑をかけられてもしかたがあるまい。長助にはその嫌疑があった。

昔、ある男がいた。そいつは刀を二本差していたのだから、サムライというものに違いない。ある時、そのサムライが京に上ることになった。もともと殺生は大好物、魚なり、獣なり、一日でも殺して食わなくては生きているような気がしないという結構な生まれつきで、西国を立ってからも、道中あれを殺しこれを食い、当人の身は至ってつつがなく、さて淀川を上ろうとて、三十石に乗り込んだ。舟の中には、人間のほかに生き物は何もない。ないとなると、この男、おおきに人間でも殺して食いかねないだろう。しかし、心得たもので、乗り込む時、生きたすっぽん一匹どこやらで都合してきた。

舟が淀川の大橋のほとりにかかるころになると、もう我慢していられない。連れの男たちを顧みて、

「どれ。ひとつ、やるか。」

こういうのに限って、包丁自慢である。連れはそっぽを向いて返事もしない。これが間違ってもうまい物を他人に振る舞うようなやつでないということは、連れもかねて承知していた。サムライはくだんのすっぽんを手の下に押さえ付けて、いざ料理という段になって、包丁を忘れてきたことに気がついた。どうするか。なに、包丁はなくても、サムライは刃物には困らない。刀の小柄を抜き取って、ずぶりと突き立てようとしたとたん、つい手が滑って、小柄は舟べりに飛び、あっと見るまに、水に沈んだ。

「しまった。」

サムライが慌てたのも無理はない。その小柄は国もとの領主から拝領のもの、常々自慢の種であった。すっぽんどころか、命とも取り替えたいほどの家宝で、これを失っては領主に申し訳たたず、今後は人に見せて威張るという楽しみもなくなる。舟べりから乗り出して、水をにらんでいるうちにも、舟は勝手に進んで行く。思案に暮れて、さしも強情な男もすっかりしょげた。その恨めしそうな顔を見ると、連れも黙っていられない。

「やれやれ、気の毒な。」

しかし、それは慰めの言葉とは聞こえなかった。どうも、ざまをみろと言ったのに等しいようであった。現に、そう言う口に煙管をくわえて、連れはのんびり水のけしきを眺めていた。連れでさえそうなのだから、乗り合いの面々、旅の憂さ晴らしに、がやがやと、

「気の毒を絵にかいたような格好じゃないか。」

「それというのも、無益の殺生を好む罰さ。」

「うまい物をみんなに見せびらかして、己独り占めに食おうというのが、そもそもふてえ料簡だ。」

「だが、そのおかげで、こういう胸のすくけしきを見せてもらったの

だから、差し引き文句も言えまい。」

「はっは、おもしろい。」

露骨に笑うやつまでいた。

こうなると、サムライも引っ込みがつかない。どうしても小柄はだめと見極めをつけると、腹をきめて、とっさに居直った。ただし、八つ当たりに居直られたのは哀れなすっぽんのほうであった。

サムライはすっぽんの首っ玉をぎゅっと絞めつけて、

「これ、すっぽん。わしが大切な小柄を失ったのは、ひとえに貴様のなせるわざだ。本来ならばこの素っ首を一刀のもとに打ち落とすところだが、思う子細あって、特に許してやる。貴様、わしの慈悲を肝に銘じて、直ちに水の底を探って、かの小柄を取って来い。もし小柄が無事にわしの手に戻った時は、わしから淀の領主に嘆き訴えて、この川筋一帯すっぽんを捕ることは禁制とするよう、取り計らってもらおう。また万一貴様がわしの慈悲に背き、恩を仇で返して、このままに逃げ去った時には、人足おおぜいかり集め、たといこの川の水を涸らしても、貴様の一族一類残らず捕り尽くして、ことごとく殺して食おうぞ。よいか。わかったか。」

そう言って、すっぽんをつかむと、とんだ芝居がかりの、やけな気合いで、えいとこれを水の中に投げ込んだ。

これはどうなることかと、乗り合い一同、固唾をのんで水の面を見つめていると、しばらくして、かのすっぽん、小柄を口にくわえてひょくり舟べりに浮き上がって来た。一同驚いて、

「や、これは不思議だ。」

「ふーむ、えれえサムライだ。」

「やっぱりサムライの威光は大したものだな。」

すっぽんのことは、たれも何とも言わない。サムライは小柄が手に戻った上に、乗り合いの風向きががらりと変わったので、得意満面、あごでしゃくって、

「船頭、すぐ舟を岸に着けろ。」

証人がおおぜいいることだから、サムライも今更二枚舌は使えない。早速、淀の領主のもとにすっぽん禁制のことを嘆き訴えた。すると、この領主、かねて仁政の評判を世に広めたいものと、ひそかに時節をうかがっていたところなので、すっぽんならば出ず入らず、これは耳よりな話を持ち込んできてくれたと、願いの趣即座に聞き届けて、淀の大橋より上下五町の間を限り、生類あわれみの趣意によって、今後すっぽんを捕ること固くまかりならぬと、橋のたもとに、なるべく諸国の旅人の目を引き口の端にのぼるように、でかでかと制札を立てた。

サムライはといえば、これは肩で風を切って京に上って行き、そののちはすっぽんとさえ見れば容赦なく、目の敵にして、ことごとくこれを殺してむさぼり食った。そして、かの小柄にはすっぽんという銘を付けて、以前にもまさって自慢の種をまた一つ増した。

ところで、すっぽんのほうは、淀の大橋より上下五町の間の限りにこそ図らずも安全を保証されたことになったが、それは必ずしも自由を与えられたということにはならぬようであった。以前は、すっぽん一類、いつどこで捕られるかもしれぬ危険において、広い水を求め、豊かなえさを求めて、その欲する所に遊ぶことができた。思えば、生き物である限り、捕られる危険はたれの身にもあり得ることではないか。危険を踏まえつつ、時には水にくぐり、時には岩に甲羅を干し、思うままなることを得たのは、それが自由と言えば言えないこともなかった。しかるに、今遊び得る所は、大橋より上下たった五町の間と、仁政の棒杭に足止めをくわされている。これはどうしても遊ぶということではない。すなわち、閉じ込められたということではないか。その代わりに、安全という。自由と安全とは別物なのだろうか。いや、その安全が眉唾物であった。うっかり境の棒杭の外に首を突き出したらば百年目、そこにはいつも危険な仕掛けが待ち構えていて、絶対に生け捕りにされてしまう。敵は金輪際逃しっこない。それどころか、棒杭の内側にじっとしていてさえも、時々真っ黒な手がにゅっと割り込んできて、二匹三匹、仲間のたれかが油断のすきにふんづかまる。橋のたもとにはでかでかと制札が立ててあるが、水の底に潜り込む真っ黒な手は人の目に触れない。それが人の目に触れさえしなければ、いかに禁制を破っても破ったことにならないというのが人間の論理と見てとれた。つまり、結果においては、すっぽん一類ことごとく、人間の手に捕りやすくさせるために、大橋の下の狭い一所に追い込まれたも同然の仕儀となって、そこは体のよい生贄に似た。いや、似たではない、そのとおりであった。現にその後この川筋一帯にはすっぽん料理と看板を掛けた店があちこちにできて、昼夜にぎやかに、三味線の音は仁政をたたえた。すっぽんの中でもふさぎの虫に取っつかれたやつは、自由は永遠に失われたと考えて行く末をはかなみ、泥の中に首を突っ込んで、自殺を図るまでに至った。

しかし、自由か不自由かということは、当事者おのおの状況判断によって違ってくるだろう。いかに有利な状況でも、常に不自由だと言って突っ張らなくては承知しないようなやつもある。また逆に、いかに不利な状況でも、やっぱり自由はあると思い込んでいなくては気が狂いそうなやつもある。すっぽん仲間は硬軟両派に分かれた。、優勢な立場にある硬派は軟派を引きずって、失われた自由を回復するために、今後人間と見たらば必ず食らいつけと決議した。そして、こういうことになったもとはといえば、間抜けな仲間の一匹がサムライごとき者の演技にだまされて、なまじ小柄を返してやるなんぞというあさましい振る舞いをしたからだと決めつけて、例のすっぽんを猛烈にたたいた。たたかれたすっぽんはぐうの音も出ず、岩の陰に首を縮めたが、しかしかすかにつぶやいた。

「そういっても、以前おれたちは自由なんぞということを考えてもみたことがあっただろうか。そういう高級なことをちょこちょこと考えつくようになったのは、この狭い所に追い詰められ閉じ込められてからの話じゃないか。」

苦し紛れとはいいながら、実に意気地のない感想を漏らしたものである。これではみすみす敵の人間の陰険な仕打ちに礼を言っているのに等しいではないか。しかし、すっぽんが人語を発するという法はない。実際に、声に出してそうつぶやいたのは、すっぽんではなくて、長助であった。

長助は己の声に目を覚ました。そして、今までぼんやり見ていた淀川のけしきとか、サムライとか、すっぽんとかはすべて明け方の夢であったと気がついた。夢の話なんぞはたれでも忘れがちのものだから、特に忘れっぽい長助はすぐそれを忘れた。己の口から出た言葉も、いいあんばいに、いっしょに忘れてしまったことは言うまでもない。長助は平常はすっぽん同様ろくに口のきけない性分で、曲がりなりにも感想に類するものを声に漏らしたためしはなかった。夢の中では、よっぽどどうかしていたのだろう。ただあきれたことに、せっかく夢にまで見ておきながら、しかも己が口出しまでしておきながら、かの間抜けなすっぽんの現世に人間と生まれ変わったやつがすなわち我が身にほかならないという肝心なことを、長助はついに悟り得なかった。こうのほほんとしていられては、夢の知らせも知らせがいがないようであった。

長助の住んでいる所は、もちろん淀の大橋より上下五町なんぞという広大な場所ではない。道端に、屋根は崩れ軒は朽ちた小家が今にもつぶれそうに立っていて、往来の人がひょっとのぞいてみると、そこの古畳の上に長助がいる。そして、長助のほかには、そこには人間もなし、品物もない。台所を探しても食い物のかけらさえ見当たらず、長助の懐はおよそ銭というものとは縁が切れている。完全にからっけつであった。ただし、このからっけつは目に見えない泥に似ていた。長助はすっぽんのように泥の中に首を突っ込んで、身動きのとれない有様と見受けられた。この泥は、世間の言葉で言えば、貧乏というものだろう。しかし、長助はすっぽんと我が身との続き柄に気がつかずにいるように、からっけつはからっけつ、貧乏は貧乏と、どうも別物に思い込んでいるらしい風情であった。もしたれかがそれは同じものだと言って聞かせたとすれば、長助はきょとんとするだろう。それでも、他人の目から見れば、長助のからっけつは世間で言う貧乏と格好上そっくりであった。長助がどう考えようと、他人のほうでは、この二つが別物というふうには決して考えないだろう。

二

目を覚ますと、雨が降っていた。晴れた日には、長助は朝早くから外に出る。雨の降る日には、やっぱり出る。というのは、どちらにしても、からっけつの人間がうちにじっとしているという権利はないからである。雨の中を歩くには、傘がないよりは、あったほうがよい。奇妙なことに、長助は傘を一本持っていた。これは隣に住むばあさんが見るにかねて貸してくれた古い番傘であった。

外に出てみたところで、行く先のあてがあるわけでもなく、何かの幸せに巡り会えそうな見込みもなかった。しかし、それだからなおさらのこと、てくてく町を歩かなくてはならない。長助は雨にしおたれながらてくてく歩いた。降りはひどくなってきて、古傘一本ではしのぎきれない。しばらく歩いて行くうちに、肩から裾までびっしょりぬれた。

ある町筋を行きかけると、ついそこの軒下に、雨宿りしている男がいた。そいつがぱっと飛び出して来て、いきなり長助の傘の下に割り込んで、ぐいと柄をつかんだ。

「これはおれの傘だ。」

長助はびっくりした。

「違う、違う。これは隣のばあさんの傘だ。」

「黙れ。おれの物だといったら、おれの物だ。よこせ。」

長助はあきれてそいつの顔を見た。ついぞ見知らぬ男であった。しかし、こういう顔をどこかで見たことがあるような気がした。そうそう、明け方の夢の、サムライの顔に、それはよく似ていた。長助は内心ぎょっとした。そのひまに、危うく傘を奪われそうになった。

「よせ。何をする。これは隣のばあさん……。」

二人もみ合っているところに、通りかかった役人一群れ、その中の頭と見えるのが、

「取り押さえろ。」

手下が二人を引き分けた。頭は双方の申し立てを聞き取って、

「初めから傘をさしていた者は、ぬれ方が少ないはず。それが真の持ち主。余計にぬれているほうがニセモノだ。体を調べてみろ。」

調べてみるまでもなく、余計にぬれているのは明らかに長助のほうであった。

頭はまた言った。

「念のために、懐中物を改めてみろ。懐の寒いほうが悪いやつだ。」

改めてみると、相手の男の懐中にはいくらか小銭があった。それは安い傘の一本ぐらい買えば買えるだけの額と見られた。長助のほうは、逆さに振っても、からっけつはからっけつであった。

頭はじろりと長助をにらんで、

「貧乏人だな。不埒なやつだ。」

長助は慌てて抗議しようとした。しかし、普段でもろくに口のきけないのが、こうなるとなおいけない。ただやたらに手でもがいて、

「違う、違う……。」

周りに集まって来たやじ馬がどっと笑った。

「役人の眼力はすごいものだな。」

「言うことに筋が通っている。」

「裁きがはっきりしてよろしい。」

「名奉行というのじゃないか。」

傘は相手の男に渡された。役人の頭はいい気持ちそうに、手下を従えて、さっさと行ってしまった。やじ馬はすぐ散った。あとに長助は一人、手下の棒に殴り倒されて、雨の地べたに取り残された。頭がぼうとして今の出来事が夢の中のように遠く思われた。

三

明くる朝はからりと晴れた。長助は古畳の上に寝転んでいた。今日は

すぐ出かけて行く気配が見えない。昨日役人の棒でぶんなぐられた痛みのせいもあるだろうが、どうやら外に出るのがなんとなく恐ろしくなったらしい様子でもあった。外でも、うちでも、何か食わずにはいられないという事情には変わりがない。ただうちにいると、ほかに紛れることがないので、腹の鳴る音がいやにはっきり聞こえた。からっけつのこの家に、たった一つ、裏の空き地に梨の木があった。木には見事な実がなっていた。長助はそれをもいで食った。とても長助の家なんぞにあろうとも思われないほどの、それは非常にうまい梨であった。しかし、いかにうまくても、すき腹に梨はどうも軽過ぎた。長助は思わず声に出してつぶやいた。

「もっと腹にこたえのある物が食いたいなあ。」

そばに聞いているやつがいないにしても、これは実に情けないことを口走ったものである。すると、つんぼの早耳で、隣のばあさんがそれを聞きつけて、

「梨よりも、飯を食ったらいいじゃないか。」

「その飯がない。」

「米を買ったらいいじゃないか。」

「その銭がない。」

「梨を食うよりも、それを売ることを考えたらどうだね。」

「ふむ。」

「それを売って、銭なり米なりに替えたらどうだね。」

「なるほど。」

やっと気がついて、長助は腰を上げた。梨はもう三個しか残っていなかった。その三個をザルに入れて、外に出ると、つい隣の軒先から、

「梨はいりませんか。」

「何を言ってるんだい。ここはあたしのうちだよ。」

「あ、そうか。」

町中に出て行って、ぐるぐる回って、

「梨はいりませんか。」

どこの家でも、返事は同じであった。

「いらない。」

行く所、一つも売れず、いつか昼過ぎて、町外れに来た。この辺りは人家はまばらで、その中でも見栄えのしない一軒の、裏口に立って、

「梨はいりませんか。」

返事がない。しかし、障子の陰に人の気配がした。もう一度声をかけると、がたりと障子が開いて、顔を出した男がある。とたんに、長助は足がすくんだ。昨日の傘の一件の男……いや、それによく似てはいたが、違う男であった。世の中には、こういう顔つきの男がどうしてこうあちこちにいるのか。うんざりしたものの、気を取り直して、

「一つ買ってくれませんか。うまい梨ですよ。」

男は口もとをぴくりとさせたが、何も言わない。どうやら欲しそうな様子に見えた。それでも、買おうとは言い出さない。長助はちょっと待った。男は黙ったままでいる。しかし、引っ込もうとはしない。

長助は足も疲れ、腹はなおさらすいてきた。さっき家を出てから、ずっと飲まず食わずであった。そこで、地べたに腰を下ろして、ザルの中の梨を一個取って、小刀で器用に皮をむいた。これは売るためではない。我が口で、ぱくりと食った。豊かに熟れた梨の肌から、甘い汁が滴って、指にまで流れた。

やっぱり黙ったまま、それを見ている男の顔に、すき腹の色があからさまに読めた。買いたくても、おそらく銭がないに違いない。長助はその男を哀れに思った。そこで、梨をもう一個取って、皮をむいて、

「一つあげましょう。試しに、食ってみたら。」

差し出したのに、男はがぶりとかみついた。そして、う、う……とうなった。何のこととも わからなかったが、それはうまいという発声をかみ殺したのだろうと、後で察しがついた。舌をかむばかりに、梨はつい食われた。男は初めて口をきいた。

「うむ。一つ買ってやろう。よこせ。」

横柄な態度で、ザルのほうに手を伸ばした。そこには、最後の一個が

残っているだけであった。長助はそれを男の手に渡した。男はすぐ引っ込んで障子を閉めた。いつまで待っても、障子は開かなかった。

「もし、もし、梨の銭……。」

障子越しに、男の声がつっけんどんに響いた。

「勘定はミソカに取りに来い。」

長助はすごすご日暮れの道を帰って行った。

後で、男は手にした最後の一個に、皮をむく間ももどかしく、がぶりと……とたんにわっと叫んだ。何か硬い物にかみ当てて、前歯がぽろりと落ちた。もっとも、それはかねてぐらぐらしていた前歯ではあった。梨を割ってみると、シンがいやに硬かった。そのシンをまた割ってみると、そこに小さい石があった。それは何ということもないただの白い石であった。男は一人で怒って、その石をつかんで地に投げ付けようとしたが、思い返した様子で、それを棚の上に置いた。ただの石一つでも、せっかく己の口中に入った物を、むざむざ捨ててしまうのは惜しいと思ったのかもしれなかった。そして、男はよっぽど執念深い生まれつきなのか、落ちた前歯と棚の上の石とを、悔しそうに見比べて、しばらくは辺りの暗くなったのにも気がつかないようであった。

その夜、男はやけに頭から布団をかぶってぐっすり寝込んだが、それでもなおまぶしく、つぶった目を刺すほどのまぶしさに、寝ぼけながら、目をこすって起き上がった。見ると、灯を消しておいた家の中が真昼よりも明るく、こうこうと照っている。光のもとは柵の上の石と、すぐ知れた。ただの白い石とばかり思われたのが、今は透き通って、あきれるまでに見事な光を放っていた。男は叫びすら立て得なかった。立ったり座ったり、身の置き所もなくきりきり舞いしていたが、やがて光が戸の外に漏れることを恐れたのか、石を畳に下ろして、その上にすり鉢をかぶせて、ほっと息をついた。すり鉢をかぶせてさえ、光はほの明るく家中に漂った。男は起きるともつかず寝るともつかず、ただうろうろと一夜を明かした。

夜が明けると、光は消えた。石を手に取って見ると、やっぱりただの石であった。どう見ても、ただの白い石としか見えなかった。男は用心深くそれを戸棚の奥にしまい込んだ。夜になった。石はまた前夜のとおり見事な光を放ち始めた。話にも聞いたことのない希代の名玉であった。男はその石を布で幾重にも包んで、大切に箱に入れて、紐で厳重にからげて、それをまくらもとに置いた。この宝は間違いなく己一人の宝。いや、いかなる宝にもまさって貴い物。それは運というものに違いない。げにも運というものは、あればあるものかな。この運を金銀に替えると、どれほどか。家蔵に替えると、国に替えると……欲心あふれて果てなく胸躍ってその夜はまんじりともしなかった。

ミソカになった。

長助は梨の勘定を取るためにまたここに訪ねて来た。いや、それはこの土地、この場所であっただろうか。もとのちっぽけなぼろ家はどこへやら、そこに、照る日の下におそれげもなく、この辺りにはまれな高楼が今はなばなしく造営中と見えた。大石を積み、大木を積み、高高と足場を組み上げて、人々駆け巡り、牛馬の列も続いて、それはほとんど城を築くようなけしきであった。長助はあっけにとられた。その目の先に、どやどや通り過ぎる者があった。十人余りの供を従えて、真っ先に、はでな小袖を着た男がゆったり歩いて行く。福徳の相備わって、大尽という人柄に見立てられた。大尽は行きずりにちらと長助のほうを見た。たちまち、その顔に恐怖に似た色が走った。貧乏神、疫病神なんぞに出会いでもしたように、目の色まで卑しくうろたえた。長助は先日がぶりと梨に食らいついた男の顔をそこに認めたと思った。そして、思い切って、間近に声をかけた。

「梨の銭……。」

言う暇もなく、

「追っ払え。」

そのおびえた叫び声に、ばらばらと、人が集まって来た。棒を持ったやつまで交じっていた。棒を見ると、長助はいちもくさんに逃げ出した。そして、駆け続けに家まで逃げ帰った。

隣のばあさんが驚いて、

「どうしたんだい。疫病神にでも出会ったような顔をして。」

「くたびれた。」

長助は古畳の上にぶっ倒れた。すき腹がぐうぐう鳴った。今は梨の実も既にない。裏の空き地には、梨の木の裸の枝に、からっ風が吹き抜けて、これもまたすき腹のように鳴った。

すっぽんの夢を見たのはいつのことであったか。それから後の日々こそ、かえって夢のようであった。いや、現にこうしている我が身のていたらくを、長助はたれかに夢の中で見られているような気がした。もしや夢にでも見てくれるものがあるとしたらば、それは梨の木のほかにはない。というのは、長助の身の回りには、裸の梨の木のほかに何もなかったからである。長助はふっと、もしや我が身は未来には梨の木に生まれ変わるのではないかと、うたぐった。意外なことに、この疑いは長助の気に入った。そうとすれば、この己というやつは、未来の後身が夢に見るであろう前身を現在に生きていることになる。これこそ生きがいというものではないか。その時、長助はもしや現在の我が身はかのすっぽんの後身ではないかと、危うく気がつきかけた。しかし、それはほとんど何も気がつかないということに等しかった。既に、長助は古畳の上にすやすやと、何を夢に見るのか見ないのか、軽いいびきをたてて眠り込んでいた。

からっ風がやんで、梨の木の裸の枝に、日がほかほかさしてきた。

注意する読み方

長助　ちょうすけ
嫌疑　けんぎ
殺生　せっしょう
大好物　だいこうぶつ
西国　さいごく
道中　どうちゅう
淀川　よどかわ
強情　ごうじょう
煙管　きせる
罰　ばち
料簡　りょうけん
素っ首　そっくび

子細　しさい
仇　あだ
涸らす　からす
固唾　かたず
生類　しょうるい
口の端　くちのは
甲羅　こうら
棒杭　ぼうくい
眉唾物　まゆつばもの
生け捕り　いけどり
仕儀　しぎ
体のよい生簀　ていのよいいけす
硬派　こうは
軟派　なんは
意気地のない　いくじのない
性分　しょうぶん
小家　こいえ
古畳　ふるだたみ
風情　ふぜい
番傘　ばんがさ
小銭　こぜに
不埒　ふらち
町中　まちなか
横柄　おうへい
希代　きだい
紐　ひも
小袖　こそで
大尽　だいじん
疫病神　やくびょうがみ

注　釈

西国　九州地方のこと。
淀川　琵琶湖を源とし、大阪湾に注ぐ川。
三十石　三十石船のこと。積載量三十石（一石は約0. 28立方メートル）の船。大阪と伏見（ふしみ）の間を往来していた。
淀の大橋　京都市伏見区にある地名。大橋は宇治川に架かる橋。淀は淀川水運の中心地だった。
小柄　脇差（わきざし）の鞘（さや）に差し添えてある小刀。
料簡　よくない考え。悪い気持。
固唾をのむ　どうなることかと緊張する。
五町の間　町は尺貫法の距離の単位で、一町は約109メートル。
制札　禁止の個条などを書いて道ばたなどに立てる札。立て札。
銘　器物などに特別につけた名。
甲羅を干す　うつぶせになったりして背中に日光を浴びること。
眉唾物　だまされないように眉に唾をつけて用心すべきもの。正しいかどうか疑わしいもの。
生簀　取った魚を生かして飼っておく所。
不埒　行為が限度を越しており、けしからぬこと。

高楼　高く構えた家。

小袖　ここでは、江戸時代の町人が着た袖の小さい服。

解　題

斬新な奇想とイメージの自在性を得意とする石川淳の面目躍如たる短篇小説である。現在の生の姿を架空のものとみなし、その現在を未知の可能性から照らしだすとき、過去から未来へと抜けていく新しい人間の原質が見えてくる。長助という貧乏な一庶民の滑稽哀切な日常をユーモラスに描き、現実という傲慢な幻想におしつぶされない純粋な人間の原質を探っている。夢を効果的に使いこなしている点にもこの作品の面白さがある。本文は1968（昭和43）年刊『石川淳選集』第五巻による。

研　究

一、作者は作品の終りちかくで「これこそ生きがいというものではないか。」と言っているが、どうしてそう言えるのか。またそのあと、作者は長助を「すやすやと……」眠り込ませてしまうが、それはどんな意味があるのか。

二、この作品で描かれた長助の生き方や人間像について、また、作者の自由についての考え方をどう思うか、それぞれ思うところを話し合ってみよ。

作家紹介

石川淳（いしかわじゅん）

1899（明治32）～1987（昭和62）。小説家、評論家。夷斎と号する。東京市浅草区生まれ。東京外語フランス語科卒業。アンドレ・ジッドに親しみ、20世紀初頭のフランス文学、とくに象徴主義運動に理解をしめし傾倒した。また、大正末期からの革命運動にも影響される。和漢洋にわたる該博な学識教養を具備していく長い期間は、また自己形成のための試練と精神彷徨のそれでもあった。昭和10年、処女作「佳人」を発表したとき、石川淳はすでに主題と方法意識を構築した一個の成熟した小説家であった。昭和11年、「普賢」で第四回芥川賞。かれの小説の主題は、人間の現存の生を空白とみなし、そこに精神の運動の構造を投げこむことによって新たな生を存在せしめるところにあった。想像力の再分布により生命の自由を追究するという明晰な方法意識の鮮烈さと知的造型力の強靭さは、転向と不安の時代の中で見うしなわれようとしている自意識の危機を正確に映しとり、それを内側から突きやぶる精神の格闘から生まれた。自己と現実の関係をつねに未知の可能性において追求する小説方法が、在来の私小説的伝統を根本から変革するものであったのは当然である。昭和13（1938）年「マルスの歌」を発表する。戦時中は江戸時の文人・大田蜀山人の生活ぶりをかりて韜晦をこころみ抵抗の姿勢を一貫させた。戦後、「黄金伝説」、「焼跡のイエス」をはじめ注目すべき作品を発表、多大の影響を与えた。31年「紫苑物語」、39年「荒魂」、42年「至福千年」。戦後の一時期かれは新戯作派の一人とみなされたが、本領は現代小説の新地平を切りひらいた鮮烈さにある。未知と空虚のなかに精神を投げこみ生の自由をそこに求めるかれの方法意識は、いまなお日本の現代文学にひきつがれている。

青春について

伊藤整

青春の明け方は、ずいぶん早めにやってくるもので、そして、それはなかなか終わりにならない。私の経験でいえば、青春は、少年時代に既にやってきていた。（私は早熟であった）。そして、だれでもがそうであるように、私は自分を早熟だと思って、早く目覚めた自分の青春を、他人の目から隠そうとし、また自分自身の目からさえ隠そうと努力した。その時に私に意識された青春らしいものは、自分に対する開眼の願いと、異性に対する開眼の願い、そして、その二つの願いをとおして、人生が自分の後方でなく、前方に全部未開発で残っている、という気持ちであった。そのような意味での青春は、人間の生活においてはなかなか終わりにならない。四十歳台の末がやってきている私にとっても、それが完全に終わったということはできない。

気難しくして博識なる老人日夏耿之介の詩の一節に、

われ賛美す
たしかなるみづからのもちものについて
青春について

われは最初にもつとも不可思議なる青春なり
（中略）
われは孤りなり
われは青春く
われは繊弱し
されどわれは所有す
所有は五月の曲江のやうに照りかがやき
はつ夏の日輪のやうに撫愛しむ

というのがある。私が初めてこの詩を読んだのは、数え年十七歳の八月だったから、満でいうと十六歳と七か月であった。そして満十六歳半の私は、自分自身の「若さ」というべきものが、この詩の中にみごとに捕捉され、ピチピチと生きているのを感じた。私は自分の青春を理解した。私が十六歳で理解したものは、今また十六歳の少年が理解する、と思わねばならない。

この詩人は、その時、「所有」ということを認識の核としているわけである。青春が所有するもの、それは、全人生である。それはいわば地球を自分は所有していると考えるのと同様であり、人生というものを全部まだ「手つかず」で所有している、というのと同断である。

だが、そのような所有とは、全く所有しないこととも、ほとんど同義である。だから、私自身は、日夏先生と違って十六歳の時、自分は何も所有していない、という意識を強く持っていた。「所有」を、物質的な面に限っていっても、私は中学校へ通えるだけの資力を子だくさんの貧弱な勤め人であった私の父なる男から、搾取し、仕立て直しの制服と一そろいの教科書と、通学定期券とを持っていた。しかし、その所有は「青春」の所有ではない。青春の所有と見なされるものは、本質的にいうと未開発なる人生の未来である。現象的にいえば、それは自分が持つ可能性のあるところの才能であり、勇気であり、美貌であり、敏感な、そして広い心であり、肉体の力と健康であり、かつたぶんよき友人であり、女性の友であった。それらの「曲江のやう」な輝かしい青春の所有の、ほとんど全部を、私は、自分が持ってもいず、かつ持つ可能性もほとんどないと意識した。

だが、もしも、私の卑屈にして懦弱な心の働きを、もしもである、もしも「敏感」という美しい形容的文字で呼ぶことができるのならば、私は、一種の感じやすい傷つきやすい心を持っていた。それをすら、私は所有どころか、反所有すなわち大いなるマイナスの負担だと思っていた。私は今でも自分にマイナスの所有がいくつかある、と思っているが、もし私が本当に達人であり、本当の生活者であれば、私においてのマイナスがすべてプラスとなり、自分にとっての重き負担ほど、それが自分の力であるように生かせるだろう。私が生かしたマイナスの条件は、ただ一つ自分の感じやすさ、傷つきやすさであった。外のもの、すなわち外の非所有はみな、マイナスの価値のみ増大して今日に至った。

そしてまた、もしも、私に詩や文学を語り、私をその惑いの多い迷路へ導く気配をみせる友がよき友であるならば、私はその時、そういう友を持っていた。それは、実は私の所有であったのだが、私はそのような友情を所有とは思わなかった。友人は他人だと思っていた。私は自分の少しばかりの所有を、所有でないと思ったので、自分が無一物で、孤立して、何人の助けも得られずに放り出されている、という気持ちに苦しんだ。

すなわち私は、健康な肉体の力、美貌、広い心、勇気、才能、女性の友などという、青春の最も輝かしい伴侶と見なされるものを、全く欠いていた。それらのものを所有しない、という意識は、日常痛烈に私を苦しめ、自分を劣れるものと感じさせ、自分が青春を生きていないこと、たぶんしたがって人生らしい人生を生きることができないだろうことを予感させて、私を脅かした。その時私の感じた脅迫感の荒涼とした非人間的な恐ろしさを、私はいま五十歳になろうとして、まざまざと思い起こすことができる。

そして、私の中にまだ消えないでいるところの、それらを所有したいという青春らしいものは、いまも私の耳もとでささやくのである。おまえは、結局、おまえの青春を所有しなかった。それは、もう再びおまえが所有することはけっしてないであろう、と。私の青春は、衰え、力弱くなりながらも、私の肩の辺りに腰かけている。彼は私が喫茶店の片隅でぼうぜんとしている時、私が木々の緑なる水のほとりを歩く時、私が年若い学生の群れと擦れ違う時、私の耳にささやくのである。おれは、今までおまえにつきまとってきたが、ついにそれは無駄であった。おまえは、かつて、一度もおれを満足させたことがなかった、と。そうだ、私は彼を満足させることをしなかった。

しかし、だからといって、私が青春を知らなかったことにはならない。むしろ私は、それを所有しなかっただけ、それだけ、強烈に青春を知っていたような気がする。私は、青春というものを、青春らしい生活形式や交友や恋愛やスポーツそのものとしては所有しなかった。しかしそれらを所有しないことで、正確にいえば、所有しないと思ったとき、青春は私にあった。私は、長い間かかって、青春らしい生活の形は、大したものでないこと、更に大胆に言えば、そんなものはつまらぬものであることを理解した。私の肩の上に座って、私につまらぬことをささやくやつは、それは、私が論理的には捨てたやつが、単に情緒的に、仮にそこに座って、私を失われたものへの情感に誘惑している亡霊にすぎないのである。

私は、もう一度いうが、青春らしいものを所有しないことによって青春の存在を痛切に知ったのであった。二十歳の私にとっては、ある日、日の光に照らされている一少女の頬を自分のものとして所有しないことが、生きていないと同様のことに思われた。もし、体面や礼節というものが私を妨害しなかったならば私はその少女を白日のもとに抱き締めたであったろう。その時、私はそれをしなかった。その「しなかった」ということは、生命を締め木にかけて絞るような痛切な非存在感で私の心に傷をつけた。私はそこで血を流し、そしてその痛切さにおいて私は生きた。そのようなものの連続が私の青春であった。

実は、その時、その少女は、私には、エゴある人間として見えずに、桃の実の熟したような肉体の感覚として、また感覚のみで生きている心理的女性として見えたのであった。その時私の目に見えたその少女は、人間の実在からいえば、抜け殻であった。しかも、私の青春は、その抜け殻を直ちに所有することを私に命じた。私は、その時は、このような認識に妨害されて行動を中止したのでなく、習慣や体裁に妨害されて中止したのであった。そのことは残念なことではあったけれども、私は幾度か、そのようにしてからくも青春に欺かれずにすんだ。そして、別な時、私は幾度か欺かれた。欺かれた時に、私はその空虚さに気がつき、そして欺かれなかった時のことを理解するようになった。

青春が我々を駆り立てるのは、必ずしも真実なものや、良きものに向かってではない。もし我々が、それに駆り立てられるがままになっていたならば、我々は、過度の善と過度の悪との両方によって、肉体的人間として、また社会的人間として破滅するであろう。しかし、そのような破滅は必ずしも死や無ではない。私の会った破滅は、かえって、所有することのむなしさや、所有することの惑わしさから私を救った。私の認識は、しばしば破滅の後に現れて、そして私を救い、私を回復した。

人間的な対立者として我々の前に存在し、また我々に迫ってくる異性や友人や敵は、惑わしの力の小さいものである。異性や敵が接近してくるときは、それは間もなく感覚的物体でなくなり、人間としての実在を私たちに理解させる。向こう側にいる人間が我々に働きかけるとき、我々もまた向こうに働きかける。それによって実在への接近は両方からされる場合が多いので、相互の理解は、加速度的に私たちを人間性に目覚ませる。異性が我々を惑わすのは、むしろ、その異性が私から失われていく時である。その時、彼女の実在の消失は、また加速度的であるから、私たちは、その亡失の速度、その経過の強烈さに眩惑されて、自己を失う。失恋と別離は、最も大きな人間認識の危機である。絶望と破滅の感じがその時私たちを襲う。

わが青春はただそここここに照日の光流れたる
暴風雨の闇に過ぎざりき。
鳴る雷のすさまじさ降る雨のはげしさに、
わが庭に落ち残る紅の果実とても稀なりき。

という荷風先生訳のボードレエルの歌のような、生の残骸の意識は、三十歳を過ぎると、人を襲うようである。私自身は二十歳で、すなわち、青春らしいものを全く所有しないうちに、それが実は所有し得ないものであると考えた時に、このような洪水の後の荒涼さの中に取り残された。そして、今のような時代、すなわち時代そのものが、近代という個人思想の青春を失った社会の中にいる青年は、たぶん二十歳以前に、自分が洪水の荒らした土地に生まれてきていることを感ずるにちがいない。

大学生活、ダンス・パーティー、クリーム・ソーダ、クリスマス・ケーキ、誕生日のプレゼント、湖畔のキャンプ小屋、ビーチ・パラソル、酒のグラス、対校競技、少女との出会い、そのような甘美なイメージを甘美なものとして受け取ることの中にある青春を、私は偽物であると断定する。それらの中に歩み入ってみるがいい。その中にあるものは、弱いものと劣れるものへの白眼視、洋服や小遣い銭や思想や家柄の競争、見栄や傲慢さや卑劣さの渦巻きである。そして、そのような甘美なものの題目の与える虚偽と、その中にあふれている人間らしい醜陋さのリアリズムとを理解するのは、その全種目を行為してみなくても足りるものである。一つの経験は他の同種のものの実現されるであろうところの実体を暴露する。それらの醜さとむなしさに耐える時に、本当の青春の力が必要になる。それらのものに耐える力は、老年には全く存在せず、中年にもほとんど存在しない。青春のみが、それに耐えることができる。

しかし、本当に力が必要なのは、単に耐えることでない。目標を持たずに耐える、ということである。いつ、どのようにして、自分に、あることが満たされ、あることが成就し、このむなしさから抜け出すことができるか、ということが、あらゆる青年のひそかな、そして心からの願いであり、期待である。しかしだれも、何人も、その青年に、それを確約してやることができない。洪水の後に新しい発芽と成長と実りがあるかどうかは、本人にはわからず、まして他人にはわからない。しかも彼は全力でもって、何かをなそうとし、崩壊に耐え、無限にやり直して、待っていなければならない。そして、そのようなものが、いつ終わりになるかわからない。それが青春である。

ただ、もし、その人に、同じように耐える友人がいれば、彼の耐える努力は、半分で足りるであろう。実は努力が半分で足りるのではないが、期待の念が倍になることによって、努力のむなしさの意識が半減するであろう。そのような同行者を持つことは、青春の時にのみ可能であって、それ以後には、人間にはやってこないことである。同行者があれば、人は不可能であるはずの長い道を行くことができる。

社会的にいえば、我々は、家、すなわち父母や兄弟から切り離されることによって、独立の生活を始めざるを得なくなる。その時期を「青春」と呼んでいるもののようである。それは、花が生殖の時に散るのに似ているし、また木の実が熟してもとの木から落ちるのに似ている。それは、「名も知らぬ遠き島より流れ」て寄る椰子の実のようなものであり、または風に吹き送られて散るたんぽぽの、羽根のある実にも似ている。それは、もとの木のそばにいることができない。もとの家やもとの国家秩序を是認することができない。私たちは謀反し、切り離されることを願い、否定し、革命しようとする。それゆえ、青春は自分自身のもとの性質、すなわち伝統や民族性への反逆と逃亡の衝動をもって始まるもののようだ。それは滅亡か、新生かを賭けて、新しい土地と新しい生活とを求める新しい世代の自然な、そして当然な生の動きである。

その可能性の実現されざる空想の全体が青春の所有であり、新しい生活への焦燥感である。そして人間社会における革新への衝動は、この青春の特質を力として組織されている。文学における革新、社会の革新は、「青年」がするのではないにしても、人間の「青春」がすることである。青春のときに、古い秩序から切り離された若い心の求める新しい生活への希望が、革命家や科学者や社会学者や文学者たちの心の中に生きて、その仕事を新しい考え方のうえに築き上げていき、それが今までの人類の進歩の歴史を形成してきたとみることができるであろう。そのような意味では、青春は、個人にとっての、未完成な一時期としての意味において存在するだけのものではない。人類全体が、青春というものによって停滞から救われ、その血を新鮮にし、自己批判をし、自己の安定を求める古い本能に反して、改革を重ねて今日まで進歩してきたということができるであろう。

そのような、人類の革新衝動、すなわち、新しい芽生えとしての青春なるものは、個人として、その中に生きている人間からみると、それは聖なるものへの高まりと生活の崩壊との間に危うく保たれている仮の存在と思われるような苦しいものとして意識される。それは、自分を失うという恐怖や、自分の存在が無意義だという劣等感や、生命を賭しても新しい仕事をしなければならないという焦燥となって、暴風のように彼を襲い、彼を翻弄する。そして、洪水の後のような荒廃の中に個人を取り残すという結果をも産み出すもののようである。だから、ある個人が自分の青春を生きることは、彼の意識とは関係なく、人類の血を新しくしていることになるわけである。

注意する読み方

孤りなり　ひとりなり
青春く　わかく
繊弱し　よわし
曲江　きょくこう
日輪　にちりん
撫愛しむ　いつくしむ
捕捉　ほそく
同断　どうだん
搾取　さくしゅ
卑屈　ひくつ
懦弱　だじゃく
何人　なんぴと
伴侶　はんりょ
脅迫感　きょうはくかん
白日　はくじつ
抜け殻　ぬけがら

体裁　ていさい
眩惑　げんわく
照日　てるひ
暴風雨　あらし
雷　いかづち
紅　くれない
果実　くだもの
残骸　ざんがい
偽物　にせもの
見栄　みえ
渦巻き　うずまき
醜陋　しゅうろう
成就　じょうじゅ
確約　かくやく
発芽　はつが
是認する　ぜにんする
謀反　むほん
焦燥感　しょうそうかん
生命を賭して　せいめいをとして
翻弄する　ほんろうする

注　釈

日夏耿之介　1890～1971。詩人・英文学者。主な詩集に「転身の頃」、「黒衣聖母」などがある。

われ賛美す……　日夏耿之介の詩集「転身の頌」の中の詩「UneJouissance（享有）」の一節。

曲江　中国の長安の南東にあった池の名。

中学校　ここでは、旧制中学校のこと。

締め木　物を強く押し付ける道具。

わが青春は……　永井荷風訳のボードレエルの詩「仇敵（きゅうてき）」の一節。

荷風先生　小説家、随筆家永井荷風（1897～1959）のこと。

ボードレエル（Charles＝Baudelaire）　フランスの詩人（1821～1867）。

名も知らぬ遠き島より流れ　島崎藤村の詩「椰子の実」の冒頭。

解　題

自費出版の詩集「雪明りの路」があきらかにしているように、伊藤整の青春は、自己の内部を素朴純粋にたがやしていくことで精神的骨格を形成したと言える。だがまた、かれにおいては、青春はたんなる審美の回想対象ではなく、苦い自己分裂による自我の格闘史としてあったようである。近代日本の私小説的自我を分析しつくすことで「小説の方法」を書いたように、かれの青春論には、はげしい自己矛盾をくぐりぬけたすえに発見された生命感の苦渋にみちた、それゆえに鮮明な光彩を放つ自覚があるように思われる。昭和31（1956）年に書きあげた自伝的長篇小説

「若い詩人の肖像」などが参考として挙げられる。本文は昭和50（1975）年刊の『伊藤整全集』第十七巻による。

研　究

一、引用されている日夏耿之介の詩とボードレエルの詩を比較して、青春というもののとらえ方のちがいを説明せよ。

二、文中の次のことばはそれぞれどのようなことを言っているのか。説明せよ。

1.「人生というものを全部まだ『手つかず』で所有している。」

2.「青春らしいものを所有しないことによって青春の存在を痛切に知った。」

3.「いまのような時代、すなわち時代のものが、近代という個人思想の青春を失った社会」

4.「聖なるものへの高まりと生活の崩壊との間に危うく保たれている仮の存在」

作家紹介

伊藤整（いとうせい）

1905（明治38）～1969（昭和44）。小説家、評論家、文学史家。北海道生まれ。東京商科大学中退。小樽高等商業学校（旧制）時代、一級上に小林多喜二がいた。大正15年、詩集「雪明りの路」を出版する。商大時代すでにジェイムズ・ジョイスを中心とする新心理主義文学の紹介者、主唱者として注目される。小説家、評論家としての活躍は戦後に始まる。昭和23年、「小説の方法」を刊行したが、その独創的理論はいわゆる伊藤理論と呼ばれる現代日本文学史の体系的樹立であり、その影響には画期のものがある。中村光夫の「風俗小説論」と並び、戦後における近代文学論としては最良の収穫とされている。ロレンスの「チャタレイ夫人の恋人」の翻訳への猥せつ文書容疑にたいする裁判闘争は＜チャタレイ裁判＞として文学史に記録されているが、その間の事情は27年の「裁判」に詳しい。「女性に関する十二章」などのユニークなエッセイ、「火の島」などの小説によって伊藤整ブームがまきおこるなか、畢生の大著「日本文壇史」が27年から書きはじめられた（没後の48年、18巻で完結）。小説では、昭和31年「若い詩人の肖像」を発表、33年の「氾濫」などでは男女の性の葛藤を凝視した。43年、「変容」（45年、第二回新潮芸術大賞）。芸術院會員。日本近代文学館設立の中心的推進者でもあった。

少年

井上靖

私は小学校時代を郷里の伊豆の山の中の小さい村で過ごした。父が軍医で任地の小都市を転々としていたので、転校が多くなるのをおもんぱかって、郷里の祖母のもとに預けられ、そこから村の小さい小学校に通うようになったのである。

現在では、私の郷里の村は、少しへんぴではあるが、伊豆の温泉場として東京へも名前を知られているが、私の少年時代は、文字どおりの天城山麓の山村で馬車に二時間揺られて、0という軽便鉄道の終点の村に出、更にその軽便鉄道に一時間半乗って、初めて東海道線の三島の町に出た。

私たちが馬車に乗って0という村へ出るのは、一年に一回か二回であった。毎日のように、村の外れの駐車場へ出かけて、一日二往復する馬車の、村から出て行くのを見送ったり、村へ帰って来るのを迎えたりした。馬車が走り出すと、背後の踏み台に乗ったり、窓にぶら下がったりして、隣村の橋のところまで行った。そしてそこにある橋を渡り切ると、馬車から飛び降りた。橋の向こうは私たちにはもはや異郷の感じであった。

馬車にはめったに乗れなかった。一年に二、三回、馬車で0へ行くことがあったが、私たちは軽便鉄道が通じているというだけのことで、その0という村を尊敬した。0へ馬車が入ると、心が自然に緊張し、その村の子供たちのだれもが、活発で怜悧に見えた。道で彼らに会うと、なんとなく気がひけて、うつむくようにして、こそこそと歩いた。

その村に親戚の家があり、そこに同年配の少年がいた。私はその少年に徹頭徹尾頭が上がらなかった。その少年の口から出る「今度の上り」だとか「今度の下り」だとかいう言葉が、ひどく都会的な、しゃれたものに聞こえ、それだけでとうてい太刀打ちできないものを感じた。

0という村でさえこのくらいだからまして三島町へ出た時は、さんたんたるものであった。

三島町へ行くと、道の両側に店舗が立ち並び、町の中央に映画の常設館があって、その前にはのぼりが何本かはためいていた。私たち山村の少年たちは、ひとかたまりになり、身を擦り合わせるようにくっつき合って、にぎやかな通りを歩いた。途中、その町の少年たちに会うと、その全部が、自分たちとは一段けたの違った階級の子供に見え、意味なくおずおずして、どろぼう猫のように道の端に彼らをよけた。

事実、町の少年たちはこぎれいな着物を着て、下駄か草履を履いていた。

私たちは三島町の小学校を見学し、器械体操のあるのに驚き、校舎にペンキを塗ってあるのに目をみはり、運動場にきれいな色の白い生徒の多いのに驚嘆した。

私たちの村には、夏になると、都会の少年や少女が、毎年のように二人か三人は親たちに連られてやって来た。彼らが馬車から降りるのを、私たちは必ずどこかで見ており、彼らを監視しながら、見え隠れに温泉宿までついて行くのが常だった。

そして彼らが、どの旅館の、どの部屋へ入ったかを見届け、その少年や少女たちが村に滞在している間中、私たちは興奮していた。寄ると触ると、彼らのうわさばかりだった。

「さっき偵察に行ったら、りんごを食べていた！」

と一人が注進すると、

「うわあ！」

と、他の子供たちは喚声をあげた。

「風呂へ入るらしいぞ。」

そんな斥候の注進があると、私たちは村の街道を走り、渓谷の道を転がるように駆け降り、つり橋を渡り、旅館を遠巻きにした。そして、旅館の石垣を攀じたり、旅館の大きいしいの木に登ったりして、町から来た少年や少女たちの動静をうかがったものである。

そして彼らが少しでも、自分たちと違った遊戯をしたり、聞き慣れぬ歌をうたったりすると、期せずしていっせいにはやし立てたものである。それは羨望と感嘆と反抗との入り混じった不思議な感情であった。

夏が終わり、半月とか一か月とか滞在した少年や少女たちが、村を離れ都会へ帰って行く日は、私たちにはやはり寂しかったようである。そうした日の感慨は、夏休みも終わり、いよいよ秋がやって来るという寂しさと一緒になって、私たち山村の少年たちを、妙に孤独な感傷的な気持ちの中に落ち込ませたものである。

私たちは、そうした都会の子供たちを乗せた馬車をどこまでも追いかけて行った。息を弾ませ、汗を流し、無我夢中で真剣に走った。そして力尽きて馬車からすてられる時は、自分の感情をそれぞれの自分の言葉に託して、相手にぶっつけた。

うおっと叫ぶ者もあれば、ばかやろうと罵言を浴びせる者もあった。そして「また来い。」とどなる者もあれば、「二度と来ると石をぶっつけるぞ。」と憎まれ口をたたく者もあった。しかし、それはどれもうその気持ちではなかった。素直な感情の表出であった。

そしていよいよ村に都会の子供たちがいなくなると、斥候を出す必要もなくなり、監視することも要らなくなって、少年たちはつきものの落ちたような、しょんぼりした顔をした。そして私たちは、一か月忘れていた学校を思い出し、唱歌をうたいながら山に登った。

私は現在、私が山村の小学校に通っていたころと同じ年ごろの男の子を二人持っている。二人とも東京の小学校に通い、東京の空気を吸って生い育っている。

私はよく自分の二人の子供たちが遊んでいる姿を見守りながら、なんと幸せな子供たちであろうかと思うことがある。新宿だとか銀座だとか、東京の地名を口走り、一人で電車に乗り、一人でバスに乗っている。自分自身の少年時代とは大変な違いである。彼らは、私の目には、私の持った恐れも、卑下も羨望も、驚嘆もないように見える。

今年の夏、私は二人の男の子を、自分が育った郷里の伊豆へやり、一か月を田舎で生活させた。祖父母のもとへ預けたので、二人の男の子は初めて両親のもとを離れて田舎の自然の中で生活した。

帰ってから二人の子供たちは、いろいろ田舎の生活のことを話した。彼らは思う存分、せみを捕り、かぶと虫を捕らえ、魚を釣り、山の斜面を滑り、谷川を泳いだようであった。

食事の時など気をつけると、二人とも田舎へ行くまでは持っていなかった荒荒しさを、その精神にも、行動にもつけていた。言葉にもかすかに田舎の言葉のなまりがあった。

「来年行けば、僕たちだって負けないな。」

弟のほうが言うと、

「負けるもんか。」

兄が言った。

何の話をしているかわからなかったが、私には二人の少年の会話が爽快に聞こえた。何の話かきいてみたが、二人は笑っていて答えなかった。

家へ帰ってから当分の間、二人の話題は川に関することばかりで、その流れの早さや深さが、専ら話題の中心になっていた。

私が少年時代に、町や町の少年少女たちに頭が上がらなかったように、私の子供たちは、田舎の自然やその中を駆け回っている少年少女たちに、やはり同じようなひけめを感じているのかもしれなかった。

「負けないでやれよ。」

私は二人の子供が田舎の話をするたびなんとなくそんな激励の言葉を与えた。

注意する読み方

郷里　きょうり
伊豆　いず
天城山麓　あまぎさんろく
馬車　ばしゃ
軽便鉄道　けいべんてつどう
東海道線　とうかいどうせん
三島　みしま
隣村　りんそん
怜悧　れいり
徹頭徹尾　てっとうてつび
太刀打ち　たちうち
店舗　てんぽ
道の端　みちのはし
偵察　ていさつ
注進する　ちゅうしんする
喚声　かんせい
斥候　せっこう
渓谷　けいこく
遠巻き　とおまき
石垣　いしがき
攀じる　よじる
遊戯　ゆうぎ
羨望　せんぼう
無我夢中　むがむちゅう
罵言　ばげん
斜面　しゃめん
爽快　そうかい

注　釈

天城山麓　天城山は伊豆半島中央部にある火山。
軽便鉄道　一般に軌道の幅がせまく、小型の機関車、車両を使用する鉄道。
三島　現在の静岡県三島市。
怜悧　りこうなこと。
今度の上り　今度の上り列車のこと。
のぼり　のぼり旗のこと。
注進　事件を急いで報告すること。
斥候　敵状、地形などを偵察させるため、部隊から派遣される兵士。

つきもの　人にとりついて災いをなすと信じられている、動物などの霊。

解　題

ジャーナリスティックな才能に恵まれ、多くの読者大衆をひきつけることに成功した井上靖ではあるが、エンターティンメントの作品でありながらかれのそれが読者の心に共感を呼びおこすのは、清冽な叙情を基底にひそめている純粋性による。それはとくに、自伝的な私小説ふうの作品によってうかがわれる。「あすなろ物語」（昭和29）、「しろばんば」（昭和35～37）などを読むときに透明で素朴な叙情の風景がうかびあがってくる。本来的にかれは叙情の詩人である。この意味で少年期の回想といえる私小説ふうのこのエッセイには、井上靖の詩的精神の原風景が描かれており、これは現代人の行動の本質を巧みな物語性によって追究するかれの叙事的散文の原点をなすとも言えるだろう。本文は1985（昭和60）年刊の『井上靖小説全集』第六巻による。

研　究

一、次の問いに答えよ。

1.「心が自然に緊張し、その村の子供たちのだれもが、活発で怜悧に見えた。」とあるが、「心が自然に緊張し」た理由はなにか。

2.「期せずしていっせいにはやし立てたものである。」とあるが、「はやし立てた」理由はなにか。

二、この小説は二つの部分からできているが、前半と後半のあらすじをまとめよ。

三、「都会の少年や少女」に「私たち」はどのような感情を持ったか。説明せよ。

四、「私が少年時代に、……感じているのかもしれなかった。」とあるが、その中にある「同じようなひけめ」とはどのようなものか。説明せよ。

五、「負けないでやれよ。」ということばには「私」のどのような心情がこめられているか。考察せよ。

六、「監視」、「偵察」、「注進」、「斥候」などの語はどのような効果をあげているか。考察せよ。

作家紹介

井上靖（いのうえやすし）

1907（明治40）～1991（平成3）。小説家。北海道生まれ。京都帝国大学哲学科卒業。幼年時、曽祖父の妻妾かのと暮らし、人を尊敬する姿勢の美しさを彼女から学んだと言われる。「あすなろ物語」にその経緯が書かれている。さて、学生時代は、傍観者流かつ放埓怠惰な生活に終始するが、昭和10（1935）年『サンデー毎日』の懸賞小説に「流転」が入選し、その縁で同誌の編集部に勤務するようになってから生活と精神に安定を見た。戦時中は時流に流されぬ新聞記者として、仏教経典や古美術について学術教養を深め、この時期の研究の蓄積が戦後の創作活動の知的基礎を形成した。昭和24年、「闘牛」で芥川賞。現実脱出をニヒリズム的行動に求めざるをえない現代人の苦悩を描いた「氷壁」（昭和32）をはじめ旺盛な創作活動を展開していくが、主題の重さを稀有のストーリー・テーラーの才能によって大衆化することに成功した。一方、いわゆる<述べて作らぬ歴史>にむかい、「天平の甍」、「敦煌」（昭和34）、「蒼き狼」、「おろしや国酔夢譚」（昭和43）などの新方向を開拓した。シルクロードへのロマンティックな幻想は、美術への関心と学問的志向に支えられ、現代文学の新しい可能性をひろげた。「わが母の記」三部作、エッセイ集「西域物語」などもあり、かれにあっては、歴史小説、散文詩、私小説の各領域にわたる幅広い作品世界の統一がみられる。昭和33年の中国訪問以降、ヨーロッパ、アメリカ、元ソ連、インドなどに旅行、作品の舞台は世界各地にひろがった。「天平の甍」で32年度芸術選奨文部大臣賞、33年「氷壁」で芸術院賞、「敦煌」で34年度毎日芸術大賞、「淀どの日記」は36年度野間文芸賞、「風涛」は38年度読売文学賞。39年芸術院会員、51（1976）年、文化勲章を受けた。没後に「孔子」刊行。

ある不幸な報告書

椎名麟三

一

塩田三郎は、下宿の窓から、春の午後の空をながめていた。すると、その暖かい、澄んだ青空に、からだごと軽々と吸い上げられそうなめまいを感じた。その一瞬に、野を越え山を越えて風のまにまにかろやかに大空を飛んでいる自分の姿の幻影を見た。理科の学生である彼は、こんな不合理な幻影を見たことを恥じた。彼は、吐息しながら机の前にすわった。「せっかくの学年末の休暇を、妙なアルバイトでこんな下宿に縛りつけられているなんて、死んでいるも同然だ。」と考えた。

その時、自転車の鋭いベルの音がした。自分の新しさを誇っているような高慢さで、この路地に響きわたった。彼は、その音につられたように窓へ立ち上がった。頭をべっとりと油で固め、女形のような顔をしたやさ男が、ぴかぴかに光っている自転車に乗って、下宿の裏の方へはいって来た。塩田とは、まったく無関係に暮らしているのに、常に塩田から見られていなければならない石本浜太郎の家があった。バラック建てというよりは小屋である。男は、新しい合オーバーを、春風にふくらませて、泥道を気にしながらその小屋の前に立った。窓一つしかないその小屋から、主婦のとり子が、せっせと編物の手を動かしながら出て来た。

「S税務所の者です。」と男は、優しい声で言った。「どうでしょう。一期分の税金二千七百両、払えませんか。」

とり子は、今年五十歳になるやせ女だった。彼女は苦しい家の経済を話して弁解した。男は、それでは差し押さえをさせていただきますと言って、へやへ上がった。四畳半一間きりの家だった。この税務所の役人は、のべつ女のような声でしゃべった。五人もの家族で、どうしてこの四畳半に寝るのかなどと。しかし差し押さえるものは、火ばちと四角いガラス製の置どけいしかなかった。

「でも、ねえ。……差し押さえの紙をはりませんから、お使いになっていていいんですよ。」と彼はていねいに言った。「ほんの形式なんですから。」

そしてカーボンで、差し押さえ物件を書いた書類を一枚置いて外へ出た。のみでもたかりはしなかったかと、新しいオーバーを勢いよく手で幾度もはたいてから自転車を押して行った。

とり子は、自分の家の入口に、風雨にさらされて古びた石の道標のようにつっ立ちながら、家の中を見ていた。彼女の、国防色のモンペは泥のような色に変わり、顔は、かびでもはえているように色つやが悪かった。彼女は、自分の家が急に他人の家になったような当惑を感じた。国家的な権力によって妙なしかたで権威づけられた火ばちと置どけいが、狭い家いっぱいになって畳の上にいかめしくすわっており、自分たちの眠る所はもうなくなってしまったようだった。それらのものは、もうとり子たちの自由になる道具でなく、それを傷つけることは国家への反抗になり、直ちに罰を下しうる命令のような気がした。彼女は、台所道具を並べたたなの、一番上を見た。彼女が信心している天光教の小さな厨子が貧しく祭ってあった。彼女は、この災難をのがれさせたまえとつぶやきながら手を合わせて祈った。あすからはもっと信心深くならなければならないという感じがした。しかし同時に、火ばちと置どけいに与えられた権威に対しては、彼女の神も無力なようにも思われた。

とり子は、一番近い、近所の家へ飛び込んだ。やはりどうしても人々に訴えたい気がしたからだった。そしてその家の主婦から聞かされた話は、知り合いのだれかが差し押さえを受けたという話であり、税金のために一家心中をしたという話であった。とり子は、不安にかられながらも、手だけは賃仕事の編物にせっせと動いていた。その主婦は、話の合間合間に、不安そうな顔でくり返した。「わたしんとこも、まだ都民税納めていないんだけれど、……差し押さえを受けるかしら。」

とり子は、近所じゅうを回り歩いた。どの家でも同じようなうわさがくり返され、同じような不安が語られた。放っておいてもだいじょうぶよ、と物知り顔に言う主婦もいた。彼女は、どの家でも長く話し込んだ。そして自分の家の差し押さえについて人々と話しているうちに、権力から石ころのように無視され、石ころのように忘れられ、石ころのように泥の中に埋められていた彼女たちの生活が、あの妙なしかたで、権力から認められたというような晴れがましささえ感じていた。だが、夕暮れになって、自分の家へ帰り、暗い家の中に、まだ厳然と墓石のような冷ややかさで控えている二つの品物を見た時、夕暮れの冷たい風とともに、名状することのできない深い恐怖を感じた。彼女は、遠くそれらの品物を避けながら、しかしその品物から監視でも受けているようなぎごちなさで、夕食のしたくを始めた。置どけいが、彼女の心配などには無関心に、コチコチコチと音を立てていた。今までみんなでその置どけいを、どんなにたいせつにしてやっていたかを思った。すると、コチコチコチという彼女に無関心な音が、彼女にこの上もない薄情なように感じられた。

「なんだ、いばりくさって！」ととり子は、いまいましそうにひとり言を言った。「なんだいとけいのくせに急にいばりくさって！」

二

製紙原料問屋の仕切場の係をしている夫の浜太郎が、こどもたちより早く帰って来た。横に太っていてがにまただった。しかし太っているのではなく、腎臓が悪くてむくんでいるのだった。それだのに彼はかすかに酒臭かった。彼は、親方の家でごちそうになったのだと言った。とり子は、さっそく、差し押さえの話をした。彼は、火ばちと置どけいを見ながら、ふうん、と感心したように言ったきりだった。彼女は、その夫の冷淡さに腹を立てた。

「わたしが、こんなに心配してるのに、よく酒なんか飲んで来られたもんだ。どうするつもりなんだよ。」

「でも、しかたがないじゃないか。」それから彼は、にやにや笑いながら言った。「一家心中でもするか！」

とり子は、またあれだ、と思った。しかしやはりそのことばは恐ろしかった。そして実際夫には、いつもそんなことをやりかねない危険があった。彼女は、夫が夫であるそれ以上の権力をもっているように感じられた。彼女は、しばらく黙り込んで、その恐ろしいことばが遠くへ消えてしまうのを、七輪の下をあおぎながら待っていた。大学まで出た夫が、この年齢になってくず屋の手先になっているなんて、それもみんな夫が道楽者だったからだ。腎臓が悪いのは、その罰だとさえ考えていた。彼女は、二十三年の結婚生活をふり返ろうとした。しかし闇夜に目を向けたようになんの思い出も見えず、多労なけんかばかりくり返してきたような気がするだけだった。家の中へ上がった浜太郎の声がした。

「どうして電気をつけないんだ。」

ぱっと家の中が明るくなった。見ると、浜太郎も、畳に並べられた火ばちと置どけいを遠く避けながら、窮屈そうに板壁にもたれてあぐらをかいていた。夫も、あの火ばちや置どけいがこわいのにちがいない、と思うと、痛快な気もしないではなかった。

「ねえ！」ととり子は、その夫へ強く響く声を出した。「またけんかになるけど、わたしはお前さんがかせいできた金は、全部預からなきゃあ、いつまでもこんな暮らしをしているのはいやだよ。ぼろの腰巻きを何年もさげてさ。……ほんとにあたしは、お前さんの奴隷だよ。」

「なに言ってやがる。」と浜太郎は、もう腹を立てながら叫んだ。「おれこそお前の奴隷みたいな気がしているよ。毎日毎日、重い荷物をかつがされて機械みたいに金を家へ運んで来るだけの生活じゃないか！しかもそれを何十年も続けてきているんだ。おれこそお前の奴隷だ。少しぐらいおれがおれのかせいだ金を自由にしたって、それがなんだってんだ！」

ふたりは、お互いに奴隷であることを主張し合った。彼女は、しだいに激昂し、彼の服のポケットから財布を抜き取ろうとした。ふたりは、お互いに大声でののしり合いながら格闘しはじめた。しかしそれはまったく不便そうな格闘だった。お互いに、無意識に、火ばちと置どけいに触れそうになるのを避け合っていたからである。彼女は、ついにおきまりのように夫から髪をつかまれた。それで彼女はおとなしくなり泣きだした。しかし帰って来るむすこや娘たちのために、食事のしたくをしてやらなければならなかった。表の七輪の上で、たぎり立ったやかんのふたが、がたがた音を立てていた。彼女は、急いで立ち上がった。急にめまいがしてふらふらした。とたんに、ひどくたなにぶつかり食器がいっせいにころがり落ちた。上がり口の漬物の重石の上に落ちた長男の岩吉の茶わんが音を立ててこわれた。彼女は、ふと危惧したように表を見た。すると案の定、向かいの下宿にいるみすぼらしい学生服の塩田が、幽霊のように立っていた。彼は、髪をふり乱したかっこうで出て来たとり子を見ると、大儀そうに聞いた。

「何か、またこわれましたね。」

「茶わん一つだよ。」ととり子は邪慳な口をきいた。

「値段は、いくらしましたか。」

「覚えてないよ。」

塩田は、口の中で何か思案げにつぶやいた。そして前の下宿の裏口へ生気のない足どりでもどって行った。塩田は、二階の自分のへやに帰り、窓からなんということもなく石本の家を見た。窓の下にトタン屋根のバラックが、大地の上に低く黒々と見え、屋根のところどころのくぎ穴から、中のあかりが間の中へ吹き出していて、家の中は火事でも起こっているようだった。そのそばに、葉のないいちじくの二、三本の大きな枝が、人間の肉を感じさせる柔軟さをもって、曲がりくねりながら、彼の窓の方へ伸び上がってきていた。彼は、机の前へすわり、A勤労研究所のカードへノートした。彼は、アルバイトに、一か月の勤労者世帯における生活実態の詳細な一日一日の観察という仕事を請け負っているのであったが、その仕事を仕上げても千円しかもらえないのだった。世論調査でよくやるランダム方式で、彼は、自分の一番つごうのいい石本家をその対象の一つに選んだのであるが、彼の報告書は、研究所から官庁に提出され、課税額の参考資料になるという。塩田は、きょうの石本世帯の消費物資の欄に、茶わん一個と書き加えながら、空腹を感じていた。下宿の台所の方から、玉ねぎをいためているにおいがぷんぷんしていた。「不合理だ。」と彼は、腹をぐうぐう鳴らしながらつぶやいた。「けんかのたびに、物をこわしているんだからな。……いったい、これが正当な消費といえるだろうか。」しかし彼には、そんなことはどうでもいいことだった。日が暮れるのがおそくなっても、五時半にはきっちりと食事を持って来るべきだと考えはじめていた。

三

新制中学一年の保夫が帰って来た。学校が終わってから、新聞配達をしてくるのである。彼は、このごろ習慣のように家の真上を恐る恐る見上げた。あかりがついていて、窓の障子に同じような二つの影が映っていた。あそこから、なぜ、自分の家だけ監視されているのか、彼にはわからなかった。彼は、あのいやな学生に、心から憤慨が感じられてならなかった。ポケットからゴムのパチンコを出して空気銃のたまをはさみ、その影の一つをねらって発射した。小さな音がしたような気がした。すると、ねらったほうでない影が、ふいに動いた。保夫は、意外な、そして、妙な気がした。彼はとまどったようにその動かないほうの影を見上げていた。いつまでたっても動かなかった。しかしその影のほうが、動いた塩田の影よりずっと人影らしい影だった。保夫は、恐ろしくなって、家の中へはいって行った。

父と母との間に、また争いのあったことはすぐわかった。父は、へやの板壁に沿って、壁へ顔を向けながら寝ころんでいた。いびきをかいていた。荷やっかいな大きい袋のようだった。その袋から半ば曲げた二本の足が出ていたが、保夫は、いつもその父の大きな足の裏を見るのがいやだった。大きな、その足の裏は、無気味なだけでなく、彼にとって反抗することのできない邪悪な意志をもっているような気がするからだった。母は上がり口に腰をおろして、乱れた髪を手のひらでなでつけていた。その荒れた手が髪の上を通るたびに、髪が白くなっていった。

「ご飯、まだかよ。」と保夫は、不服そうな遠慮した声を出した。

「あすの朝の燃すものがないんだよ。」と母は、うるさそうに言った。

「まきでも割っといてくれ。」

保夫は、恐ろしそうにへやの中を見回した。何か不吉なものがありそうに思えた。しかしそんなものは見つからなかった。彼は、母にどんなに自分が疲れているか、どんなにきょうは宿題があるかを言ってその母へ抗弁しようと思った。しかし何か不吉な気がした。それは、父と母との間に争いが起こるたびに感じられる孤独の感じにも似ていた。彼は、とがらせた口をひっこめ、神妙に家の横へ出て行った。彼は、窓のそのあかりの下で、ふきげんにまきを割りはじめた。だが、すぐ服のポケットへ手を入れてにやりとした。空気銃のたまの箱が重々しかった。

長男の岩吉が帰って来た。彼は、鉄工所の工員だった。とり子は、岩吉だけがたよりだった。彼女は急に、涙をこぼしながら浜太郎がまったく手前勝手な人間であること、そしてきょう差し押さえまでくったという話をした。岩吉は黙って火ばちと置どけいを見、寝ころんでいる父を見た。何も言わなかった。

「お前は、ちっとも家のこと心配しない。」と、とり子は腹を立てた。「みんな、いまに神様が罰をお当てになるさ。」

岩吉は、黙って食器だなの上の厨子を見た。だが、それだけだった。彼は、座敷へ上がると母に言った。

「使ってもいいって言ったんだろ。火ばちに火を入れようじゃないか。」

とり子は、びっくりしたように火ばちを平気そうにさわっている岩吉の顔を見た。無表情だった。あの子には、何を言っても手ごたえがあるようで、手ごたえがない、と彼女は考えていた。まったく、岩吉の無表情な顔を見ていると、むすこの頭の中がくるみの殻のように堅くなっているのではないかという気さえするのだったが、同時に何事にも平気そうな岩吉の無表情に、心が休まる思いもするのだった。彼女は、岩吉に対してだけは、柔順だった。

彼女は、七輪の火を火ばちに入れた。するとやっと一時は他人の家の中のように思えたわが家が、自分の手にもどった気がした。彼女は、小さな喜びを感じながら、はずんだ声を出した。

「お前、差し押さえされたほうがいいと言っている人もあるそうだよ。」

岩吉は、火ばちにあたりながらお茶を飲んだ。そばで浜太郎がいびきをかいていた。彼は、父からいじめられどおしだった少年時代を思い浮かべた。彼は、いじめられればいじめられるほど無口になった。そしてその無口のために、いっそう父から自分に反抗心をいだいていると言われてなぐられた。そしてまた無口のために、母からは薄情だと非難され、妹のなみ子からは、ばかだと言われ、一番末の保夫からは恐れられていた。しかしその彼は、自分はますます無口になるにちがいない、石のように無口になるにちがいないと感じていた。そして現在の家のような状態では、そうして耐え忍ぶより道はないのだ。そして自分がおとなになるまで待つよりしかたがないと考えていた。彼は、座敷のまん中にあった置どけいを、本箱代わりのみかん箱の上に置いた。とけいは、あいかわらずコチコチコチと音を立てていた。彼は、その音が好きだった。その音には、何か速い期待が感じられた。

四

なみ子が、やっと帰って来た。彼女の、元気のいい足音は、遠くからでもわかった。彼女は、電鉄会社の事務員なのだが、ちゃんとしたオーバーを着、はでなマフラーをしていた。彼女は、勢いよく家へはいって来ると、軽蔑するように鼻を鳴らした。

「まだ、ご飯じゃないの。うっとうしいわね。」

そして座敷へ上がって着物を着替えはじめた。浜太郎のいびきが、突然大きくなり、ふいにやんだ。浜太郎は、むくんだ顔をしてむっくりと起き上がった。彼女は、その父をまったく無視していた。彼女は、いかにも待ち遠しそうにさっさと食卓を出しはじめた。岩吉が作った白木の食卓だったが、三年もの間にもうまっ黒になっていた。

「おい、なみ子！お前はきょう、給料日だろう！」と浜太郎は、突然言った。

「貯金してしまったわ。」と彼女は、そっけなく答えた。

「貯金したって？」と浜太郎は、むくんだ顔を青くして言った。

「お前だけが、自分の金を自由にしていいと思ってんのか。一銭も家へ金を入れないで、それでいいと思ってんのか。」

「貯金したのよ。……使ったわけじゃないわ。」

「あす、おろして来い！」

「そんなことできないわよ！」となみ子はつっけんどんに言った。「会社の貯蓄組合の定期に預けたんだもん。」

「うん、うん、それならそれでいいさ。」と浜太郎はがっかりした声を出してみせた。「家は、税務署から差し押さえを受けるし、いよいよ、今度こそは一家心中かな。」

なみ子は、青い顔をした。しかしかたくなに黙っていた。

「きょう、仕切場でちょっと見た新聞に、生活苦と税金苦のために一家五人心中があったという記事が載っていたよ。ちょうどおれの家と同じ五人だ。その家のように、あすのみそしるに、青酸カリを入れるか。」

なみ子は表へ出て行った。それからはいって来ると、勢いよく給料袋を浜太郎の前へ投げ出した。家へはいる時、とっさに、表のどこかへ隠しておいたものらしかった。浜太郎は、娘の無作法を非難するように彼女を見た。彼女は涙を浮かべていた。すると彼は、不思議な自由感を自分の身内に感じた。彼は、弱々しいほほえみを浮かべた。彼は、妻からはもちろん、こどもたちからも良く思われていなかったばかりでなく、軽蔑されてさえいた。その浜太郎が、この一家の主権者として、家族たちを自由に支配するために、いつの間にか覚えたことは、一家心中を常に口にすることであった、そして彼には、自分の自由を保つためには、それよりほかに道がなかった。彼は、そのことばの威力をいつもじゅうぶんに利用し、その効果に満足していた。新聞記事がその彼の威力をいつもどれほど確固として維持してくれたであろう。一家は、貧しい食卓に向かった。みんな、別々の考えをもちながら、仕事のように飯をかんだ。なみ子は、いつもよりは少なく、浜太郎は、いつまでも口をもぐもぐさせていた。食事が終わると、なみ子は、ふいと外へ出て行った。彼岸とはいいながら、夜風は冷たかった。なみ子は、足を急がせて、家から二町ばかり離れた邸宅の杉垣の所へ来た。若い男が立っていた。彼女は、おしゃべりになって、しばらく彼と歩いてから言った。

「あんた、月々貯金している?」

男は、あいまいに答えた。だが彼女は、その男の様子を気にも留めずに、うれしそうに笑いながら言った。

「あたし、しているの、……家の者だれも知らないのよ。でもわたしが一番お金持だということを感づいていて家ではわたし一目おかれているのよ。わたしがどんな勝手なことをしていてもだれもおこれないのよ。」

ふたりは駅前の喫茶店へはいってしる粉を食べた。なみ子が勘定を払った。

五

翌日の昼前、とり子は天光教の教会から帰って来た。彼女は、教会で教師の説教を聞いている時も、道を歩いている時も、手から編物を放したことはなかった。彼女の手は、彼女の悲しみや苦しみとは関係なく、涙を流している時でさえも、あいてさえいればせっせと機械のようにすばやく動いた。彼女が帰って来ると、塩田はえんぴつと手帳を持って、家の前に立っていた。

「けさ、天光教へ行ったんでしょ。」と彼は、めんどうくさそうに尋ねた。

「往復の電車賃がいつものように十六円、会費が二十円……それだけですね。」

とり子は、せっせと編物の手を動かしていた。

「まったく、五世帯受け持っている中で、いちばんあなたのお宅が、不合理ですよ。ほかの世帯のうちは、ちゃんと一日の消費が決まっているのに、あなたのお宅は、余分なものばかりかかっている。……どうして天光教なんか行くんです？」

彼女の手は、ぴたりと止まった。

「あの神様は、ただで人をしあわせにしてくださるんですよ。」

そして彼女の手は、またせわしく動きはじめた。

「ちっともただじゃない。……現に三十六円かかってるじゃないですか。余分な支出だと思いますよ。それにこれからけんかしてもぼくに隠さずに、ぼくが気がつかなくても教えてもらいたいのです。きのう、おやじさんは酒を飲んで来たでしょ。娘さんが駅前のしる粉屋へ男とはいって行くのを見たし、……それから保夫さんですか、新聞配達をして月千円もらってみんな家へ入れているというけど、収入に不審な点がある。どうしてか、いつもいろんな物を持っている。ぼくは、ただ、物資の面で一日どれだけのものが消費されるか、金銭の面でどれだけの収支になっているか、正確に知りたいだけなんですよ。ほんとにこの仕事の意義を理解して、よく協力してもらわなきゃあ。それだのにあなたたちは、油断もすきもありゃしない。」

そして塩田は、不合理だ、不合理だと、ひとりで腹を立てながら、どこへ行くのか道路の方へ出て行った。とり子は、栄養不良のような塩田の後ろ姿を見返った。学生服のひょろひょろした姿が、抵抗しがたい法律のように感じられた。彼女は、急に生きて行くのが息苦しくなった気がして、家の中にはいった。教会からもらって来たおこわの小さな紙包みを厨子の前に供えた。するとその彼女の空虚な背後を、何かがねらっているような危惧に襲われた。彼女は、後ろをふり返った。置どけいが、ひっくり返ったまま、コチコチコチと鳴っており、火ばちの上に、すすけたやかんが載っていた。彼女は、神でもけがしたように、急いで火ばちからやかんをとりのけ、置どけいを起こした。それでもまだ足りない気がした。彼女は、座敷のまん中へ、その二つの品物をきのうのように並べた。しかしそうしたってしかたのない気もした。彼女は、外へ出たくなって、土間へ降りたが、けっきょく行く所がなくて、座敷の上がりがまちに腰をおろしながら、心から神に祈った。

「どうか、夫がお金を全部わたしにお任せくださるように。岩吉が笑うようになりますように。なみ子が、へそくりを作ったりして悪い男と遊びませんように。そして保夫が人の物を黙って持って来たりしませんように。」

彼女の手は、祈ってる間も彼女の心にかかわりなくめまぐるしく動き続けていた。早くそれを仕上げなければ、三日前に配給になった米がとれないからであった。すると今晩こそ夫の手から一家の経済権を奪わないかぎり、ほんとに一家心中しなければならなくなるだろうという気がした。

夜、浜太郎が、また酔って帰って来た。窓から見ていた塩田が、飛ぶように降りて来て、その浜太郎が家へはいる前につかまえた。塩田は、仕事への誠実さを声に響かせながら、詰め寄るように言った。

「おじさん、きょうは、酒いくら飲んだんです。」

浜太郎は、気弱そうなほほえみを浮かべながら答えた。

「わたしは、どうしてこう何もかもまったくうまくゆかないのか。死んでしまえばいいんだが……それもできなくてね。それに腎臓はますます悪くなるときているし、……。」

「何を何杯飲んで、いくら払ったんです。」と塩田は、いらいらして言った。

「焼酎二杯……で、七十円ですよ。」と浜太郎は、あきらめたように答えた。「からだに悪いとわかっているんですが、破れかぶれという気持もあって……。」

「おかずをとったんでしょ。」と塩田はえんぴつをなめながら続けて聞いた。

「おでん、一皿五十円……。親方がおこるのも無理はないけれど、わたしは決してなまけてはいないのだ、ついからだが悪いものだから……。」

「うむ、まったく不合理だ。」と塩田はあきれたようになりながら言った。「それからふだんいる、きまりの金のほかに、いったいどんな金を使いましたか。」

六

塩田は、いつものように飢えをもて余しながら、夕食を待っていた。彼は、このアルバイトの仕事を渡された時、観察対象である世帯に対しては、神のような目で、経済に関係のあることならどんな小さいことも見のがすなという注意を受けたことを思出していた。そしてこの仕事が、どんなに困難な仕事であるかがわかったように思われた。しかし彼は、理科の学生であるという面目にかけても、自分の報告に顕微鏡的な正確さを見せてやろうという功名心ももっていた。彼は立って窓の下の家を見た。その家からは、あいかわらずざるから水が吹き出すように、電燈のあかりが家のいたるところから闇の中へ吹き出していた。

「受け持っている五世帯の中で、あの家だけは敵だ！」と彼は考えた。

すると突然浜太郎の怒声ととり子の悲鳴があたりを騒がせはじめた。毎夜のようなけんかが、また始まっただけだった。しかしいつもよりは、声が大きすぎるようだった。とり子の叫び声が、かん高く聞こえた。

「負けるもんか。……今夜こそ負けるもんか。わたしには天光教の神様がついていてくださるんだ。」

浜太郎は、それへ言い返した。

「あんまりおれにたてをつくと一家心中するぞ！」

物のこわれる音がした。格闘がまだ続いていた。塩田は、大儀そうに下へ降りて行った。すると彼は、経済物資に関して一つの法則を発見したような気がした。彼は、急いで口の中でつぶやいた。

「人間の苦痛と消費物資は比例する。いや、ちょっとおかしいな。人間の苦痛は、物資の消費の増大をきたす。いや、……まあ、あとでよく考えてみよう。」

とにかく彼は、この法則に塩田法則と名づけて、報告書の備考に書き加えようと思った。彼は、その報告書を読んだ人々の顔を思い浮かべて小さな喜びを感じた。しかしどこか空虚な感じもした。彼は、その空虚さをいぶかりながら、下宿の裏口から外へ出ようとすると、何か小さな鋭いものが勢いよく飛んで来てぴしっとあごに当たった。彼が驚く間もなく第二弾が、服のそでに当たり、第三弾が、続いて飛んで来た。彼は急いで下宿の家の中に逃げ込んだ。弾丸は、彼を追って下宿の中まで飛んで来た。その小さな物を拾って見ると、空気銃のたまだった。

「保夫というこどもにちがいない。」と彼は、いまいましそうにつぶやいた。

「小づかいを一銭ももらわないという彼が、こんな物を持ているとは、とにかく怪しい。」

岩吉やなみ子たちが帰って来たらしく、石本家の家の中は、いっそういろんな叫び声で騒々しくなった。物のこわれる音がさらに響いてきた。彼は、その物音に、絶望を感じながら、石本家へ調べに行く気もしなくなっていた。彼は、自分のへやへもどって来て、窓から家を見おろした。電燈が揺れているらしく、ざるから漏れているような石本の家の光が、地上にゆらゆらと踊り回っていた。

「あんなにこわせる物があるんだろうか。」と塩田は、物のこわれ続けている音を聞きながら考えた。

「火ばちと置どけいしか差し押さえることができなかったなんて、税務署のやつもばかさ。」

下宿の夕食がやっときた。彼は、待ちかねていたように急いではしをとった。しかし食べ終わっても、少し物足らなかった。彼は、寝ることに決めて、ふとんの中へもぐり込んだ。しかし彼は、うとうと眠ったかと思うとすぐ目をさまされた。廊下をどんどん走って行く足音がした。今度は下宿全体が騒がしかった。火事かと思ってあわてて廊下へ飛び出すと、浜太郎が殺されて、巡査が来ているという話だった。彼も、表へ飛び出した。巡査がひとり、石本の家の前に立っていて、家の中に検屍の役人らしい人影が動いているのが見えた。集まっている近所の人々の頭越しにのぞくと、とり子にとって、あの神のような権威があったはずの火ばちが土間にころがり落ちて、真二つに割れて灰が散乱しており、表に投げ出されているびんや茶わんやいろいろな破損物の中に、ガラス製の置どけいが、その四角の角をこわされて電燈の光にまぶしくきらきら光っているのが見えた。家の中の巡査が出て来て、表の巡査に腹立たしそうに声をかけた。

「なんだ。殺しじゃないんだ。心臓まひを起こしただけなんだそうだよ。」

石本家の人たちは交番へでもひっぱられているのか、ひとりも姿が見えなかった。近所の人々は、それを聞いて散りはじめ、塩田も自分のへやへ引き揚げていた。彼は、石本浜太郎の世帯カードを机の引き出しから出して、きょうの消費物資の欄に、火ばち、一個、置どけい、一個、ととりあえず書き加えた。それからこわれたびんやへし曲がったやかんを書き込んだ。しかしそのほかに、ごたごたした、消費物資の中にはいるのかどうかもわからない、得体の知れない物が散乱していたようだった。彼は考えた。人間というものは、得体の知れないものを、得体の知れない方法で消費するのかもしれない。彼は長い間、何かに迷っていた。どう考えても人間も物資の一つにちがいなかった。彼は、ただ、理科の学生らしい正確さを保ちたかった。彼は、ついにその報告書の正確さを保つためにだけ、最後にこう書いた。

「人間、一個。」

彼は、驚いて、急いで自分の書いた字を見た。彼のからだは、恐ろしさとも喜びとも愛とも怒りともつかない強い戦慄におののいていた。彼は、石本家の人々と同じように、自分も何者からか見られているような不安を感じて、おずおずあたりを見回した。するとへやの壁がぐるぐる回っているような気がした。彼は、こわくなってあわててふとんの中へもぐり込んだ。彼にとっては、それでいっさいが片づいた。やがて彼は、安らかな寝息をたてていた。

注意する読み方

塩田三郎　しおたさぶろう
幻影　げんえい
吐息　といき
路地　ろじ
女形　おやま
石本浜太郎　いしもとはまたろう
泥道　どろみち
編物　あみもの
物件　ぶっけん
道標　みちしるべ
厨子　ずし
一家心中　いっかしんじゅう
近所　きんじょ
厳然　げんぜん
墓石　ぼせき
賃仕事　ちんしごと
問屋　といや（とんや）
仕切場　しきりば
親方　おやかた
七輪　しちりん
道楽者　どうらくもの
腰巻　こしまき
激昂　げきこう（げっこう）
重石　おもし
岩吉　いわきち
危倶　きぐ
案の定　あんのじょう
邪慳　じゃけん
保夫　やすお
真上　まうえ
邪悪　じゃあく
抗弁する　こうべんする
鉄工所　てっこうじょ
貯蓄組合　ちょちくくみあい
青酸カリ　せいさんカリ
彼岸　ひがん
杉垣　すぎがき
一目　いちもく
焼酒　しょうちゅう
検屍　けんし
戦慄　せんりつ
寝息　ねいき

注　釈

やさ男　やさしい感じの男。
女形　（歌舞伎で）おもに女の役をする男の役者。
バラック建て　一時の間にあわせに建てた粗末な家。
差し押さえ　税金の滞納のための処分や証拠物件の強制収得。
のべつ　たえず。ひっきりなしに。
厨子　仏像を安置する堂の形をした仏具。
賃仕事　家庭にいる人が賃銭をとってする手内職。
問屋　商品の卸売りを扱う商店。
七輪　方形の中央に丸く穴をあけ、その中に炭火を入れる土製のこんろ。
ランダム方式　調査すべき見本を無作為に抽出する調査方式。

電鉄　（私営の）電気鉄道。

青酸カリ　白色針状の結晶物。猛毒があり、殺菌、殺虫に用いられる。

一目おかれる　尊敬される。ちやほやされる。

解　題

1951（昭和26）年5月『新潮』に発表された。天光教の信者＜とり子＞を主人公にすえ、彼女の救いのない日常を描いている。塩田三郎という青年は＜とり子＞たちの喜怒哀楽にみちた貧しい生活の実態を観察しレポートするアルバイトをしている。塩田によって観察されていく＜とり子＞一家の日常生活は、あらゆる点で美しい理念の対極にある救いがたいそれである。報告書をまとめるにあたって塩田は考える、＜人間というものは、得体の知れないものを、得たいの知れない方法で消費するのかもしれない＞。報告するものはなにもない。＜とり子＞の家族生活のレポートをとおして塩田は、堪えがたい生活をもっとも卑少な方法で生きている庶民のドラマを発見する。同時に、かすかにではあるが、人生肯定に向かいはじめている貧しい者たちの平凡な幸福への可能をも見いだして行くのである。

研　究

一、石本家の人々（浜太郎、とり子、なみ子、岩吉、保夫）について、かれらが自分のささえにしているものに注意しながら話しあってみよ。

二、塩田の考え方について、またその石本家に対する関係のしかたについて、考えてみよ。

三、作品の最後のところに「……自分も何者からか見られているような不安を感じて、」とあるが、なぜ不安を感じたのか。述べてみよ。

四、この作品のユーモアについて考えてみよ。

五、一章のおわりの次の箇所は人間の在りかたについてどのような考えを示しているのか。説明せよ。

「権力から石ころのように無視され、石ころのように忘れられ、石ころのように泥の中に埋められていた彼女たちの生活が、あの妙なしかたで、権力から認められたというような晴れがましささえ感じていた。」

作家紹介

椎名麟三（しいなりんぞう）

1911（明治44）～1973（昭和48）。小説家。兵庫県生まれ。姫路中学校（旧制）中退。複雑な家庭事情から中学生三年のときに家出し、さまざまな職業を転々とし、のち宇治川電気電鉄部の車掌となる。労働運動に従事して逮捕された。昭和8（1933）年、転向して刑務所を出る。この期間の未決の独房体験は、ドストエフスキーの読書体験とあい重なり、のちにかれの独自な思想を形成した。昭和22（1947）年、「深夜の酒宴」が発表されると大きな反響をよびおこし、「重き流れのなかに」、「深尾正治の手記」などによって実存主義を基調とする戦後文学の代表とみなされるにいたった。「深夜の酒宴」は野間宏の「暗い絵」とともに戦後文学の出発を告げる画期の作品であると言われる。希望なき日常を堪えること、限りないその重さに堪えることによって生の形はありうるという実存の逆説をこの作品は描いた。従来の自然主義的私小説の構造を観念と日常の関係を新たな位相において形象した。同時に、「永遠なる序章」など以降の作品群によってコミュニストでない永久革命者の理念提起を通じて新たな人生肯定の道をさぐり、「赤い孤独者」（昭和26）から「邂逅」、「自由の彼方」、「神の道化師」を経て次第にキリスト教にむかう。絶望と希望両極を排除して平安に赴く平凡者のユーモラスな人生肯定は、代表作「美しい女」に結実し、かれの戦後はおわる。以降プロテスタントの作家として後半生を終始するにいたった。一方で、「蝎を飼う女」などグロテスクなユーモアにみちた戯曲にも才能を発揮した。昭和31（1956）年、訪中文学代表団の一員として中国を訪問した。32（1957）年心筋梗塞で倒れる。その療養中に最後の労作「懲役人の告発」を書いた。日常に材を得たその短篇群は日本の各階層にわたるひろい範囲で読まれた。

輪唱

梅崎春生

いなびかり

おじいさんはだんだん人に口をきかなくなった。それは歯が抜けているせいでもあったが、でもしゃべろうと思えば、まだしゃべることはできた。発音が少し不明瞭になるだけであった。

しゃべりたくなると、おじいさんはひとり言を言った。しかしよく聞くと、それはひとり言ではなくて、何かに話しかけているのであった。話し相手は、その時々によって、壁であったり、電熱器であったり、自分が刻んでいる仏像であったりした。おじいさんは実際に、ひとり言の中で、話している相手の物品に、さんづけで呼びかけたりしたのである。だからおばあさんは、聞き耳をたてるまでもなく、おじいさんが今何に話しかけているか知ることができた。しかしそんな時でも、おばあさんは少し仏頂面したまま、聞こえないふりをしていた。おばあさんは、耳はもちろん、目も歯も、若い娘のように達者であった。

この数年来、おじいさんとおばあさんは、ほとんど口をきき合わなかった。二、三年前まではおじいさんも、寒いから窓をしめなさいとか、このおかずはまずいとか、短いことばを言うこともあったけれども、近ごろではそれも言わなくなった。おじいさんがものを言わないから、自然とおばあさんも家の中では口をきかなくなった。

しかしおばあさんは、しゃべりたくなると、近所に出かけて行って、よそのおかみさんとおしゃべりをしてきた。

昼の間、おじいさんはモク拾いに出かけた。おじいさんは若い時から、仏師として生活していたが、近ごろでは注文が絶えてないのであった。注文がなければたちまち生活に困るので、払い下げ品の軍隊ゲートルを足に巻いて、おじいさんは毎朝モク拾いに出かけて行った。そして一日じゅう、道路や公園や駅を歩き回った。おじいさんは駅が一番好きであった。収獲が多いというせいもあったが、またなんとなく好きなのであった。夕方になると、手にさげた信玄袋にたばこの吸いさしをいっぱい入れて、くたびれた姿勢になってもどって来た。弁当を持って行かないから、おなかはペコペコのはずであった。

おじいさんは歯が弱かったが、おばあさんは丈夫なので、肉が大好きであった。けれども貧乏なので、安い鯨肉しか買えなかった。鯨肉でもそのつもりで食えば、牛肉のような味がした。鯨が出盛りになると、おばあさんは毎日それを買って来た。おばあさんは元気よく食べたけれども、おじいさんはひどく努力してそれを食べた。別に不平も言わなかった。おじいさんの食事は長いことかかったが、おばあさんは先にさっさと済ませて、夜なべの準備にとりかかった。おばあさんの夜なべというのは、おじいさんが持ち帰ったたばこの吸いさしをほぐして、新しい巻きたばこに再生することであった。

おじいさんは食事が済むと、ひっそりと板の間に降りて行った。ここがおじいさんの仕事場になっていた。そこにすわるとおじいさんの顔は、にわかにがっくりと年とったように見えた。仕事にかかる前に、おじいさんは彫りかけの仏像をしばらくながめたり、のみを取って刃先を長いこと光にすかしたりした。

「きょうも、モク拾いに、行って来ましたよ。ノミさん。」

衰えた声でそんなことをつぶやいたりした。おじいさんの顔には、疲労がみなぎっていて、彫りかけた仏像のつやつやした顔と、いい対照を示していた。

長い吸いさしや短い吸いさし、曲がった吸いさしや口紅のついた吸いさし、おばあさんは丹念に、解きほぐして、ごちゃごちゃにすると、今度は手巻き器械をカチャカチャいわせて、一本一本巻いていった。その音の間に、おじいさんがのみを当てる音が混じった。のみの音は鈍く間遠であった。暗い電燈の光が、そこに静かに落ちていた。おばあさんはそちらをちらちら見ながら、指を精確に動かして器械をカチャカチャ鳴らした。

（おじいさんは仏師のくせに、うちには仏壇もないんだよ！）

おばあさんはそんなことを考えたりした。そしておじいさんが若いころ女好きで、それで苦労したことなどを思い出したりした。そのころからこの家には、仏壇がなかった。しかし今暗い板の間にすわっているおじいさんの姿は、そのころと別人のようにしなびていた。十時ごろになると、巻き終えたたばこをひとまとめにして、おばあさんは立ち上がり、バタンバタンと乱暴に夜具を敷いた。その音にびっくりしたようにおじいさんは顔を上げるのであった。あたりの木くずを整理すると、自分も立ち上がって夜具を敷いた。そしてふたりとも、黙って別々に寝た。

夜中におばあさんが目をさますと、いつもおじいさんは片ほおに、うすら笑いを浮かべて眠っていた。

ある日おじいさんは、いつものようにゲートルを巻いて、小刻みに足を動かしながら、駅の方へ歩いて行った。手には信玄袋をぶらぶらさせていた。切符を買って歩廊にはいると、少し前かがみになって、吸いさしを見つけると、手を伸ばして拾い上げ、大事そうに信玄袋に納めた。それからたばこをくわえている男を見つけると、少し遠くから、じっと見守っていた。たばこを捨てるのを待っているのであった。そんな時のおじいさんの顔は、少しゆるんで、にこにこしているように見えた。男が捨てると、すぐ近寄ってそれを拾い上げ、また他の男の方へ歩いて行った。おじいさんはやせているので、ゲートルを巻いた足は細い竹の筒みたいだった。

そのころおばあさんは町角で、昨夜巻いた手巻きたばこを売り尽くし、マーケットから赤黒い鯨肉をひとかたまり買ってもどって来た。それを台所に置くと、お隣の糊屋のおばあさんの所へおしゃべりに行った。

しばらくすると台所にやせたぶち猫がおずおずとはいって来た。あたりを見回して台所に上がり、流しのざるに伏せた鯨肉を、歯で少しずつ切って、にちゃにちゃと食べた。歯に肉がひっかかるらしく、ときどき前足を上げて踊るような格好をした。そのたびに流し板がかたかたと鳴った。鯨肉は少しずつ食いちぎられ、不規則な形に歯跡が残されていった。猫の腹はしだいにぼったりふくらんできた。すると表の方から足音が近づいてきたので、猫はぎょっとしたように首を上げた。

「あのじじい、おれがたばこ捨てるのを待ってやがる。」

はでなアロハシャツを着た青年が、駅の歩廊で、連れの男にそう言った。そしていまいましそうに吸いかけのたばこをおじいさんの方へピンとはじき飛ばした。煙は赤い線となっておじいさんの足もとに飛んだ。

そのとたんに、おじいさんは二尺ばかり飛び上がった。たばこの火がゲートルのはぐれた所にもぐり込んで、ぶかぶかの地下たびの中に落ち込んだのである。おじいさんはまっかな顔になって、やっほう、と変な叫びをたてて、片足をぴょんぴょんさせた。

夕方になっておじいさんはとぼとぼと家にもどって来た。暗い空からは、今にも雨が落ちてきそうであった。おじいさんはかすかにびっこをひいていて、はなはだしく疲労しているように見えた。

台所には鯨肉を煮るにおいがしていた。かまどの前では、おばあさんが仏頂面をして、しきりに火吹き竹を吹いていた。

やがて夕食が終えたころ、屋根の上で雨の音がぽつりぽつりと鳴った。そしてそれはだんだんひどくなった。

へやのすみではおばあさんが信玄袋を開いたら、吸いがらはいつもの半分ぐらいしかなかった。おばあさんはとがめるような目つきになって、おじいさんの方を見た。おじいさんは大きな耳をひくひくと動かして、奥歯でしきりに鯨肉をかんでいた。おばあさんは悲しいような、あきらめたような表情になって、吸いがらをぎらぎらと畳にこぼした。

（ほんものの牛肉を、いっぺん腹いっぱい食べたいな。）

おばあさんは気をまぎらすように、そんなことを考えた。変な猫から鯨肉を半分も食われたことを、まだおばあさんは腹を立てているのであった。しかし火吹き竹で猫の横面を力いっぱいなぐりつけた時、猫がよろめきながら燃えるような悲しい目つきをしたことを思い出すと、やはりおばあさんの胸にももの悲しい気持が広がってきた。

茶わんを片づけると、おじいさんはひっそりと板の間に降りて行った。そしていつもの所にすわった。内側に曲げた足先に、赤く火ぶくれができているのが、暗い電燈の光でもはっきり見えた。おじいさんは顔を上げ、雨の音を聞きながら、ぼんやり壁に掛かった雨がっぱをながめていた。あすも雨だとすると、吸いがらはぬれてしまうから、出かける必要はないわけであった。おじいさんは奥歯をなおもすり合わせて、はさまった鯨肉の片をかんだ。きょうのも、やはり固い肉であった。しかし今夜ほど、かむのに骨の折れたことは、今までにあまりなかった。かんでいるだけで、体力が尽きてしまいそうな気がした。

「雨がっぱさん、雨がっぱさん。」おじいさんは口の中でもぐもぐと呼びかけた。「この四、五年にわたしは鯨を一匹は食べましたよ。」

吸いがらをほぐす手をやめて、おばあさんはきらっと目を光らせた。おじいさんはのみを取り上げながら、うつ向いたまま、ぼんやり笑っているのであった。ぶきみな陰が、おじいさんの顔に落ちていた。その前には、半分ほどできかけた仏像が、背をそらして立っていた。この仏像に、おじいさんは二か月もかかっているのであった。

窓の外を、ときどき青白く稲妻が走った。おじいさんの背後には、でき上がった小さな仏像が、壁を背にして幾つも並んでいた。翳を深めて静まっている仏像たちが、稲妻の青い光に突然浮かび上がった。仏像たちは、微妙な光を全身にたたえていて、まるで生きて歩き出しそうに見えた。しかし稲妻が消えると、それらはまた壁の暗がりに沈んでいった。

猫の話

大通りに面した運送屋の二階を借りて、若者と一匹の猫が住んでいた。

この猫は、ある日突然、彼のへやにやって来た。どこからともなく、板びさしを伝って、彼のへやにはいって来たのであった。そのまま猫は彼のへやに居ついた。彼も孤独であったから、なんとなくこの猫に愛着を感じるようになった。

猫の皮は茶色のぶちで、耳たぶが薄く鋭く立っていた。からだのあちこちが、しなやかにくぼんでいて、しっぽは長くたれていた。

それまでひどい生活をしていたとみえて猫はすっかりやせていた。目だけが大きく澄んで光っていた。彼は外食券食堂に行くたびに、食べ残した魚の骨やパンの耳を、紙に包んで持って帰った。猫はそれを待ちかねて食べた。そのほかに自分で、へやにやって来るカナブンブンやはえを捕らえて食べたりした。猫が一番好きだったのはこおろぎであった。運送屋の隣があき地であったので、そこからこおろぎが何匹もはいって来るのであった。

こおろぎがへやにはいって来ると、猫は急に真剣な目つきになって、畳の上に平たくなり、こおろぎの姿をねらった。その姿勢は何か力に満ちていて、ながめていると、自分がこおろぎをねらっているような錯覚に彼は落ちた。猫がぱっと飛び上がると、必ずそのこおろぎは猫の口にくわえられていた。猫はそれからばりばりとこおろぎをかみ、触角だけ残して他はみな食べてしまうのであった。

彼のへやには、だからあちこちに細い剣のような触角が畳の上に散らばっていた。それが足の裏にざらざら触れるたびに、彼は次のような句を思い出した。

蟋蟀在堂　歳聿其暮

それは昔、おじさんから習った文句であった。意味はわからなかったけれども、彼はなんとなく、これを記憶していた。その他おじさんから、いろいろなことを習ったが、覚えているのはこれだけであった。あとのことは、すべて忘れていた。

夜になると、猫は彼にからだをすり寄せて寝た。そのしなやかな皮の下に、彼はかぼそい猫の骨格を感じた。もっといろんなものを食わせて、太らしてやりたいと思ったが、貧乏でそれもできないのであった。食堂から魚の骨を包んで帰るのが精いっぱいであった。

昼間、ときどき猫はどこかへ出かけて行った。しばらくして帰ってくると、おなかがふくらんでいて、ぐったり横になり、舌であごの辺をなめ回したりした。どこかに行って、何か食べて来るにちがいなかった。そんな時こおろぎがそばまで来ても、あまり見向きもしなかった。

「何を食べて来たんだい。お前は。」

彼はよく指先で、柔らかい脇腹をぐりぐりとつついてやったりした。今どきよその猫に食物を与える家もないだろうから、どこかの台所で盗んで食っているにちがいないと思ったが、彼にはそれをしかるすべもないのであった。

「盗むのもいいけれど、見つからないようにしろよ。」

彼はこの猫に、カロという名をつけてやった。意味もない名まえであった。それから三か月ほど過ぎた。

ある曇った日、彼が窓から大通りを見おろしていると、向こう側の横丁から、カロが出て来た。何か変にふらふらした歩き方で、いつものような確かさがなかった。首をしきりに曲げるようにしながら、ひょろひょろとよろめいて、大通りを横切ろうとした。切迫した予感が背を走って、彼は窓べりを握り締めたまま、からだを思わず乗り出した。そのとたん、右手の方から走って来た黒い自動車があっという間に視野にはいると、茶色のカロの姿は、ひょろひょろとその車輪の下に吸い込まれた。

頭の中が燃え上がるような気持で、彼はそれを瞬間に見た。カロのからだがぐしゃっとつぶれる音を、彼はその時全身でありありと感じ取った。自動車はちょっと速力をゆるめたが、すぐにスピードを増して左手の方へ小さくなって行った。暗い空の下、広い車道のまん中に、カロのつぶれた死骸だけがぼろ布のようにころがっていた。それを一目見た時、彼は大声でわめきだしたい衝動をこらえながら、目を大きく見開いて、指をがくがくと震えさせていた。

その夜、彼はふとんにもぐって、長いこと泣いた。カロをこんなに愛していたとは、今まで意識しないことであった。こみ上げてくる涙の中に、生きているカロのいろんな姿体が浮かんできて、彼はなおのこと泣いた。外では雨が降ってきたらしく、板びさしをはじく水音が聞こえ、遠く近くで雷の音がごろごろと鳴った。前の大通りを、自動車が水をはねて疾走して行く音が、ときどき聞こえた。

翌朝になると、雨はあがっていた。彼は寝巻きのまま、はれぼったいまぶたの下から、乾いた目で大通りを見おろした。ぬれてだだっぴろい車道のまん中に、カロの死骸があった。やはり夢ではなかった。それは昨夜何度も自動車のタイヤにひかれたと見えて、板のように薄っぺらになって、舗道に平たく張りついていた。猫のからだの形のまま、面積は生きている時の五倍にも広がっていた。彼は急に無惨な気がして、また涙が流れ出そうな気がした。そしてあわてて、窓から離れた。

大通りを、一日じゅう何十台何百台ともしれぬ自動車が往来した。彼は一日じゅうへやにいて、その音を聞いていた。

翌日は日が照って、道が乾いた。道が乾くのといっしょに、カロの死骸も乾いた。乾いてみると、それは猫の死骸という感じではなくて、猫の形をしたよごれた厚紙のような感じであった。そしてそれは舗道に張りついてはいたが、四囲の部分が疾走するタイヤの圧力で少しめくられ、ひらひらと動いていた。その上を容赦なく、いろんな型の自動車やトラックが通った。彼はそれを窓から見おろしていた。

彼はその日一日じゅう、カロのことをぼんやり考えていた。こおろぎをねらうカロの姿だとか、ふとんに眠っているカロの格好だとか、彼の着物のすそにじゃれつくカロの感触などが、なまなましく彼によみがえってきた。そのカロがすでに実体を失って、あそこによごれた紙みたいになって広がっていることを思うと、胸をかきむしりたくなるような悲哀感が彼を襲うのであった。あの横丁から出て来た時、どうも歩き方がおかしいと思ったが、物を盗んでいるところを見つけられ、どこかをしたたかなぐられたにちがいない、と彼は思った。そうすると彼は新しく涙がたれた。

そしてまた翌日になった。彼が窓から通りを見おろすと、カロの死骸の感じが少し変わったように見えた。彼は目を凝らして、しばらくじっとながめた。たしかにきのうより、形が小さくなったような感じであった。彼が見ている前で、その時また一台のトラックがカロの上を通り抜けた。その反動でカロの死骸が少し動いたような気がしたが、はっと気がつくと、死骸の緑のささくれだった一部を、確かに今のタイヤがくっつけて持って行ったにちがいなかった。

彼はからだの中から、何か引き抜かれるような感じがして、凝然と立ちすくんだ。

カロの死骸が乾くにつれて風化して、皮も骨も内臓もぼろぼろの物質になり、四囲のめくれた部分から少しずつ、車輪がかすめてゆくに相違なかった。一まわり小さくなったところをみると、きのうから相当量、ちぎって持ち去られたに決まった。そう思うと彼は、何か言いようのない深い悲しみが、胸の中に広がってくるのを感じた。

彼はその日、窓辺にいすを置いて、一日じゅう通りを見張っていた。カロの死骸をかすめて行く自動車がいるのを、どうしても放っておけない気持がするのであった。そうして昼の間、何十台という自動車が、カロの上を通った。それは格好のいい乗用車もあったし、ガタガタのトラックもあったし、またオートバイや、まれには霊柩車が、カロの部分を少しずつ持って逃げた。そのたびに、彼は両手で目をおおった。

夕方になると、カロは半分になっていた。

次の日も彼は朝から、窓辺の見張りを続けていた。カロの死骸はすでに猫の形を失って一尺四方ぐらいの、白茶けたぼろにすぎなかった。しかし彼はきのうから、ずっと見張っているせいで、それがカロのどの部分であるかは、はっきりと知っていた。

この日もさまざまな自動車が、カロの上を通った。道が乾ききったので、カロの死骸も張りついているささえを失ったのか、きょうはことにもろく持ち去られるようであった。顔の部分はまだ残っていたが、昼ごろ炭俵を積んだトラックが来て、両方の耳を一挙に持って逃げた。彼はあの薄い鋭い耳たぶの形を思い出して、声を出してうめいた。

たそがれの色が立てこめてきたころ、カロはすでに手帳ほどの大きさになっていた。それは最後まで残ったカロの顔の部分であった。彼は異様な緊張を持続しながら、たそがれかかった通りを見張っていた。

通りのかなたから自動車の影を認めるたびに、彼はからだを固くした。そしてその車輪がカロに触れないように、必死に祈願した。

しかしついに、最後のカロを持ち去られる瞬間が来た。それはぼろぼろのタクシーらしく、斜めに揺れながらごとごと走って来たのであった。ちらと見た印象では、中に中年の男たちが五、六人、ぎっしりと詰めて乗っていて、それがみんな酔っぱらっているらしかった。窓から手が出たりはいったりした。まるで自動車自体が酔っぱらっているようなぐあいであった。それの後尾のタイヤが、あっという間もなく、カロの顔をぺろりとすくい上げたと思うと、がたごときしみながら、その酔っぱらい自動車は一目散に遠ざかって行った。

彼は窓から離れ、へやのまん中にくずれるようにすわり込んだ。そうして両手を顔こ当て、静かな声で泣いた。カロがすっかり行ってしまったことが、深い実感として彼に落ちたのであった。カロの死骸が、今や数百片に分割され、タイヤにそれぞれ付着して、東京じゅうを駆けめぐっていると考えた時、彼はさらに声を高めて泣いた。

カロがいなくなって四日になるから、こおろぎが何匹も床の間や壁のすみに、安心してとまっていた。本箱の陰にいたその一匹が、その時触角をかすかに震わせながら、畳の上にはい出して来た。そしていい音を出して一声高く鳴いた。

午砲

おじさんは岬の一軒屋に、ひとりぼっちで住んでいた。日曜ごとに少年は岬へ遊びに行った。

すすきの茂った草丘の陰に、おじさんの家はひっそりと建っていた。板屋根が低く傾いていて、家というより小屋という感じに近かった。少年が行くと、いつもおじさんはへやの中で、ぼんやり寝ころんでいるか、起きて本を読んでいるかしていた。へやにいない時は、海の方へ降りて行くと、大きな岩の陰でつり糸をたれていた。

おじさんは背が高く、大きな手のひらを持っていた。広い額が少しおでこになっていて、灰色がかった黒目がその下にあった。おじさんの目はいつもどんよりしていて、遠くを見ているのか、近くを見ているのか、少しもわからなかった。おでこで陰になるせいだろうと、少年は心で決めていた。

岩陰では、ハゼやドンコがつれた。おじさんからさおを借りて、少年はそれをつったり、草原の上で宿題の写生をしたりした。写生をしていると、おじさんがこっそりやって来て、しばらく後ろでながめたりした。

「海はそんな色かね。そんな色じゃないだろう。もっと黒くてきたない色だよ。」

そんなことをおじさんは言うことがあった。そして自分でクレヨンを執って、少年の絵を塗り直したりした。

「あの木は、そらそんな色じゃないよ。よく見てごらん。幹だって、ウンコ色だよ。」

おじさんが手を入れて修正すると、色はいつもきたならしくなって、学校へ出すのも恥ずかしいような絵になった。だから少年は家へ帰って、同じ絵を新しく書かねばならなかった。絵を直されるのは迷惑だったけれども、少年はこのようなおじさんが好きであった。

岬は腸詰めのような形でむぞうさに、青黒い海に伸びていた。その岬のつけ根から、ぽつぽつ家並みが始まり、湾曲した海岸線に沿って、小さな市街が広がっていた。だから岬の先端から見ると、抱き込まれた海の向こうに、灰色の市街が横たわっていた。おじさんの役目は、この岬で午砲を撃つことであった。正午になると砲声が、半里の海を渡って、市街に響いて来た。すると貧しい市街に住む人々は、とけいの針を直して十二時に合わせた。

おじさんはまったくひとりぼっちで住んでいた。おじさんのへやには、すすけたつりランプが掛かり、畳は潮風に赤茶けていた。こんな所にひとりで住んでいて、寂しくないかしらと少年は思った。そしてそう尋ねてみた。

「寂しくはないさ。」とおじさんはすぐに答えた。しかしそう答えた時のおじさんの姿は、何か影のように黒く平たく見えた。だから少年は重ねてことばをついだ。

「おじさんは退屈しないの？」

「退屈はしないさ。」おじさんはすぐにそう答えて、大きな手のひらを少年の頭に置いた。「退屈しているのはお前だろう。ハゼつりに連れてってやろうか。」

おじさんはいろんなことを少年に教えてくれた。岬にはえている草の名や、鳥や虫の名をおじさんは指さして教えた。それからへやの中で、机に積んだ本を広げて、一部分を読んで聞かせたり、わかりやすく説明してくれたりした。おじさんの机の上には、きちんと折りたたんだネルの布に、古風な大きな懐中どけいが置いてあった。その龍頭はきのこのような形をしていた。おじさんの声は、近くで話しているくせに、遠くから聞こえてくるような響きをもっていた。

ある日曜日、おじさんとハゼをつっていた時、少年は足を滑べらせて、岩角でくるぶしを切った。血がたくさん出て、半泣きになっていると、おじさんは岩の上から、変にまじめな声になって言った。

「海の水につけるんだ。早く降りてつけなさい。」

少年が降りて行くのといっしょに、おじさんも岩を降りて来た。片足を冷たい水につっ込むと、傷口にじんとしみて、鮮紅色の血がゆらゆらと水に溶けた。岩角に手をかけて、少年は痛みをこらえて、じっとそれを見つめていた。頭の上からおじさんの声がした。

「そら、きれいだろう。」

血が赤い煙のように、揺れながらぼやけていた。そして傷口からまた赤い血が、淡青の水の色に吹き出ていた。おじさんはからだを曲げるようにして、それを灰色の目でじっとながめていた。少年はにわかに、こわいような悲しいような気持になって、半分泣き声で叫んだ。

「まだ入れとくの。まだ？」

おじさんはその声を聞くと、急に優しい顔になって、少年を抱き上げた。用心しながら岩へ上って、小屋まで抱いたまま歩いて行った。そして薬を戸だなから出して、ていねいに包帯をしてくれた。

普通の曜日は、少年は市街にある小学校で午砲の声を聞いた。遠くから午砲が響いてくると、学校の鐘が鳴って、お弁当の時間になるのであった。だから皆はこの午砲の音を楽しみにしていたが、少年はその時おじさんを強く思い出し、何かからだが暖かくなるような、寂しいような気持になった。皆はただ音を聞くだけで、それを撃つ人のことをなぜ考えないのだろうと、少年はぼんやり思うのであった。

日曜の正午になると、少年はおじさんが撃つ午砲の音をすぐ近くで聞いているわけであった。近くで聞く砲の音は、遠くで聞く音とまるで違っていた。

十二時少し前になると、おじさんは机の上の大きな懐中どけいをわしづかみにして、すすきの道を抜けて岬の突端へ急いだ。少年も遅れないように、おじさんのあとに続いた。

大砲は岬の先端の見晴しのいい所にあった。仮小屋の中にはいっていて、砲口は市街の方に向いていた。青黒い砲身はずんぐりと短く、元の所にローマ字が小さくぐるりと彫られていた。

おじさんは砲身の栓を抜いて、火薬やぼろきれやわらをいっしょに押しこめた。そしてしばらく身構えて、手にしたとけいの秒針をにらみつけていた。

海を隔てたかなたには、きょうも市街が灰色に沈んでいた。ところどころに煙突が立ち、煙が幾筋か出ていた。港の所に帆柱が小さく並んでいるのが見え、海の上を帆船がゆったりと浮かんでいた。あたりはしんとしていて、なんの物音もしなかった。少年はいつも、からだが内側からふくれ出すような気持になりながら、発射の瞬間を待つのであった。とけいをにらむおじさんの表情は、平常の顔とはまるで違っていた。そんなおじさんの顔を、少年は痛いような好奇心で見つめていた。そして少年は、こんな表情をときどきおとなが作ることをよく知っていた。受持の先生が便所でおしっこをしている時の顔や、お医者様が注射をする時の顔を、少年はすぐ連想した。おじさんの顔は、それともどこか違っているような気もした。

おじさんのからだがぱっと動くと、そこだけ空気がすぽっと抜けるような、途方もない大きな音がした。反響も何もない、からっぽで、そのくせ耳ががんと鳴るような激しい音響であった。二、三秒間はからだの中がすっかり空虚になって、すべてのものが停止するような気がした。このじんとしびれるような二、三秒間を味わうことが、少年は最も恐ろしかったし、それゆえにまた、最も待たれるのであった。おじさんもこれが楽しみで、毎日撃っているのかもしれないと、少年はときどき考えた。

煙硝のにおいのする茶色の煙が、潮風に散ってしまうと、少年はおじさんに寄り添うようにして、道をもどって行った。そして少年はいつも同じことをおじさんに問いただそうとするのであった。

「今の音、おとうさんやおかあさんにも聞こえたかなあ。どうも聞こえないような気がして、しかたがないの。」

するとおじさんはいつも、ぼんやりしたような笑いを浮かべて、大きな手のひらを少年の頭に載せた。

注意する読み方

仏頂面　ぶっちょうづら
達者　たっしゃ
モク拾い　モクひろい
仏師　ぶっし
払い下げ品　はらいさげひん
信玄袋　しんげんぶくろ
鯨肉　くじらにく
出盛り　でさかり
刃先　はさき
口紅　くちべに
丹念に　たんねんに
間遠　まどお
夜具　やぐ
町角　まちかど
糊屋　のりや
ぶち猫　ぶちねこ
地下たび　ちかたび
奥歯　おくば
横面　よこづら
稲妻　いなずま
触角　しょっかく
蟋蟀在堂　歳聿其暮　しつしゅつどうにあり、としここにそれくれん
脇腹　わきばら
横丁　よこちょう
疾走　しっそう
凝然と　ぎょうぜんと
霊柩車　れいきゅうしゃ
炭俵　すみだわら
一目散に　いちもくさんに
午砲　ごほう
岬　みさき
草丘　そうきゅう
岩陰　いわかげ
腸詰め　ちょうづめ
潮風　しおかぜ
懐中どけい　かいちゅうどけい
龍頭　りゅうず
鮮紅色　せんこうしょく
帆柱　ほばしら

注　釈

仏頂面（ぶっちょうづら）　無愛想な顔つき。

モク拾い　タバコの吸いさしを路面などから拾いあげること。
仏師　仏像を製作する職人。
払い下げ品　官庁などから民間に売り渡された不用になった品物。
ゲートル（guetre）　ズボンのすそを足に巻きつけ、その上を足首からひざまで巻きあげる西洋風の脚絆。
信玄袋　長円形の厚紙を底に敷き、口をひもでしめる布製の大きな袋。明治時代に流行。
出盛り　商品、季節の農産品などが市場にたくさん出回ること。
吸いさし　タバコの吸いがら。半分まで吸って捨てたタバコ。
地下たび　仕事用の厚い布製の靴。
蟋蟀在堂　歳聿其暮　蟋蟀が堂に入った。年がもう終わろうとしている。「詩経・唐風」には「蟋蟀在堂　歳聿其暮」とある。
脇腹　横腹。腹のわきの部分。

解　題

1948（昭和23）年9月に発表された。＜戦争もの＞とは異質な＜市井事もの＞系列の方向をしめす作品である。＜仏師として生活＞している老人を描いた「いなびかり」、自動車のタイヤにひかれた猫と若者のかかわりを描いた「猫の話」、〈おじさん〉の姿を少年の目でとらえた「午砲」からなるが、三つの連作をとおして作者は、日常のひだに投影されている人生の哀切さを一種の寓話的手法でみごとに描出している。「風宴」で確立されたといわれる梅崎春生の文体の戦後的展開といってよい。抑制された叙情の高い質も看取されるのである。

研　究

一、次の問いに答えよ。

1. 「いなびかり」の章の冒頭に「おじいさんはだんだん人に口をきかなくなった」とあるが、おじいさんが口をきかなくなったのはなぜか。
2. 「いなびかり」の章に「おばあさんはそんなことを考えたりした。そして……（中略）……そして二人とも、黙って別々に寝た。」とあるが、おばあさんのどんな気持ちが現われているか。
3. 「いなびかり」の章に「はでなアロハシャツを着た青年が、……いまいましそうに吸いかけのたばこをおじいさんの方へピンとはき飛ばした。」とあるが、この青年はどんな気持ちでこんなことをしたのか。

4.「午砲」の章に「おじさんの……姿は、何か影のように黒く平たく見えた。」とあるが、なぜ「黒く平たく見えた」のか。

二、第二次世界大戦後間もなく、物資が欠乏し生活が困難であった時代のようすはどういうところに現われているか考察せよ。

三、「いなびかり」について、＜窓の外を、ときどき青白く稲妻が走った。……（中略）……しかし稲妻が消えると、それらはまた壁の暗がりに沈んでいった＞という最後の段落は、＜おじいさん＞の人生の何を暗示し象徴しているか。考察をまとめよ。

四、「猫の話」について、カロの死骸の変化をみつめながら若者の心はどのように推移していくか。その経過を考察して述べてみよ。

五、＜おじさん＞との交渉をとおして少年の心は何を感じとっていくのか。また、＜おじさん＞はどういう人柄なのか。二点について考察し、考えを述べてみよ。

作家紹介

梅崎春生（うめざきはるお）

1915年（大正4）～1965（昭和40）。小説家。福岡県生まれ。東京帝国大学国文科卒業。第五高等学校（旧制）の同窓に西郷信綱、霜田正次、木下順二らがいる。昭和14（1939）年、「風宴」を発表する。雑誌『早稲田文学』に発表されたこの作品は、無為の青春の痛みと孤高の心象世界を格調高い文体で描いたもので、梅崎がこの時点で早くもかれの文学の原型を獲得していたことを示す。私小説の高い水準にとどいていたことで、かれの作品世界はいわゆる戦後文学のなかでも異質であり、この点で作風が＜第三の新人＞たちのそれにあい通じるものがあることが注目される。昭和20（1945）年、「桜島」を発表、戦争文学の秀作と言われる。「日の果て」、「B島風物詩」「ルネタの市民兵」などを次々に書き世評を定着させた。だが一方で、戦後的現実と自己の関係を深く凝視する仕事があって、それはやがて日常のさりげない心象をシリアスな笑いで描いていくいわゆる＜市井事もの＞へと作風を変換させた。29（1954）年の「ボロ家の春秋」で第32回直木賞を受けた。以後この新系列に佳品を生み、軽妙洒脱な話術に諷刺性、寓意性、童話性が織りこまれている点に特徴がみられる。「砂時計」で29年第二回新潮賞を受け新方向を示す。その後一時期強度のノイローゼにかかり低迷するが、38年に「狂い凧」（芸術選奨）、「仮象」、40年に「朱色の天」などを発表して本来の面目を回復した。同年、絶筆となった小説「幻化」を残して死去。50歳。生の空虚感に戦慄する精神の純粋な幻想を結晶し、生死の関頭に立ちつくす者の凝視の姿をうきぼりにした。

棒

安部公房

蒸し暑い、ある六月の日曜日……

私は、人ごみに埋まった駅前のデパートの屋上で、ふたりのこどものもりをしながら、雨上がりの、はれぼったくむくんだような町を見おろしていた。

ちょうど人が立ち去ったばかりの、通風筒と階段の間のひとり用のすきまを見つけ、すばやく割り込んでこどもたちを順に抱き上げてやったりしているうちに、こどもたちはすぐ飽きてしまって、今度は自分が夢中になっていた。しかし、特別なことではなかったと思う。実際、手すりにへばりついているのは、こどもよりおとなが多い。こどもたちはたいていすぐ飽きてしまって、帰ろうとせがみだすのに、仕事をじゃまされでもしたようにしかりつけて、うっとりとまた手すりの腕にあごを載っけてるのはおとなたちなのである。

むろん、少々、後ろめたい楽しみかもしれない。だからといって、ことさら、問題にするほどのことだろうか。私はただぼんやりしていただけである。少なくも、あとになって思い出す必要に迫られるようなことは、何も考えていなかったはずだ。ただ、湿っぽい空気のせいか、私は妙にいらだたしく、こどもたちに対して腹を立てていた。

上のこどもが、おこったような声で、「とうちゃん。」と叫んだ。私は思わず、その声からのがれるように、ぐっと上半身を乗り出していた。といっても、ほんの気分上のことで、危険なほどだったとは思えない。ところが、ふわりとからだが宙に浮き、「とうちゃん。」という叫び声を聞きながら、私は墜落しはじめた。

落ちる時そうなったのか、そうなって落ちたのかは、はっきりしないが、気がつくと私は一本の棒になっていた。太からず、細からず、ちょうど手ごろな、一メートルほどのまっすぐな棒きれだ。

「とうちゃん。」と二度目の叫び声がした。下の歩道の雑踏がさっと動いて割れ目ができた。私はその割れ目めがけて、くるくる回りながら、まっしぐらに落ちて行き、乾いた鋭い音をたててはね返り、並木に当たって、歩道と車道の間のみぞのくぼみに突きささった。

人々は腹を立てて上をにらんだ。屋上の手すりに、血の気のうせた私のこどもたちの小さな顔が、行儀よく並んでいた。入口にがんばっていた守衛が、いたずら小僧どもを厳重に処罰することを約束して、駆け上がって行った。人々は昂奮し、こぶしを振り上げて威嚇した。それで私自身は、だれからも気づかれずに、しばらくそこに突きささったままでいた。

やっとひとりの学生が私に気づいた。その学生は三人連れで、連れのひとりは同じ制服の学生、いまひとりは彼らの先生らしかった。学生たちは、背たけから、顔つきから、帽子のかぶり方まで、まるでふた子のように似かよっていた。先生は白い鼻ひげをたくわえ、度の強いめがねをかけた、いかにももの静かな長身の紳士だった。

初めの学生が私を引き抜きながら、何か残念そうな口調で言った。

「こんな物でも、当たりどころが悪けりゃ、けっこう死にますね。」

「貸してごらん。」と言って先生はほほえんだ。学生から私を受け取り、二、三度擦ってみて、「思ったよりも軽いね。しかし、欲張ることはない。これでも、君たちには、けっこういい研究材料だ。最初の実習としてはおあつらえむきかもしれない。この棒から、どんなことがわかるか、一つみんなで考えてみることにしようじゃないか。」

先生が私をついて歩き出し、ふたりの学生があとに続いた。三人は雑踏を避けて、駅前の広場に出、ベンチを捜したがどれもふさがっているので、緑地帯の縁に並んで腰をおろした。先生は私を両手にささげて持ち、目を細めて光に透かすようにした。すると、私は妙なことに気づいた。同時に学生たちも気づいたとみえて、ほとんど同時に口をきった。「先生、ひげが……。」どうやらそのひげは付けひげだったらしい。左端がはがれて、風でぶるぶる震えていた。先生は静かにうなずき、指先につけたつばで湿して押さえつけ、何事もなかったように両側の学生を顧みて言った。

「さあ、この棒から、どんなことが想像できるだろうね。まず分析し、判断し、それから処罰の方法を決めてごらん。」

まず右側の学生が私を受け取って、いろいろな角度からながめ回した。「最初に気づくことはこの棒に上下の区別があるということです。」筒にした手の中に私をすべらせながら、「上の方はかなり手あかが浸み込んでいます。下の部分は相当にすりへっています。これは、この棒が、ただ道ばたに捨てられていたものではなく、何か一定の目的のために、人に使われていたということを意味すると思います。しかし、この棒は、かなり乱暴な扱いを受けていたようだ。一面に傷だらけです。しかも捨てられずに使い続けられたというのは、おそらくこの棒が、生前、誠実で単純な心をもっていたためではないでしょうか。」

「君の言うことは正しい。しかし、いくぶん、感傷的になりすぎているようだね。」と先生がほほえみを含んだ声で言った。

すると、そのことばに答えようとしたためか、ほとんどきびしいといってもよい調子で、左側の学生が言った。「ぼくは、この棒は、全然無能だったのだろうと思います。だって、あまり単純すぎるじゃありませんか。ただの棒なんて、人間の道具にしちゃ、下等すぎますよ。棒なら、猿にだって使えるんです。」

「でも、逆に言えば、」と右側の学生が言い返した。「棒はあらゆる道具の根本だともいえるんじゃないでしょうか。それに、特殊化していないだけに、用途も広いのです。盲を導くこともできれば、犬を慣らすこともでき、てこにして重い物を動かすこともできれば、敵を打つこともできる。」

「棒が盲を導くんだって？ぼくはそんな意見に賛成することはできません。盲は棒に導かれているわけではなく、棒を利用して、自分で自分を導くのだと思います。」

「それが、誠実ということではないでしょうか。」

「そうかもしれない。しかし、この棒で先生がぼくを打つこともできれば、ぼくが先生を打つこともできる。」

ついに先生が笑いだしてしまった。「うり二つの君たちが言い合っているのを見るのは、実に愉快だ。しかし、君たちは、同じことを違った表現で言っているのにすぎないのさ。君たちの言っていることを要約すれば、つまりこの男は棒だったということになる。そして、それが、この男に関しての必要にしてじゅうぶんな解答なのだ……すなわち、この棒は、棒であった。」

「でも、」と右側の学生が未練がましく、「棒であり得たという、特徴は認めてやらなければならないのではないでしょうか。ぼくは、標本室で、ずいぶんいろんな人間を見ましたけれど、棒はまだ一度も見たことがありません。こういう単純な誠実さは、やはり珍しい……。」

「いや、われわれの標本室にないからといって、珍しいとはかぎるまい。」と先生が答えた。「逆に、平凡すぎる場合だってあるのさ。つまり、あまりありふれているので、特に取り上げて研究する必要を認めないこともある。」

学生たちは、思わず、申し合わせたように顔を上げて周囲の雑踏を見回した。先生が笑って言った。

「いや、この人たちが全部、棒になるというわけではない。棒がありふれているというのは、量的な意味よりも、むしろ質的な意味で言っているのだ。数学者たちが、もう、三角形の性質をとやかく言わないのと同じことさ。つまり、そこからはもう新しい発見は何もあり得ない。」ちょっと間をおいて、「ところで、君たちは、どういう刑を言い渡すつもりかな？」

「こんな棒にまで、罰を加えなけりゃならないんでしょうか。」と右側の学生が困ったように尋ねた。

「君はどう思う？」と先生が左側の学生をふり返る。

「当然罰しなければなりません。死者を罰するということで、ぼくらの存在理由が成り立っているのです。ぼくらがいる以上、罰しないわけにはいきません。」

「さて、それでは、どういう刑罰が適当だろうかな？」

ふたりの学生は、それぞれ、じっと考え込んでしまった。先生は、私を取って、地面に何かいたずら書きを始める。抽象的な意味のない図形だったが、そのうち、手足がはえて、怪物の姿になった。次に、その絵を消しはじめた。消し終わって、立ち上がり、ずっと遠くを見るような表情で、つぶやくように言った。

「君たちも、もう、じゅうぶん考えただろう。この答えは、やさしすぎてむつかしい。講義の時に習った覚えがあるだろうと思うが……裁かないことによって、裁かれる連中……。」

「覚えています。」と学生たちが口をそろえて言った。「地上の法廷は、人類の何パーセントかを裁けばいい。しかし、われわれは、不死の人間が現われでもしないかぎりこのすべてを裁かなければならないのです。ところが、人間の数に比べて、われわれの数はきわめて少ない。もし、全部の死人を、同じように裁かなければならなくなったりしたら、われわれは過労のために消滅せざるをえないでしょう。さいわい、こうした、裁かぬことによって裁いたことになる、好つごうな連中がいてくれて……。」

「この棒などが、その代表的な例なのだ。」先生は微笑して、私から手を放した。私は倒れて、ころげだした。先生がくつ先で受け止めて、

「だからこうして、置き去りにするのが、一番の罰なのさ。だれかが拾って、生前とまったく同じように、棒としていろいろに使ってくれることだろう。」

学生のひとりが、ふと思い出したように、「この棒は、ぼくらの言うことを聞いて、何か思ったでしょうか？」

先生は、いつくしむように学生の顔を見つめ、しかし何も言わずに、ふたりを促して歩きはじめた。学生たちは、やはり気がかりらしく、幾度か私の方をふり向いていたが、間もなく人波にのまれて見えなくなってしまった。だれかが私を踏んづけた。雨にぬれて、柔らかくなった地面の中に、私は半分ほどめり込んだ。

「とうちゃん、とうちゃん、とうちゃん……。」という叫び声が聞こえた。私のこどもたちのようでもあったし、違うようでもあった。この雑踏の中の、何千というこどもたちの中には、父親の名を叫んで呼ばなければならないこどもがほかに何人いたって不思議ではない。

注意する読み方

屋上　おくじょう
通風筒　つうふうとう
湿っぽい　しめっぽい
妙に　みょうに
上半身　じょうはんしん
雑踏　ざっとう
行儀よく　ぎょうぎよく
守衛　しゅえい
小僧　こぞう
長身　ちょうしん
昂奮する　こうふんする
威嚇する　いかくする
口調　くちょう
緑地帯　りょくちたい
標本室　ひょうほんしつ
行儀よく　ぎょうぎよく
裁かない　さばかない

解　題

1957（昭和32）年の作品である。いわゆる安部公房の変形小説の特徴をほぼ語りつくしている典型的作品である。「S・カルマ氏の犯罪」を代表として含む「壁」の作品世界をさらにアクチュアルに深化させ純粋化させた作品で、現代人の疎外の意味が多角的にうきぼりにされている。棒になった男とはいったい何者であるのか。その問いにどう答えるかは読者の自由にまかされる。つまり、想像力の新しい再分布という体験を作者は読者に提起していると言える。この作者のアピールは、他のあらゆる作品とおなじく、作品の終結部に緊迫し切りつめられた叙情の痛点のごときものとしてひびいている。付言しておけば、安部公房は、作品に登場する人物（あるいは変形）をその主観の自動的旋回にゆだねることで独特なユーモアを生みだす。エッセイ「消しゴムで書く」などが方法理解の参考となろう。

研　究

一、「ところが、ふわりとからだが宙に浮き、『とうちゃん』という叫び声を聞きながら、私は墜落しはじめた。」とあるが、私が「墜落しはじめた」のはなぜか。述べてみよ。

二、「私」はどんな人間だったと思うか。考察せよ。

三、ふたりの学生の考え方の対立について考察してみよ。

四、＜棒になった男＞とは人間の現代的疎外の状況について何を象徴していると思うか。

五、この作品の文体の特徴について考察してみよ。

作家紹介

安部公房（あべこうぼう）

1924（大正13）～1993（平成5）。小説家、劇作家。東京生まれ。東京大学医学部卒業。父が偽満州医科大学（現遼寧省瀋陽にある中国医科大学）に勤務していたので奉天市（現瀋陽市）で成長する。幼時から敗戦までの中国東北部体験が後年の安部公房の想像力の質に決定的な影響をおよぼしたと言われる。また、敗戦を境とする引揚げ体験と故郷（日本と中国東北部）の二重喪失感もかれの発想の根源を形成させた。はやくからE・A・ポー、ドストエフスキーに熱中し、さらにニイーチェ、ハイデガーやスパースらの哲学を読みあさり、とりわけリルケの詩に感化された。昭和22（1947）年、詩集「無名詩集」を出す。23年、実存主義的思索の濃厚な処女小説「終りし道の標べに」を発表する。同年、＜夜の会＞に参加、埴谷堆高、野間宏、花田清輝らの影響を受けシュールレアリスムに傾斜する。マルクス主義にも接近しつつ、勅使河原宏らと25年に＜世紀の会＞結成。26年、「赤い繭」で第二回戦後文学賞。「デンドロカカリヤ」に始まる前衛的作家活動の幕が切っておとされる。「壁ーS・カルマ氏の犯罪」で26年、第25回芥川賞、以降の作品群の最頂点に「砂の女」（昭和37）があり（読売文学賞）、映画化され、世界各国語に翻訳され、国際作家としての地位を確定した。「けものたちは故郷をめざす」、「第四間氷期」、「他人の顔」、「燃えつきた地図」、「箱男」、「密会」などがある。一方、「友達」（昭和42）などの戯曲を書き、みずから演劇グループ・安部公房スタジオを主宰し活発な演劇活動を展開した。評論集に『砂漠の思想』がある。かれの文体は幾何学的、無機的、即物的であるが、記号の鮮烈な組みあわせによるその文体には、比類のない喩（ゆ）のイメージ、斬新な諷刺性と寓話性と抒情性がひびいている。シュールレアリスムの方法、あるいは石川淳の方法意識などをたくまずして吸収消化したアヴアンガルド的方法は、日本の伝統手法のすべてと断絶するところに成立した。現代文学に決定的な変革の新路をきりひらいたという意味で、かれの方法は<文学の革命>と呼ばれている。そのテーマは、現代人の疎外、孤独、関係、自由にわたるもので、作風においてカフカなどと対比される。再三、ノーベル文学賞候補にあげられた。三島由紀夫とは対極・双璧をなす日本現代文学の鬼才である。

夢のタンゴ

曽野綾子

秋晴れの一日は息子の中学の文化祭だった。

前日、彼はプログラムを持って来て、それから特別の小遣いを百円取り立てて行った。

前日までプログラムをよこさなかったのは、なんとかして親たちを来さすまいという魂胆なのである。PTAの会にすら欠席しがちの私は、文化祭だけは、見に行くと言い張った。

「お願いだから来ないでよ。おふくろさんに学校をうろうろされると落ち着かないんだよ。」

「そんなことわかってるわよ。でも、親がいる以上、しかたがないじゃないの。どんな親だって隠しておくというのは間違ってるでしょ。」

「じゃ、こっそり来て、こっそり帰る？僕を探したりしないね。」

「あなたに用事なんかあるもんですか。」

「社交もしないか？」

「アハハ。」

と私は笑い出した。社交という言葉がおかしかったのだ。

「社交は大々的にするさ。」

「本當？」

「うそ。」

「じゃ、しかたない。」

私はプログラムを眺めたが、息子が文化祭で何かやるのかやらないのかいっこうにわからなかった。

「あなたは何かするの。」

「僕は陸上だから、本当は何の部にも入ってないんだよ。だけど、トランペットでかり出されて、プラスバンドに入ってる。」

息子がトランペットを買ったのは一年ほど前である。彼は希望の楽器を手に入れると、早速、三畳の納戸の壁に、古毛布をピンでとめ、中で練習を始めた。

「ああ、つらいなあ、肺の中が埃だらけになるよ。」

それほど気を使ったにもかかわらず、トランペットの、紙をナイフで切り裂くような音は、木造家屋のあちこちから漏れて、私は近隣に対してはらはらしていた。

「おふくろさん、トランペットの音っていうのはね、つまりは唇のおならの音を拡大したものなんですよ。」

私より背の高い息子は、私の肩をたたきながら、ばかにしたような口調で言うのである。息子は夕食後に、必ず三十分ほど吹き、それから私は彼と、彼の部屋に入って、優雅な甘い哀歓を訴えるニニ＝ロッソやもっと乾いた生気に満ちているアームストロングのトランペットをステレオで聞いた。そうでもして、口直しをしなければ、切れ切れの兵隊ラッパのようなトランペットを聞かされただけで、私は埃だらけの品物をいじった時に指先が荒れるように、聴覚の表皮も多少ざらざらになるような気がしたのである。

文化祭の当日は、幸いにも澄んで乾いた快い日であった。息子は役目があるらしく、朝七時半にはもう家を出てしまった。

私は午後一時に家を出て、秋晴れの道を、ひとりでぶらぶらと学校のほうへ歩き始めた。三十年来住み慣れた町も、こうしてゆっくりと歩いてみると、思いもかけぬ変貌を遂げているのがわかった。白壁のマンションが屹立し、新しくできた環状自動車道路には、大型トラックがタイヤをジリジリ鳴らしながら、走っている。

中学校の近くの一軒の小さい日本家屋の前まで来た時であった。私は、見知らぬ品のいい老夫婦に声をかけられた。

「文化祭へおいででいらっしゃますか。」

「はい。」

私は答えながら、なんとなく彼らに待ち伏せされていたような不思議な気持ちになった。

「まことに申しわけございませんが、私どもをお連れいただけませんでしょうか。プログラムがなくても入れてはいただけますでしょうが、いくら同じご町内の者と申しましても、無関係な者が会場に入って行くのも、なんとなく気がとがめますので。私どもは、二人でこの家に住んでおります。笹本と申します。」

老人のほうは、杖をついて脚が不自由そうであった。老妻が片方の手で夫の肘を支えている。二人が何か悪意があって、学校の催しに行きたがっているとは考えられなかった。

私は二人の連れに歩調を合わせて歩き、やがて、埃っぽい中学生たちが、むんむん群がっている前庭を抜けて、講堂へ入った。

老夫婦は履き換えるスリッパも持参していて、私にいよいよ奇異の感を抱かせた。彼らはこういう所へ来慣れているようだった。そして靴や草履を履き換える動作のつつましさから見ると、この二人は怪しい人物どころか、きちんと折り目正しい生活をしている人々のように見えた。

文化祭の催しものは既に始まっていた。かわいらしい女生徒のコーラスである。せっかくここまで道連れになったのだからと、私は老夫婦のために講堂内の席もとり、並んで座ることになった。

英語劇も、女の子たちのバレーもかわいくはあったが上手ではなかった。けれど、その素人っぽさが、かえって新鮮な魅力で、私ははらはらしながら、舞台にひきこまれていた。もっとも観客たちのお行儀はなっていなかった。静かに聴くということすら、このごろの母親たちにはできないのだ。暗がりでおしゃべりをし、わめきたてる同伴の子供をとめようともしない。その点、隣の老夫婦は、静かに舞台に敬意を払っているように見えて、私はしだいに、彼らにかすかな好意のようなものすら感じるようになった。

しかしやがて、老夫人のほうが、小さな声で夫にささやいているのが、私の耳に入った。

「おじいさん、ほら、あそこに、雄一がいますよ。」

「どこに？」

「ほら、二階の通路の、ほら、照明のそばを、向こうへずうっと通って行く。今、先生の前を通る時、会釈したでしょう……。」

「ああ。」

私は奇異に感じながらも、彼らが注目している生徒を目で追っていた。それは背のすらりと伸びた、敏捷な身のこなしの子であった。

しかし老夫婦は、それだけでもう何も言わなかった。「同じご町内」のことだから親戚の子でもいるのであろう。しかしそれならばなぜその「雄一」からプログラムをもらわないのか。親戚どうし何か気まずいことでもあって、中学生の息子はかわいくても、その子に近づけない理由でもあるのだろうか。

次のプログラムは、中三の男子生徒の合唱だった。ステージの上に四十人ばかりの、もう一人前の大人の男たちの体つきをした生徒が並ぶと、これが中学生かと思うくらいだった。

「ほら、雄一は、前から二列めの左から四番めにいますよ。」

私は、今度はゆっくりと「雄一」を見ることができた。色の白い男の子であった。眉根のところが、感受性の鋭さをあらわしてふくれている。彼らは手を後ろに組んで、「インディアンの戦いの歌」というのを歌い出した。音程が時々狂うが、その声量には、客席のざわめきを抑えるだけの健康な迫力があった。戦いの歌のあとは「凧」というおもしろい曲だった。口笛がひゅうひゅうと風を吹いてみせる。

コーラスのメンバーが去ると、舞台の上には譜面立てが並べられ、ブラスバンドの演奏が始まる。息子が「僕、いやだなあ、トランペットなんかやって損したよ。音程狂うと、びりっとわかるし、危いから吹かないでいると、それもわかるし。」と心細いことを言っていたのがいよいよ始まるのである。もっとも幕があがるとトランペットは三人だったので私は我がことのように多少、責任が軽くなったような気がした。

曲は「夢のタンゴ」である。やはりトランペットの三人ははらはらするような演奏ぶりだったが、ジャーマンホルンに一人上手な子がいて、そのメロディだけが、聴衆にかなり完成した、タンゴの陶酔を与えてくれていた。私は薄暗がりの中でこっそり足拍子をとりながら、陽気になり、隣の老夫人に話しかけた。

「どなたかご親戚の方でもいらっしゃるんですか。雄一さんとおっしゃるのは、何年生ですの？」

私の言葉は全部は夫人には聞こえなかったらしい。ただ、雄一という名前だけ聞くと、夫人は、おもむろに舞台のほうを指さして言うのだった。

「はい、あそこでトランペットを吹いております。」

私はとまどった。そんなにひとりの子が、あのプログラムにもこの演奏にも入っているものなのだろうか。しかし私はもう一度尋ねた。

「トランペットの一番右ですか？」

「いいえ、真ん中でございます。」

私は一瞬黙った。それから、驚きのあまり感情の凍りついた単調な声で言った。

「真ん中は、うちの息子です。」

老夫人は、たじろがなかった。ちょうどその時演奏は終わった。

「さようでいらっしゃいますか。実は雄一は——。」

「お孫さんですか。」

「亡くなったたった一人の息子の、そのまた一人きりの忘れ形見だった子でございます。息子夫婦が相次いで死にましてから、私どもが孫の雄一を育ててまいりましたが、この学校の中学三年の時、自動車にはねられて死んだんでございます。もう十年にもなりますが、明るいよくできた子でした。それ以来、私どもは毎年、この文化祭に伺わせていただいてるんでございます。すると遠目に、いつも同じ年ごろの雄一が生きていて、歌ったり、恥ずかしそうに、こちらを見て見ないふりをしたり、お友達とふざけたりしておりますから。ほんとに毎年、同じ顔つきで元気に出てまいります。」

私は、それ以上、現実についた会話を、この老夫婦と交わす気力を失っていた。私の視界の中で、少年たちの姿が、時ならぬ輝きを帯びた群像のように揺れ始めていた。

注意する読み方

小遣い　こづかい
魂胆　こんたん
社交　しゃこう
陸上　りくじょう
納戸　なんど
古毛布　ふるもうふ
表皮　ひょうひ
快い　こころよい
町内　ちょうない
屹立　きつりつ
笹本　ささもと
杖　つえ
催し　もよおし
歩調　ほちょう
前庭　ぜんてい
草履　ぞうり
折り目　おりめ
行儀　ぎょうぎ
会釈　えしゃく
雄一　ゆういち
敏捷　びんしょう
合唱　がっしょう
眉根　まゆね
音程　おんてい
口笛　くちぶえ
譜面立て　ふめんだて
陶酔　とうすい
薄暗がり　うすくらがり
足拍子　あしびょうし
忘れ形見　わすれがたみ

注　釈

納戸　着物や道具をしまっておく部屋。

ニニ＝ロッソ（Nini Rosso）　イタリアの、ポピュラー音楽のトランペット奏者（1927～1994）。

アームストロング（Louis Daniel Armstrong）　アメリカのジャズ―トランペット奏者（1900～1971）。

ジャーマンホルン　二十世紀の初め、ドイツで改良された、ホルンの一種。

解　題

1968（昭和43）年、雑誌『旅行読売』に発表された。息子の中学の文化祭に出かけた＜私＞は、途中で＜見知らぬ品のよい老夫婦＞に声をかけられ、一緒に行く。催しの会場で隣あわせに坐る。ところが、奇異なことがおこる。男子生徒の合唱、ブラスバンドの演奏などを聴きながら、老婦人はそのたびに＜雄一＞という少年が出場者の中にいると言うのである。みじかい文章ではあるが、ありきたりな日常性の風景をふいに突きくずすようにして姿をあらわす狂気をあざやかにとらえた小品である。この作者の小説構成の原型を思わせるものがある。

研　究

一、この小説は二つの部分からできているが、筋の展開から後半の部分はさらにいくつの部分にわけることができるか。構成を検討してみよ。

二、次の問いに答えよ。

1.「口直しをしなければ、」の部分が直接かかる部分は何か。

2.「現実についた会話」とはどのようなことか。

3.「私」の心理の推移を、場面の展開に従って整理せよ。

作家紹介

曽野綾子（そのあやこ）

1931（昭和6）～　　。小説家。東京都生まれ。聖心女子大学英文科卒業。幼時より一貫したカトリック教育を受けた。昭和28（1953）年、＜第三の新人＞たちの一人、三浦朱門と結婚。29年、雑誌『三田文学』に発表の「遠来の客たち」が

第31回芥川賞を吉行淳之介の「驟雨」と争う。入選は吉行にゆずったが、これによって作家として出発した。「バビロンの処女市」、「硝子の悪戯」などで作家の地位を確立、有吉佐和子とならんで才女の名をうたわれた。昭和31年、東南アジアに旅行し、新しい風土体験を経て思想変奏にむかう。人間の卑小さと限界を知る諦念をカトリック教育によって植えつけられながらも、その諦念の深さを逆噴射させ、現実にいとんでいく大胆奔放な想像力を形成したということである。その成果は36（1961）年の「リオ・グランド」に結実した。マリリン・モンローをモデルにした昭和40（1965）年の「砂糖果子が壊れるとき」、戦争文学の秀作とされる44年の「生贄（いけにえ）の島」、沖縄渡嘉敷島の集団自決を描いた46（1971）年の「ある神話の背影」など、曽野綾子は人間存在の限界と悲惨をみつめる。同時にユーモラスな肯定と赦しの希求によって人間をはげます作品を生みだし今日にいたる。一時失明の危機におちいるが脱し、以降、剛直で歯に衣きせぬ直言によって社会的発言を積極的に行っている。

戦争中の手紙のこと

高良留美子

最近古い手紙の束の中から、戦争中の手紙を一束見つけ出した。那須へ集団疎開に行っていたわたしのところに来た手紙、それにこちらから出した手紙も十何通か混じっている。

そのころの手紙が他の手紙と一緒に古いトランクの中にあることは、知らないわけではなかった。しかしこれまで手にとることはあっても、読み返したことは一度もなかった。今も手紙の内容はさておき、上の一束の手紙に託したあのころの気持ちのほうが、先立って思い出されてくる。

集団疎開先の寮では、手紙だけが待ち遠しいものだった。外とのつながりを保ってくれ、以前の自分とのつながりを思い出させてくれるものは、手紙だけしかなかった。手紙の来た日には一日中心豊かな気持ちになれたし、二、三通もまとめて受け取った日などは、とりわけそうだった。夜の自由時間になると、それまでに来た手紙を眺め、読み返し、数を数えるのがわたしたちの日課のようになっていた。少しずつ増えてくる手紙の束は、だから何よりも大切なものになっていた。

手紙のたくさん来る人も、少ししか来ない人もいた。なかには六か月の間に百五十通も受け取った人もいて、そんなことはすぐに口伝えに伝わって、うらやましがられたものだ。内容はともかくとして、手紙の数というものがあれほど重大な意味を持った時期は、わたしの人生にはほかには一度もない。少しでもたくさん来るようにと、家族への手紙には必ず、お手紙たくさんくださいと書き添えた。こちらからもせっせと書いた。家族だけでなく、知り合いにも書いた。そのせいか、手紙の束の中には家族や親戚だけでなく、日曜学校の先生や、知り合いの人からのものもかなり混じっている。

わたしはとくべつ多いほうではなかったが、そう少ないほうでもなかったと思う。そのころ家族があちこちに分散し始めていて、その一人一人からか別々に来たためだろう。記憶では、百通を五、六通超えていた。百八十日間で百五、六通だとすると、かなりの密度で受け取っていたことになる。今度数えてみたら、自分のを抜きにして八十一通あった。

六か月間といっても、当時はその生活がいつまで続くのか、全く予想することができなかった。戦争に勝つまでは東京に帰れないと言われていたので、たぶんここで死ぬことになるのだろうと思っていた。六年生だけは上級学校に進むために三月に帰ることになったと聞かされたのは、帰るほんのひと月ぐらい前のことだ。その時は、上級学校などというものがまだこの世の中にあったのかという奇妙な感慨を抱いたのを覚えている。その言葉を聞いたのはずっと昔のような気がしていたのだった。

将来のことどころか、明日の予定もわたしたちには何もわからなかった。秋には毎日のように勉強を休んで畑仕事に行かされたが、明日はどこの畑に何をしに行くのかというようなことは、何も知らされなかった。それに食糧不足からくる慢性的な飢餓と、零下十数度まで下がる那須の寒さがあった。わたしたちはそのころ、子供ながらひどく回顧的で退嬰的な、「記憶のなかに生きる」とか、「追憶のなかに逃げ込む」といった生き方を強いられていたように思う。毎日相当な労働を課せられていたので、精神的にはなるべくエネルギーを使わないで生きる自己防衛の方法を身につけていた。他人のことにはあまりかまわずに自分のことだけに集中する一種のエゴイズムも、そのころ身につけたのかもしれない。そしてそんなふうな生き方に、手紙は格好な媒体の役目を務めてくれた。手紙はいわば、垂直に自分の過去へとつながるタイムトンネルであり、周りにいる友達や、今の自分の情けない状態を一時的にでも忘れさせてくれるタイムマシンの役割を果たしていたのだ。

それほど大切にしていた手紙の束を、三十年近く一度も読み返さなかったのは、ちょうど手紙が大切だったのと同じ理由からだったと思う。当時のタイムトンネルは、今となってはあのころへのタイムトンネルであり、わたしを情けない、食べ物にも愛情にも飢えていた十二歳の子供のところへ連れて行ってしまうのだ。

そのうえこの子供のいやらしさは、自分の情けない状態をだれにも伝えることかできないで、いつも元気でしっかりした仮面をかぶっていることなのだった。理由は簡単で、手紙の検閲があったからなのである。向うから来た手紙は開けられなかったが、こちらから出す手紙は全部先生に検閲された。だから家に帰りたいとか、おなかがすいてつらいとかいうようないちばん伝えたいことは、何ひとつ書くことができなかったのだ。

東京からは、最初に中心部で死傷者を出した空襲の模様や、そのショック、空襲が度重なるにつれて始まった妹の疎開や姉の勤労動員、最後には家族全員の疎開など、慌ただしい動きを伝えてきているが、そうした出来事を当時のわたしがどれだけの現実感をもって受け止めていたかは、いささか疑わしい。今でこそそうした出来事のほうに注意がいくが、そのころは空襲の経験もなく、心の余裕もなかったから、東京でどういうことが起こっているのか、ほとんど想像することはできなかった。

手紙が欲しいためもあり、夜の自由時間にはほかにすることもなかったせいか、わたしはせっせと手紙を書いた。もう便箋がないなどと言いながら、使い古しの紙の裏などに書いている。しかしそれは奇妙な手紙だった。本当のことがたくさん書いてあるのに、何ひとつ書いてないのだ。「とても楽しいでした。」などというのはみんなうそだ。わたしは今でも、あのころ手紙を書いていた時のなんともいえない複雑な気持ちをよく覚えている。

家族からの手紙はそれぞれ個性的で、おもしろいものが多い。当時家にいたお手伝いさんのものなど、特に光っている。ただわたしはこの手紙のやりとりの一角を占める自分の手紙が、生活記録としては正確でも、感情的にはひとつの虚構だったことを知っているので、手紙の全部がひとつの虚構なのかもしれないという思いが消え去らない。あの戦争中という異常な時期に、お互いに時間と思いをかけてつくりだした創作物のようにも思えるのだ。そういえば、あのころは家族というものがひとつの虚構だった。その感覚は、今でもわたしのなかで続いている。

注意する読み方

一束　ひとたば
那須　なす
集団疎開　しゅうだんそかい
日課　にっか
口伝え　くちづたえ
畑仕事　はたけしごと
退嬰的　たいえいてき
垂直に　すいちょくに
媒体　ばいたい
検閲　けんえつ
度重なる　たびかさなる
使い古し　つかいふるし
便箋　びんせん
虚構　フィクション

注　釈

部須　栃木県北東部、那珂（なか）川上流域一帯の地名。

集団疎開　日本では、第二次世界大戦末期に、都会地の学童を学校ごとに農山漁村に移住させたこと。

日曜学校　キリスト教会で、日曜日に子供を集めて宗教教育をする学校。

退嬰的　新しいことに手を出したがらず、しりごみするようなさま。
勤学動員　ここでは第二次世界大戦中、日本が対外侵略戦争目的遂行のため工場などに学生・生徒を徴発して働かせたこと。

解　題

1975（昭和50）年、『群像』に発表された。太平洋戦争末期、戦局が激化し日本の敗北が近づくにつれ、アメリカ軍による日本列島爆撃は連日のように行われた。とくに東京空襲は猛烈をきわめた。それに対応して強制疎開の措置がとられたが、東京をはじめ都会地では国民学校（現・小学校）の児童を学校ごと各地の農山漁村に移住させる対策が実施された。家族・家庭から切離されての戦時下の疎開・集団生活は、それを体験した児童たちに、成長の過程、戦後の精神形成に特異な影響を深く与えたと言われる。かれらを疎開世代と呼ぶ場合もあり、当時都会の小学生であった昭和初年代生まれの日本人に刻まれている独特な幼年期体験＝戦争体験となった。このエッセイはその体験をローティーンとして味わった詩人の回想である。日本軍国主義者がおこした外国侵略戦争が日本国民にも大きな被害を蒙らせたことはあきらかであろう。

研　究

一、文中に「内容はともかくとして、……一度もない。」とあるが、それはなぜか。
二、文中の次の言葉の意味をわかりやすく説明せよ。
　1.「『記憶のなかに生きる』……といった生き方」
　2.「本当のことがたくさん書いてあるのに、何ひとつ書いてないのだ。」
三、戦争中の手紙は、筆者にとって当時どのような意味を持っていたか。また、それを「三十年近く一度も読み返さなかった」のはなぜか。説明せよ。
四、「あのころは家族というものが……続いている。」とあるが、筆者はなぜそのように感じたのか、述べてみよ。

作家紹介

高良留美子（こうらるみこ）
1932（昭和7）～　。詩人、小説家、評論家。東京生まれ。東京芸術大学美術学

部、慶応大学法学部中退。詩集に「生徒と鳥」、「場所」、「見えない場所」などがある。学生時代から竹内泰宏などと雑誌『希望（エスポワール）』拠にり文学活動をつづけてきた。昭和38年、「場所」で第13回H氏賞を受けた。その詩風は、フランシス・ポンジュの影響から始まったと言われ、情緒の安易な浸透をきびしく排して簡潔な、＜物の世界に＞直接対していくところにある。最近はアジア・アフリカ文学の紹介につとめ、近代的思考の限界の枠をこえる想像力の新たな地点を模索している。評論集に「物の言葉」、「文学と無限なもの」など。他に数篇の小説作品がある。お茶の水書房から自選の評論集が刊行されている。

自立と挫折の青春像

高橋和巳

二度と繰り返したくない。

人が自己の半生を振り返ったとき感ずる最も痛切な思いはおそらくこうである。とりわけ不安定で生ぐさい青春期など、仮に神が二度繰り返せと命じたにせよ、真っ平ご免こうむりたい、と大多数の人は思うはずである。

にもかかわらず、文学や映画など、登場人物の大半は青年であり、壮年、老年の人が誇り始める思い出話の大半は青年期のことである。何がいったい人々を青春期に引きつけ、回帰させるのか。未熟、不安定、傲慢、そしていかんともしがたい性の噴出。それらやりきれぬ青春の属性と表裏してある一つの価値——単純、純真、向こう見ずといった一連の性質のゆえにこそ、人は青春に執着し、青春を愛惜する。そしてそれらはひと度失えば永遠に戻らない。

表立って、犯罪を犯したり、なりふりかまわず転向したり、人に取り入ったりする人は、そう多くはない。しかし、ひそかに心中に、権威に屈服し、自己の利益のみを打算するようになってゆく人は少なくない。むろん青年期にも打算はあり、裏切りはあり、屈服はある。だが、彼らは打算や裏切りや屈服を、当然のことだとは少なくとも考えない。その一点によってのみ、すべての未熟さは償われる。

だから、こうもいえる。青春や青年の概念は必ずしも年齢の問題ではない、と。紅顔の老人もおれば見目麗しい老婆もいるわけだ。

青年の在り方や一般的な思想の傾向は、時代によって、あるいは教育方針の在り方によって確かに変わる。戦前の高校生がデカルト、カントを論じ、高歌放吟したような風俗は、今はなくなった。ストームに費やされていたエネルギーは、単車をすっ飛ばしたり、スクラムを組んでデモったりすることに変化している。だがこの変化は本質的なものではないと私は考える。

私には教師の経験もあって、そうした表面的変化には数多く触れる機会があった。例えば、大学の教壇に立って講義をしていてふと目を落とすと、教室の最前列に熱心に講義に耳を傾けている女子学生がチューインガムをかんでいたりする。彼女の目は天真らんまんに輝いており、講師に対する敬意もそのあどけない表情に充分現れている。にもかかわらず彼女はチューインガムをかんでいるのである。戦前にはこんなことはあり得ないことだった。むろん私は彼女の礼儀知らずを叱責するけれども、そういうことがあったからといって、戦後の青年はなっていないというふうには考えない。

彼女が、いや広く現代の青年子女が、礼儀作法その他の点においていくばくかの欠点を持っていても、社会の不正に対して怒り、自らを向上させようとする情熱を持っている限り、青年の本質は変わることなく現代にも存在することは事実だからである。正義を固守する戦いに青春は多く挫折をするものの、挫折こそむしろ青年のあかしである。

私はここ数年、京都のある大学新聞の学生小説募集の選考委員をしている。新しい文学というものは、いつ、どこから登場してくるかわからないものであり、無名の青年の生原稿を読む労苦をいとってはならぬという気持ちがあってやっているのだが、同時に、たとえ完成した作品が現れなくとも、それら作品の中にこそ、現代の苦情というものが最も端的に表現されているにちがいない、という予感があるためでもある。

政治青年たちのさまざまな運動については、不充分ながらもマスコミを通じて報道されることがある。何か事件が起これば、テレビや週刊誌は彼らの意見に焦点を当てようとする。だがそれだけではかたておちなのである。

いつの時代にも、行動的な青年の群像があると同時に、沈思している青年たちがいる。それはいわば車の両輪のように対応し合いつつ回転していて、行動と沈思の総体において、新しい時代の精神を形成する。と考えて若い人々の作品を読むのだが、その作品の全般的な傾向は、人々が普通「戦後の青年」と言う時に表象するイメージとは甚だしく食い違っているということを、おそらく大多数の人々は知らないだろう。アメリカナイズされていてぬうぼうとし、はきはきしているが深みはなく……といった一般に流布されている青年像とは全く違うのである。

恐ろしく暗く、迷路にはまり込んでもがいており、行為せぬ以前の挫折感に満ち、確かな反抗対象もないままに意気沮喪している。怒りは怒りとして結晶せず、愛は障害物がないことでかえって風化する。作品の半ばは政治の問題半ばは愛の問題を扱っているのだが、例えば愛の問題を扱った作品の多くは、家族制度の重圧や社会の目に見えぬ制裁によって崩壊するのでない。むしろ二人して戦うべき相手がないままに、あまりにも早い倦怠のうちに崩れ去る。

そして、これは先輩たちに責任がある。なぜなら、青年は、自分たちが超克すべき厳つい対象があった時、初めて青年らしい破壊と建設を行い得るからだ。今は、まともに手向かうべき壁がないのであろう。年長者があまりにものわかりがよすぎるのは、かえって罪悪を形成する。

私の青春は荒廃していた。

いわゆる青年らしい雰囲気は、内部にも周辺にもなかった。本屋に入っても書物もろくになく、腹を減らして銀シャリ（白米の飯）のことばかり考えており、町は一面の焦土であり、音楽も絵画もこの地上から滅び去ったかのようだった。異性の友もむろんなかった。

戦後二十余年を経て、例えば列車の中で、スキーに行くパーティーを見たり、あるいは着飾って音楽会や華やかな劇場に消えて行く若者たちの姿に触れたりするとき、あるいはまた喫茶店の一室にたむろして笑いさざめいている男女のカップルを見たりすると、不意にむらむらと腹の立ってくることがある。

だが考えてみれば、現在の自由さ、豊饒さのほうが当然なのであり、当然なことに怒る権利はだれにもない。

しかし更に考え進めてみれば、すべてが窮乏し、人々が露骨に人間性をむき出しにしており、若者たちが常に殺気立っていたゆえに、鍛えられた部分もなくはなかった。性質の中にいびつなものが残り、思念の基底にどうしようもない憂鬱さとペシミスティックな気分がわだかまってしまったにせよ、自分自身がいちばん何をしたいのかということに比較的早く気づく幸運にも恵まれた。

読みたい本もろくにない時代だったがゆえに、読書への欲求もまた熾烈だった。例えば戦災に遭って教科書も失い、私は中学校の教科書の全部を、ザラ紙に写したことがある。それはやむを得ずそうしたのだが、後から考えてみると、昔の僧侶が仏典を斎戒して書写し、あるいは四書五経を暗唱したような教育を自分に課していたことになる。都会におれば工場動員、農村へ避難すれば農村動員があって、まともな授業を受けがたい時代だったが、私は友人の教科書を写し取るという独学的な作業で、いつしか確実に自分を鍛えていたのである。私の勉学の態度もその時にほぼ決まったといえる。書物が貴重だからこそ懸命に読み、異性に接することも禁じられていたゆえに、内部に真摯なロマンが育った。

そして今にして思えば、何事によらず、あるストイックな壁がなければ、事は成熟しないのである。現在はそのストイックな壁を外から与えられるのではなく、自分でつくるべき時代なのであろう。いかに素早く、うまく、自らに課する戒律を自分がつくり上げるか。それは外から禁忌を与えられる場合よりも、むしろ困難な作業だと思われる。むしろ現代の青年こそ同情されるべきなのかもしれぬ。

青年の特質は、最も激しく時代に押し流されることによって、逆にその時代の最も本質的な問題をつかみ取ってくることにある。その時に自立的に選択したつもりのことも、客観的には、あるいは後になってみれば、やはり時流の波を真っ向からかぶっていたのだということに気づく。しかしそれを恥じる必要はない。なぜなら、時代と精神とが火花を散らす出会いをしながらも本質的志向を怠れないことこそ、語の正しい意味でのインテリゲンチャの第一の資格であるからだ。

だから戦争中に生を受け、軍国主義時代の教育を受け、国家の内的外的崩壊の時期に青春を迎えた者にも、時代に激しく押し流されながらも、むしろ自らその流れに身を投じたゆえに、本質的なものに気づいた人間は数多くいるのである。そしてそれは、戦後の民主主義を本気に信じ、その担い手となろうとした世代にもあてはまる。本気に信じた者のみが、為政者のご都合主義やまやかしの政策を怒ることができる。初めからニルーアドミラリだった人間には、何を主張する権利もない。

そして真の思想というものは、彼が怒り始めた時から、彼個人のもとに孤独に形成されてゆくものなのである。授けられる基本的な教養というものは、時代によっていろいろと異なる。例えば私が教わった、皇国史観によって貫かれた日本歴史と、戦後の社会科の一部門としての日本史は、別な国のことのように違っているだろう。

もし、人間が教わったことをうのみにして生きてゆくだけの利口な猿にすぎないのなら、教わったことの内容の違う人間どうしは、全く意思疎通できないだろう。だが、世代を越え、教養の質を越え、風土差を越えて、思想的連帯の生じ得る理由は、教わったものを武器として社会と対面し続けるうちになされる孤独な思考が、実はより広く普遍な問題性に行き着き得ることによっている。

繰り返して言いたい。皆が眉を寄せ合って、こうだこうだ、そうだそうだ、と言っている間は、それはまだ個別的な教養習得の過程にすぎない。個別的とは一人一人別という意味だが、皆が直接的に同一性を確かめ合える次元こそが、実はむしろ個別的なのである。普遍は次の段階に現れてくる。普遍もまた通常の意識とは逆に、ほとんど絶望的な孤独地獄の中に、暗室にさし込む一筋の光のように訪れるものだ。それ以外にいかなる普遍性の獲得の方法もあり得ない。

時代に最も欺かれやすい青年、地域の特殊事情に最も制約されやすい青年こそが、逆に最も本質的であり得、最も世界的であり得る秘密はこのあたりにある。ひと時欺かれ、ひと時制約され、ひと時挫折することを、それゆえに、恐れる必要は何もないのだ。

注意する読み方

真っ平　まっぴら
噴出　ふんしゅつ
表裏　ひょうり
執着する　しゅうちゃくする
愛惜する　あいせきする
屈服　くっぷく
償われる　つぐなわれる
紅顔　こうがん
見目麗しい　みめうるわしい
高歌放吟　こうかほうぎん
叱責　しっせき
生原稿　なまげんこう
沈思　ちんし
意気沮喪する　いきそそうする
倦怠　けんたい
厳つい　いかつい
焦土　しょうど
豊饒　ほうじょう
窮乏　きゅうぼう
殺気　さっき
憂鬱　ゆううつ
熾烈　しれつ
僧侶　そうりょ
斎戒　さいかい
避難　ひなん
真摯　しんし
禁忌　きんき
真っ向　まっこう

注　釈

戦前の高校生　旧制高等学校の生徒。
デカルト（René Descartes）　フランスの哲学者（1596～1650）。

カント（Immanuel Kant）　ドイツの哲学者（1724～1804）。
ストーム（Storm）　学校の寮などで、夜大勢で歌って騒々しく練り歩くこと。
ここ数年　1963～1968の間を指す。
ペシミスティック（pessimistic）　悲観的。厭世的。
四書五経　日本に伝わった中国の儒教の経典。「四書」は「大学」、「中庸」、「論語」、「孟子」、「五経」は「易経」、「詩経」、「書経」、「春秋」、「礼記」である。
ストイック（stoic）　禁欲的。
ニルーアドミラリ（niladmirari）　無感動。

解　題

高橋和巳は、日本の敗戦体験を経て、真実の倫理は孤独な個の実存を問いつくすことによってしか得られないことを痛感した。そのことは一切の権威化された伝統あるいは制度化された文化価値の呪縛を否定することであった。自己否定による孤高な生のその宣言は、自他ともに内部の既成を拒否しようとする鮮烈な倫理の表明であり、また、それを媒介として新しい人間の共生関係と共同体構築をめざすものであった。この青春論もそのような文脈の中におかれている。本文は、『高橋和己作品集』第七巻（1970年刊）による。

研　究

一、筆者は、時代や社会の状況によっても変わらない青年の本質とはどんなものだと述べているか。まとめてみよ。
二、筆者にとって「あるストイックな壁」とはどのようなものであったのか。
三、「皆が直接的に同一性を確かめ合える次元こそが、実はむしろ個別的なのである。」とはどういうことか。説明せよ。
四、筆者の意見を参考にして、各自の青春について思うところを文章にまとめてみよ。

作家紹介

高橋和巳（たかはしかずみ）

1931（昭和6）～1971（昭和46）。小説家。中国文学者。大阪市生まれ。京都大学文学部中国語学中国文学科卒業、同大学大学院博士課程修了。評論「文学の責任」（昭和32）、「捨子物語」（同33）、研究論文「中国詩人選集　李商隠」（33）などのあと、37（1962）年「悲の器」を書きあげ、これが河出書房文芸賞第一回長篇小説部門に当選した。刑法学者・正本典膳を主人公にえ、神に代る現代の正義の法体系化をもくろむ合理主義者の矛盾と破滅を描き、エゴイズムと呼ばれる悪の総体を告発したこの作品は、諸家の絶讃を受け、かれの作家的地位を一挙に決定した。39（1964）年、「我が心石にあらず」、40（1965）年、「憂鬱なる党派」、41（1966）年、「邪宗門」等を書きつぎ、同時代の青年学生に広範かつ深刻な影響を与えた。この間、立命館大学文学部講師、明治大学文学部助教授歴任、42（1967）年、京都大学文学部助教授に就任、吉川幸次郎の後継者と目された。43（1968）年前後に始まる全国規模の学生運動にみられた知的叛乱に誠実に対応した。京大辞任後の45（1970）年、小田実、開高健、柴田翔、真継伸彦らと季刊同人雑誌『人間として』を創刊、戦後文学の理念を新たな次元で継承しようとする運動をおこした。昭和46（1971）年、結腸癌で死去。『高橋和巳作品集』全九巻・別巻一巻（河出書房新社・1969～1972）がある。

山に行く心

古井由吉

夢のような景色というものはやはりある。初心者ばかりでなく、山に登り慣れた人間でも、ある風景を前にして、夢のようだと感じることが時おりある。いわゆる絶景とはかぎらない。必ずしも感激しているわけでもない。ただ、目の前に厳然として存在する風景に、夢の味がかすかに入り混じる。むしろやや重苦しい印象である。

成句を避けるとすれば、夢の中で見たような、と言うべきだろう。あるいは「夢」というのは説明しがたい印象を形容するために苦しまぎれに使った言葉にすぎなくて、要するに、既にどこかで見たような感じ、のことなのかもしれない。初めて見る風景であるのに、いつだかしみじみと眺めたことがあるような、いや、眺めたことがあるという以上に眺め慣れたような、そんな気がする。それはしばしば体験されることであるが、それよりももっと奇怪な場合もある。既に何度かそこに来たことがあり、したがって「見たような感じ」は当たり前であるのに、そのような確かな記憶とは別な、もっと深いところから、「既に見た感じ」がしきりにわいてくる。そんな体験がある。

私は東京育ちの人間であるが、私の子供のころにはまだ街の中でも、そのような印象を誘い出す場所があった。坂の上にさしかかって目の前に空が広がるとき、通りすがりに狭い路地の奥をなにげなくのぞき込むとき、人の往来のたまたま途絶えた四つ辻で立ち止まるとき、もっともっと幼いころだれかに手を引かれてここに来たことがあるという確信が急に強くなる。その時の気持ちは、今から分析すると、二つの相矛盾した印象から成り立っているようだ。ひとつは、ここは我が身に深いかかわりのある場所だという印象、もうひとつはそれとは逆に、立ち止まって眺めているうちにいよいよ見慣れない、遠い遠い場所になっていく印象——この懐かしさと気疎さの印象が子供の心の内では少しも分離しないで、ひとつの「既に見た感じ」となって融け合っていた。

見慣れた、見慣れない、懐かしい、気疎い。それはどれも生の「時間」にかかわる感覚である。人間は時間そのものをじかに目で見ることができないものだから、時間を絶えず——無意識のうちに——空間において眺めている。そして自分が個を超える大きな時間の流れの一部であり、ささやかながら自然の連続そのものであることを見て取って、それによって——やはり無意識のうちに——個としての孤独から救われているようだ。時間の流れを内に宿した空間は、人間の精神の安らぎにとって不可欠なものであるらしく、それを奪われると、人は緩慢ではあるが一種の飢餓症状を呈する。

私の子供のころには、街は時間の推移を自然に映していた。夕暮れ時に街の中を歩いていると、影法師がつきまとうように、懐かしさと気疎さの印象が意識の背後に絶えず漠とつきまとっていた。それにひきかえ現在の東京では、よく知っている場所でも、まるで既知の感覚に伴われずに、ただ年月の浅い習慣と知識だけを頼りに歩いているような、心細い印象に襲われることがときたまある。目に入る建物も店も道路も、記憶の連続を宿していない。時間の流れがコンクリート壁や舗装によって塗り込められ、塗りつぶされ、辺りの風景がちょうど電光時計のように孤立した現在しか表していない……。

山に行くのはしょせん好きで行くのであって、その他のもっともらしい理由をつけることはつまらないことであるが、この単純明快な「好き」ということにはしばしば意外に深い、ほとんど本源的と言ってもよいような心身の欲求を含んでいることがあるものだ。都会人の登山について言えば、生きた空間を取り戻したいという欲求が明らかに働いている。都会の生括では空間は閉鎖的になるか、そうでなければただ平板に広がるか、そのどちらかに傾きやすい。それにつれて人の存在感も根もとにおいて閉鎖的になるか、群衆的なものへ広がってしまうか、どちらかになりやすい。いずれにしてもそれによって張りを失った空間感覚と存在感を、平地から谷へ、谷から尾根へと運び上げて、地形の中にある人間のかたちをつかみ直そうとする。山地から平地へ開けていく自然の地形の展開を、途方もない時間の推移を逆にさかのぼっていくことによって、存在を原始的なものへと煮つめていき、それからまた平地へ下ることによって、自然から文化への展開を自分の足と体で確かめようとする。

それにまた、登山というものには、広い意味での労働の典型が純粋に保たれている。登山はしょせん遊びであり、日常にこそ労働があるわけであるが、我々都会人の仕事はどうしても労働の明快さを持たず、働けば働くほど労働のかたちを見失っていく。

山登りの基本的な型は、昔の峠越えではないか、と私は考える者である。その峠越えのまた基本的な型は、民俗学者の研究によれば、沢をさかのぼってできるだけ山の奥深くまで分け入り、そこから尾根の越えやすい所を目ざして急登し、そこからまたむこう側の沢を目ざして一気に下り、沢に沿って麓まで出る道だという。考えてみればこれはきわめて合理的であり、磁石も地図もなかった時代にあっては、道に迷わずに尾根を越える最善の方法だったと言える。なぜなら流れは麓から分水への、分水から麓への唯一確かな道しるべであるからだ。それにまたできるだけ尾根に取りつくのを遅らせて、いったん取りついたら急登するというのも、樹林の中で迷わぬための賢明なやり方である。おそらく峠道の初期には交通も少なく、旅人は半ば自然の中に紛れた踏み跡を探りながら、それと同時に、そのつど初めて道を開く気持ちで進んだことだろう。それがやがて交通の増えるにつれて踏み慣らされて跡が消えにくくなり、更に最初の道筋を基本にして、より安全で楽な道が尾根の中腹の樹林の中に切り開かれ、道しるべなども置かれ、こうして人間の道ができ上がるわけである。

人の道というのは、山道に関して言えば、先人の体験の積み重ねを信頼して、いちいち自分で考えたり地形を読んだりしなくてもすむ道のことである。それにひきかえ初期の峠越えの道は水の流れる道であり、尾根の地形がおのずと指し示す道であり、まだ人の道となりきっていない。言い換えれば、人が誤りなく歩むそのつど、人の道となるのにすぎない。今日の登山のコースは、これは天候さえ順調ならばまずは人の道であり、おまけに昔の峠越えの旅人から見れば実によけいなことに、山頂まで続いている。その点で今日の登山は修験道などの信仰登山の系列であると言えないでもないが、つまりは文明の過剰からくるものだと言ったほうが早い。それでも、登山コースは自然の真っただ中の文明の一本道であって、自然の侵食に絶えずさらされている。

初期の峠越えの道を行く人間の気持ちはどんなであっただろうか。おそらく、人間の世界を出て、人のかすかな足跡をたどって原始の時間の中へ入り込み、その重圧の下を、息をこらしてくぐり抜けるような気持ちだったにちがいない。谷に分け入って行く時の心理には、コースのはっきりしている登山でも、独特なものがある。人間の理性の安定には、ある程度の水平な視界の広がりが必要なようだ。視界が狭まり、水平方向より垂直の方向の感覚が強まり、両側から山の重みに迫られると、人間の心の動きは微妙な変化を遂げて、一方では自己防御的に険しくなり、他方では幻想や幻覚へ誘われやすくなる、要するに、かなり原始的になる。谷を歩く人間はたいてい尾根の上よりも歩みのテンポが早く、口数もめっきり少なく、視線を足もとに落としている。谷の風景を後々まで視覚的に記憶している人間は少ない。むしろ重苦しい感覚として全身で記憶する。谷の空間は、人間にはとうてい受け止められないような、途方もない時間の広がりを宿している。いや、それが感覚的にこちらに迫ってくるのだ。その中を、人はまるで来てはならぬ所に来たように、一刻も早く通り抜けてしまおうと心の底で焦る。なぜなら、自分の内側でも原始的なものが動きかける。それと意識して眺めたことのないはずの岩や早瀬や絶壁や、コースから外れた沢の出会いなどが、ふいに、ずっと昔にそっくり同じ気持ちで眺めたことのあるもののように目に映る。谷の中でのこの「既に見たような感じ」ほど、個々の人間を超えた大きな反復を思わせ、薄気味悪いものはない。

それだけに、ようやく峠に出た昔の旅人の安堵はどれほど大きかったことか。峠に近づくにつれて、今まで前方を暗くふさいでいた樹林がだんだんにまばらになって、幹と幹の間から光が蒼白くもれ、やがて樹林がぽっかりと天窓のように開く。峠からは両側の麓の暮らしが二つながら展望される。おそらく峠というものは、茶屋も道祖神もなかった昔から、この二つの暮らしへの眺望によって、旅人には人間文化の離れ島のように感じられたのではないだろうか。旅人は自然の真っただ中に立って、今しがた原始の威圧の中をくぐり抜けて来た心で山の両側の人の生活をしみじみと眺め、それからまた、麓へ続く流れを目ざして、眺望のきかない樹林の中へ降りて行く。

現代の登山はむろん峠越えではない。できるかぎり自然の脅威を避けて尾根を最も安全な地点から越えようとするほど慎ましくもないし、登らずともすむ山頂に登り、攀じらずともすむ岩壁を攀じる。それにまた、主要な峠には今では自動車道路が走り、麓はそこまで追い上がって来ている。峠に立って両側の街を眺めたところで、生活様式の差などは見受けられない。山はなんらの境界でなく、同質の文明に完全に包囲されている。

もはや登山は昔の峠越えと違って、一つの生活圏からもう一つの生活圏へ越えるという鮮やかな体験ではあり得ない。それにもかかわらず登山者は、山へ出かける前と、山から戻った後とで、自分の生活がいくらかでも異なった、より生きた様相を呈することを、心ひそかに願っているようだ。そしてその折り返し点に、山に登るという行為の一つの「峠」として、かたちを求める心の飽和として、鮮やかな山の風景をやはり期待している。

注意する読み方

厳然として　げんぜんとして
初心者　しょしんしゃ
路地　ろじ
四つ辻　よつつじ
気疎さ　けうとさ
融け合う　とけあう
緩慢　かんまん
飢餓症状　きがしょうじょう
影法師　かげぼうし
登山　とざん
尾根　おね
峠　とうげ
沢　さわ
磁石　じしゃく
修験道　しゅげんどう
侵食　しんしょく
自己防御　じこぼうぎょ
早瀬　はやせ
安堵　あんど
幹　みき
道祖神　どうそじん
蒼白く　あおじろく

注　釈

尾根　山の頂上と頂上を結んで続いているいちばん高い部分のつらなり。
修験道　山中に入って修行する宗教の一形態。
早瀬　特に流れの速い瀬。普通は「速瀬」と書く。
道祖神　道路や村へ悪霊などが入って来るのを防いで、旅人や村人の安全を守護する神。村境や峠の路傍に、像や文字を彫った石とか自然石などで祭られている。

解　題

1973（昭和48）年、雑誌『アルプ』に発表されたもので、1980（昭和55）年刊の『山に行く心　全エッセイⅢ』に収められている。代表作「杳子」がしめしているように、この作家は特別の関心を山にむけている。「杳子」においては、外部と内部の境界が溶け、山中の風景全体が超現実的な幻覚のごときものと化し、不安定に漂いはじめる体験が冒頭で語られている。この無時間的な心象、幻視化された異常に明晰な空間を体験することによって、日常の背後に潜む奥深い存在が感知されるのである。現象を視（み）るそのような視線の明晰な運動とそれによる精神の蘇生への希求が、このエッセイでは平明に語られている。

研　究

一、「既に見た感じ」とはどのような感覚のことか。説明せよ。

二、文中の次の言葉をそれぞれわかりやすく説明せよ。

1.「時間の流れを内に宿した空間」

2.「ほとんど本源的と言ってもよいような心身の欲求」

3.「かたちを求める心の飽和」

三、「今日の登山は……つまりは文明の過剰からくるものだと言ったほうが早い。」とあるが、「文明の過剰」とは具体的にどのようなことか。

四、「山に行く心」とはどのような心だと筆者は述べているか。考察しまとめてみよ。

作家紹介

古井由吉（ふるいよしきち）

1937（昭和12）～　　。小説家。東京都生まれ。東京大学文学部ドイツ文学科卒業。同大学大学院修士課程修了。ブロッホ、ムジールなどのドイツ文学作品を翻訳するとともに観念を肉化して表現する言語の異化機能をそこから学んだと言われる。昭和45（1970）年、作品集「円陣を組む女たち」、「男たちの円居」によって新近作家の地歩を確立した。46（1971）年、「杳子」によって第64回芥川賞。以後、<内向の世代>と呼ばれる新傾向の作家群の代表と目される。47（1972）年、連作長篇「行隠れ」、48（1973）年、連作短篇集「水」。現象の背後にひそむものを透視し、それを執拗に追う視線の運動がそのまま文体化されていくのが、古井由吉の作風の特徴である。日常の背後に在る無定形な越超者を濃密な心象風景に転化して体感させる独自な文体構成の方法を現在も追究している。「栖」、「槿」などの作品がある。『古井由吉作品』全七巻（河出書房新社1982～1983）。

日本近現代文学史年表

西暦(年号)	小　説	詩歌・戯曲	評　論
1868(明治元) 1870～1871			西国立志編 (中村正直訳)
1871～1872	安愚楽鍋(仮名垣魯文)		
1872～1876			学問のすすめ (福沢諭吉)
1874	柳橋新誌(成島柳北)		
1881		天衣紛上野初花 (河竹黙阿彌)	
1882		新体詩抄(矢田部良吉)	
1882～1883	自由之凱旋(宮崎夢柳)		
1883	魯濱孫漂流記		
1883～1884	経国美談(矢野竜渓)		
1885～1886	當代書生気質 (坪内逍遙)		小説神髄 (坪内逍遙)
1887	武蔵野(山田美妙)		
1888～1890	浮雲(二葉亭四迷)		
1889	蝴蝶(山田美妙)	於面影(森鴎外ほか訳)	
	風流仏(幸田露伴)		
1890	舞姫·うたかたの記 (森鴎外)		
1890～1891	二人女房(尾崎紅葉)		
1891	文づかひ(森鴎外)		
1891～1892	五重塔(幸田露伴)		無理想論争 (逍遙一鴎外)
1893			人生に相渉るとは何の謂ぞ・内部生命論 (北村透谷)
1895	たけくらべ・十三夜 (樋口一葉)		

西暦(年号)	小　説	詩歌・戯曲	評　論
1896	照葉狂言(泉鏡花)	東西南北(与謝野鉄幹)	
1896～1897	多情多恨(尾崎紅葉)		
1897～1902	金色夜叉(尾崎紅葉)		
1897	源叔父(国木田独歩)	抒情詩(宮崎湖処子・国木田独歩ら)	
		若菜集(島崎藤村)	
1898	忘れえぬ人々(国木田独歩)	一葉舟・夏草(島崎藤村)	歌よみに与ふる書(正岡子規)
1898～1899	不如帰(徳富蘆花)	天地有情(土井晩翠)	
1900	高野聖(泉鏡花)		
1901	注文帳(泉鏡花)	紫(与謝野鉄幹)	
	牛肉と馬鈴薯(国木田独歩)	みだれ髪(与謝野晶子)	
1902	重右衛門の最後(田山花袋)		
	地獄の花(永井荷風)		
1903	魔風恋風(小杉天外)	獨絃哀歌(蒲原有明)	
1904～1906	良人の自白(木下尚江)		
1904		藤村詩集(島崎藤村)	露骨なる描写(田山花袋)
		竹の里歌(正岡子規)	
1905～1906	吾輩は猫である(夏目漱石)		
1905		あこがれ(石川啄木)	
		あひる野(窪田空穂)	
		海潮音(上田敏訳)	
1906	破戒(島崎藤村)	白羊宮(薄田泣菫)	
	其面影(二葉亭四迷)		
	坊っちゃん(夏目漱石)		
	草枕(夏目漱石)		

西暦(年号)	小　説	詩歌・戯曲	評　論
1907 (明治40)	塵埃(正宗白鳥)		
	虞美人草(夏目漱石)		
	蒲団(田山花袋)		
1908	何処へ (正宗白鳥)	海の声 (若山牧水)	自然主義の価値 (島村抱月)
	春(島崎藤村)		
	あめりか物語(永井荷風)		
	三四郎(夏目漱石)		
	新世帯(徳田秋声)		
1909	沈溺(岩野泡鳴)	邪宗門(北原白秋)	
	ふらんす物語(永井荷風)		
	それから(夏目漱石)		
	ヰタ・セクスアリス (森鷗外)		
	田舎教師(田山花袋)		
1910	放浪 (岩野泡鳴)	ほがひ (吉井勇)	酒時代閉塞の現 状(石川啄木)
		一握の砂(石川啄木)	
1910～1911	家(島崎藤村)		
	青年(森鷗外)		
1910	門(夏目漱石)		
	網走まで(志賀直哉)		
	刺青(谷崎潤一郎)		
1911～1913	或る女(有島武郎)		
1911	お目出たき人 (武者小路実篤)	思ひ出 (北原白秋)	
	少年(谷崎潤一郎)	修禅寺物語(岡本綺堂)	
	黴(徳田秋聲)		
1911～1913	雁(森鷗外)		

西暦(年号)	小 説	詩歌・戯曲	評 論
1912(大正元)	かのやうに(森鴎外)	悲しき玩具(石川啄木)	
	彼岸過迄(夏目漱石)		
	悲しき父(葛西善蔵)		
	與津弥五右衛門の遺書(森鴎外)		
1912～1913	行人(夏目漱石)		
1913	阿部一族(森鴎外)	珊瑚集(永井荷風)	
		桐の花(北原白秋)	
		赤光(斉藤茂吉)	
		夜叉ヶ池(泉鏡花)	
1913～1935	大菩薩峠(中里介山)		
1914	こころ(夏目漱石)	道程(高村光太郎)	
1915	あらくれ(徳田秋聲)	切(島木赤彦)	
	道草(夏目漱石)	その妹(武者小路実篤)	
	羅生門(芥川龍之介)		
1916	渋江抽斎・寒山拾得・高瀬舟(森鴎外)	恐怖時代(谷崎潤一郎)	
	鼻・芋粥(芥川龍之介)		
	明暗(夏目漱石)		
	善心悪心(里見弴)		
1917	カインの末裔(有島武郎)	転身の頌(日夏耿之介)	
	城の崎にて・和解(志賀直哉)	月に吠える(萩原朔太郎)	
	戯作三昧(芥川龍之介)	天守物語(泉鏡花)	
	神経病時代(広津和郎)	父帰る(菊池寛)	

西暦(年号)	小　説	詩歌・戯曲	評　論
1918	子を連れて(葛西善蔵)	愛の詩集・抒情小曲集(室生犀星)	
	新生(島崎藤村)		
	地獄変・枯野抄・奉教人の死(芥川龍之介)		
	忠直卿行狀記(菊池寛)		
	田園の憂鬱(佐藤春夫)		
1919	性に眼覚める頃(室生犀星)		
	恩讐の彼方に(菊池寛)		
	蔵の中(宇野浩二)		
	友情(武者小路実篤)		
1920	秋(芥川龍之介) 真理夫人(菊池寛)	嬰児殺し(山本有三)	作者の感想(広津和郎)
1921		あらたま(斉藤茂吉)	
		黒衣聖母(日夏耿之介)	
		殉情詩集(佐藤春夫)	
1921～1937	暗夜行路(志賀直哉)		
1921～1923	或る男(武者小路実篤)		
1922	破船(久米正雄)	人間万歳(武者小路実篤)	
	都会の憂鬱(佐藤春夫)		
1922～1923	多情仏心(里見弴)		
1923	青銅の基督(長与善郎)	春猫(萩原朔太郎)	
	子を貸し屋(宇野浩二)		
	日輪・蠅(横光利一)		
1924		春と修羅(宮沢賢治)	散文芸術の位置(広津和郎)
		寒山落木(正岡子規)	
		チロルの秋(岸田國士)	
		海戦(千田是也訳)	

西曆(年号)	小　説	詩歌・戯曲	評　論
1925 (昭和元)	大導寺信輔の半生 (芥川龍之介)	純情小曲集 (萩原朔太郎)	
	痴人の愛(谷崎潤一郎)	月下の一群(堀口大学訳)	
	檸檬(梶井基次郎)	死刑宣告(萩原朔太郎)	
1926	伊豆の踊子 (川端康成)	雪明りの路 (伊藤整)	退屈読本 (佐藤春夫)
	春は馬車に乗って (横光利一)	安土の春 (正宗白鳥)	自然成長と目的 意識(青野季吉)
	海に生くる人々 (葉山嘉樹)		
1927	或る阿呆の一生・歯車 (芥川龍之介)	何が彼をさうさせたか (藤森成吉)	
	銀河鉄道の夜(宮沢賢治)		
1927～1931	安城家の兄弟(里見弴)		
1928	業苦 (嘉村礒多)		プロレタリア・ レアリズムへの 道(蔵原惟人)
	キャラメル工場から (佐多稲子)		誰だ？花園を荒 らす者は？ (中村武羅夫)
	春先の風(中野重治)		
1928～1930	放浪記(林芙美子)		
1929～1935	夜明け前(島崎藤村)		
1929	蟹工船(小林多喜二)		
	太陽のない街(徳永直)		
	山椒魚・屋根の上の サワン(井伏鱒二)		
1930	機械(横光利一)	測量船(三好達治)	
	闇の絵巻(梶井基次郎)	瞼の母(長谷川伸)	
	聖家族(堀辰雄)		

西暦(年号)	小 説	詩歌・戯曲	評 論
1931	盲目物語(谷崎潤一郎)		
	つゆのあとさき(永井荷風)		
	風博士(坂口安吾)		
1932～1933	女の一生(山本有三)		
1932	鮎(丹羽文雄)	帆・ランプ・鷗(丸山薫)	
	途上(嘉村礒多)	山羊の歌(中原中也)	
	日本三文オペラ(武田麟太郎)		
	生物祭(伊藤整)		
	薔薇盗人(上林暁)		
1933	美しい村(堀辰雄)	おふくろ(田中千禾夫)	
	人生劇場(尾崎士郎)		
	春琴抄(谷崎潤一郎)		
	思ひ出(太宰治)		
	暢気眼鏡(尾崎一雄)		
1934	紋章(横光利一)		
	銀座八丁(武田麟太郎)		
1935	故旧忘れ得べき(高見順)	中野重治詩集	私小説論(小林秀雄)
	蒼氓(石川達三)	華々しき一族(森本薫)	
	仮装人物(徳田秋声)		
	家族会議(横光利一)		
	道化の華(太宰治)		
1935～1937	雪国(川端康成)		
1936	普賢(石川淳)	二葉亭四迷論(中村光夫)	
	冬の宿(阿部知二)		
	風たちぬ(堀辰雄)		

西曆(年号)	小　説	詩歌・戯曲	評　論
1937	金魚撩乱(岡本かの子)	鮫(金子光晴)	
	幽鬼の街(伊藤整)	萱草に寄す(立原道造)	
	濹東綺譚(永井荷風)	北東の風(久板栄二郎)	
		火山灰地(久保栄)	
1937～1940	路傍の石(山本有三)		
1937～1946	旅愁(横光利一)		
1938	老妓抄(岡本かの子)	ありし日の歌(中原中也)	人生論ノート(三木清)
	麦と兵隊(火野葦平)	蛙(草野心平)	
	暖流(岸田国士)		
1939	如何なる星の下に(高見順)	大阪(小野十三郎)	
	多甚古村(井伏鱒二)	体操詩集(村野四郎)	
	歌のわかれ(中野重治)		
	富嶽百景(太宰治)		
1940	夫婦善哉(織田作之助)	鹿鳴集(会津八一)	
	菜穂子(堀辰雄)	浮標(三好十郎)	
1941	縮図(徳田秋声)	智恵子抄(高村光太郎)	
		一点鐘(三好達治)	
1942	山月記・名人伝(中島敦)	壺井繁治詩集	無常といふ事(小林秀雄)
1943～1948	細雪(谷崎潤一郎)		
1943	李陵(中島敦)		
1946	焼跡のイエス(石川淳)		堕落論(坂口安吾)
	播州平野(宮本百合子)		第二芸術(桑原武夫)
	暗い絵(野間宏)		短歌への訣別(臼井吉見)
	白痴(阪口安吾)		
	桜島(梅崎春生)		

西暦(年号)	小　説	詩歌・戯曲	評　論
1946～1950	わが胸の底のここには(高見順)		
1946～1948	鳴海仙吉(伊藤整)		
1947～1950	道標(宮本百合子)		
1947	蝮のすゑ(武田泰淳)	旅人かへらず(西脇順三郎)	
	深夜の酒宴(椎名麟三)		
	青い山脈(石阪洋太郎)		
	斜陽(太宰治)		
1948	虫のいろいろ(尾崎一雄)	落下傘(金子光晴)	逃亡奴隷と仮面紳士(伊藤整)
	俘虜記(大岡昇平)	王将(北條秀司)	
	帰郷(大仏次郎)	夕鶴(木下順二)	
	人間失格(太宰治)		
1949	山の音・千羽鶴(川端康成)		芸術と実生活(平野謙)
	仮面の告白(三島由紀夫)		
	足摺岬(田宮虎彦)		
	猟銃・闘牛(井上靖)		
1949～1951	風にそよぐ葦(石川達三)		
1950	武蔵野夫人(大岡昇平)	典型(高村光太郎)	風俗小説論(中村光夫)
	自由学校(獅子文六)	崑崙山の人々(飯沢匡)	夷斎筆談(石川淳)
	遙拝隊長(井伏鱒二)		
1951	野火(大岡昇平)	原爆詩集(峠三吉)	
	壁(安部公房)		
	広場の孤独(堀田善衛)	原民喜詩集天(草野心平)	
1952	真空地帯(野間宏)	炎の人(三好十郎)	
1952～1953	花の生涯(船橋聖一)		

西暦(年号)	小 説	詩歌・戯曲	評 論
1952～1969			日本文壇史(伊藤整)
1953～1954	自由の彼方で(椎名麟三)		
1953	歴史(堀田善衛)	他人の空(飯島耕一)	
		絵の宿題(関根弘)	
1954	驟雨(吉行淳之介)	歩行者の祈りの唄(山本太郎)	
	潮騒(三島由紀夫)	愛について(谷川俊太郎)	
	ひかりごけ(武田泰淳)		
	むらぎも(中野重治)		
1955	美しい女(椎名麟三)	鮎川信夫集	太宰治論(奥野健男)
	白い人(遠藤周作)	どれい狩り(安部公房)	夏目漱石論(江藤淳)
	太陽の季節(石原慎太郎)		
	流れる(幸田文)		
1956	金閣寺(三島由紀夫)	四千の日と夜(田村隆一)	
	楢山節考(深沢七郎)	記憶と現在(大岡信)	
	地唄(有吉佐和子)	鹿鳴館(三島由紀夫)	
	杏っ子(室生犀星)		
1956～1967	氷壁(井上靖)		
	亀裂(石原慎太郎)		
1956～1958	氾濫(伊藤整)		
1957	天平の甍(井上靖)	パウロウの鶴(長谷川龍生)	
	死者の奢り(大江健三郎)		
	パニック・巨人と玩具(開高健)		
	海と毒薬(遠藤周作)		

西暦(年号)	小　説	詩歌・戯曲	評　論
1957～1959	人間の壁(石川達三)		
1958	飼育(大江健三郎)	僧侶(吉岡実)	
		見えない配達夫(茨木のり子)	
1959	敦煌(井上靖)	氷った焔(清岡卓行)	
	日本三文オペラ(開高健)	不安と遊撃(黒田喜夫)	
	一個(永井龍男)		
	紀ノ川(有吉佐和子)		
1959～1960	さいころの空(野間宏)		
1960	パルタイ(倉橋由美子)		
	夜と霧の隅で(北杜夫)		
	忍ぶ川(三浦哲郎)		
1960～1961	わが塔はそこに立つ(野間宏)		
1961	幼児狩り(河野多恵子)		何でも見てやろう(小田実)
1962	砂の女(安部公房)	オットーと呼ばれる日本人(木下順二)	
	悲の器(高橋和巳)	真田風雲録(福田善之)	
1962～1964	楡家の人々(北杜夫)		
1963	砂の上の植物群(吉行淳之介)	世阿彌(山崎正和)	純文学は可能か(奥野健男)
	午後の曳航(三島由紀夫)		
	鮫—第一部(真継伸彦)		

西暦(年号)	小　説	詩歌・戯曲	評　論
1964	されどわれらが日々(柴田翔)	ザ・パイロット(宮三研)	殉教の美学(磯田光一)
	感傷旅行(田辺聖子)		
	日本アパッチ族(小松左京)		
	他人の顔(安部公房)		
	個人的な体験(大江健三郎)		
1965	骨餓身峠死人葛(野阪昭如)		
1965～1966	黒い雨(井伏鱒二)		
	邪宗門(高橋和巳)		
1966	沈黙(遠藤周作)		
	華岡青洲の妻(有吉佐和子)		
	夏の砦(辻邦生)		
	贈る言葉(柴田翔)		
	夏の流れ(丸山健二)		
	蒼ざめた馬を見よ(五木寛之)		
	笹まくら(丸谷才一)		
1967	万延元年のフットボール(大江健三郎)	友達(安部公房)	
	火垂るの墓(野阪昭如)		
	高熱隧道(吉村昭)		
1967～1969	レイテ戦記(大岡昇平)		
1968	安土往還記(辻邦生)	表札など(石垣りん)	
	不意の声(河野多恵子)		
	三匹の蟹(大庭みな子)		
	零式戦闘機(吉村昭)		
1968～1972	朱鷺の墓(五木寛之)		

西暦(年号)	小　説	詩歌・戯曲	評　論
1969	時間(黒い千次)		
	赤頭巾ちゃん気をつけて(庄司薫)		
	アカシヤの大連(清岡卓行)		
	司令の休暇(阿部昭)		
1970	杳子(古井由吉)		
	化石の森(石原慎太郎)		
1970～1972	試みの岸(小川國夫)		
1971	謝肉祭(津島祐子) 砧をうつ女(李恢成)		
1971～1973	捕囚(阿部知二)		
1971～1980	狂風記(石川淳)		
1972	手鎖心中(井上ひさし)		偏愛的作家論(渋沢龍彦)
	家族八景(筒井康隆)		鴎外—闘う家長(山崎正和)
1973	月山(森敦)		
	日本沈没(小松左京)		
	帰らざる夏(加賀乙彦)		
	櫂(宮尾美登子)		
	暗殺の年輪(藤沢周平)		
1974	あの夕陽(日野啓三)		
1975	祭りの場(林京子)		
	火宅の人(檀一雄)		
1976	限りなく透明に近いブルー(村上龍)		
	蕁麻の家(萩原葉子)		
1976～1977	枯木灘(中上健次)		
1977～1978	栖(黒井千次)		
1977	蛍川(宮本輝)		

西暦(年号)	小　説	詩歌・戯曲	評　論
1978	海を感じる時(中沢けい)		
	麦熟るる日に(中野孝次)		
1979	愚者の夜 (青野聡)		批評と表現 (饗庭孝男)
	比叡(瀬戸内晴美)		
1980	なんとなくクリスタル (田中康夫)		日本近代文学の 起源(柄谷行人)
1981	蒲田行進曲 (つかこうへい)		
1982	迷路の双子(吉行理恵)		
1983	羊をめぐる冒険 (村上春樹)		
			魂と意匠 (秋山駿)
1985～1986	夜の光に追われて (津島佑子)		
1988	ノルウェイの森 (村上春樹)		
1989(平成元)	TUGUMI(吉本ばなな)		
1990	表層生活(大岡玲)		